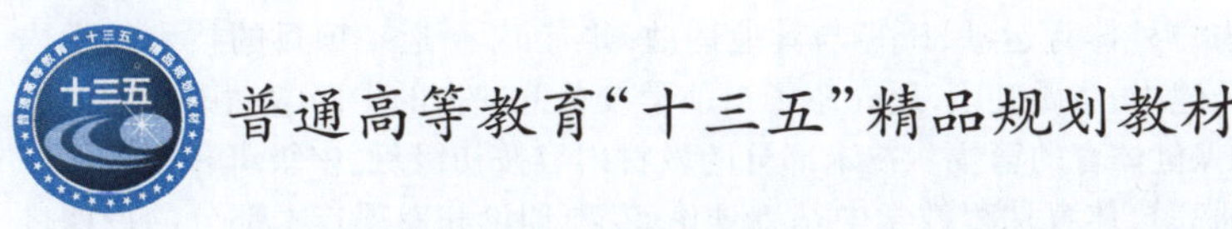

Daxuesheng Tiyu Jiankang yu Baojian

大学生体育健康与保健

主　编　骆红斌　凌　昆
副主编　朱淦芳　王　嵘　李立群　朱清华

人民交通出版社股份有限公司
China Communications Press Co.,Ltd.

内 容 提 要

全书分理论篇和技术篇。理论篇共分两章:体育概述、体育锻炼与健康;技术篇分五章:球类运动、武术与传统保健功法、形体健美运动、游泳与户外体育运动、田径与其他运动,共有17个运动项目的技术教学内容。书中理论部分涉及体育、高校体育、健康、体质健康,还介绍了当前学校普遍缺失的中医学健康与保健方面的知识,特意加大了民族传统体育和保健体育的篇幅。技术部分的教材内容按初级班、中级班和高级班三个层次设计。本书基本能满足当前普通高校体育课程教学中基础理论、专项理论和专项技术部分的授课之用,是一部紧扣普通高校公共体育课程教学,服务于体育课程教学的实用性教材。

本书可供普通高校开设公共体育课程的学生与教师使用。

图书在版编目(CIP)数据

大学生体育健康与保健 / 骆红斌,凌昆主编. — 北京 : 人民交通出版社股份有限公司, 2017.5
ISBN 978-7-114-13877-5

Ⅰ. ①大… Ⅱ. ①骆… ②凌… Ⅲ. ①体育—高等学校—教材 ②健康教育—高等学校—教材 Ⅳ. ①G807.4 ②G647.9

中国版本图书馆CIP数据核字(2017)第124411号

书 名:**大学生体育健康与保健**
著 作 者:骆红斌 凌 昆
责任编辑:张征宇 郭红蕊
出版发行:人民交通出版社股份有限公司
地 址:(100011)北京市朝阳区安定门外外馆斜街3号
网 址:http://www.ccpress.com.cn
销售电话:(010)59757973
总 经 销:人民交通出版社股份有限公司发行部
经 销:各地新华书店
印 刷:中国电影出版社印刷厂
开 本:787×1092 1/16
印 张:18
字 数:413千
版 次:2017年5月 第1版
印 次:2020年8月 第4次印刷
书 号:ISBN 978-7-114-13877-5
定 价:38.00元
(如有印刷、装订质量问题的图书由本公司负责调换)

本书编委会

主　编：骆红斌　凌　昆

副主编：朱淦芳　王　嵘　李立群　朱清华

编　委：鄢行辉　蔡瑾瑾　郁彦妮　傅科其　李　震　顾碧威

韩新英　何坚东　王　刚　吕笑蓉　龚国慧　方　远

韩　政　程　隆　黄立刚　刘长春　高月娥　叶新理

朱佳斌　唐文斌

前言

Foreword

一直以来，在大家的共同努力下，普通高等学校的体育教学改革得到了持续的推进与创新。国外引进的也好，国内专家学者们探索与总结的也罢，诸多的新理念和教育理论不断地指导并应用于学校体育教学实践。乘着当前国家大力发展教育和贯彻落实大健康理念的春风，广大的体育教育教学专家和从事实践的普通教师们更加信心满满，一起撸起袖子投身于如火如荼的改革浪潮之中。随着新思想、新观点和新成果大量涌现，重点教材、规划教材、精品教材、特色教材如雨后春笋，不断问世，让人目不暇接。

不可否认，诸多名校名家的体育经验和教学改革成果极大地推动了学校体育的发展，优秀教材、精品教材令人耳目一新，让人不由自主地想去学习、领会，进而吸收借鉴。然而在欣喜与推崇的同时，职业习惯却提醒我们应保持足够的冷静和必要的矜持，因为客观、严谨地对待新生事物是我们必须要有的态度。

大家都知道，近几年全国各地都传播着大学生体质状况堪忧的声音，已引起全社会的高度关注。大学生“热爱”体育却不喜欢运动的大有人在。有很大一部分学生不喜欢上体育课，更不愿买体育课程教材，这些现象值得我们反思。事实也许正如一位同路学者无意间道出的：诸多优秀成果的背后却掩藏着普通高校体育更多的尴尬。当然，有些问题并非近期才有，所有问题也不能完全归咎于学校、体育部门或者体育工作者，但我们理应去担当，更有义务去改变。

大学体育课程确实面临着不少问题，长期工作在教学一线的教师们都有着深刻的体验与感受。诸如大学生对体育运动价值的认同感，课堂教学内容与课外锻炼技能的统一性，实际教学内容与教材的关联度，民族传统与文化的教育与传承等。为此，我们在着手编写本教材前，进行了一段时间的调研，试图在借鉴多部优秀教材内容的同时，把一线教师和学生们的感受、需求与建议灌注进去。所以说，本教材也是我们编写组全体成员将当前普通高校体育课程改革探索的观点和实践经验付诸现实的一次尝试。任何事物在推动其演变与发展的过程中必然伴随着成功与失败，也不免引起人们的褒贬，但愿我们的尝试能成为一次理想的抛砖引玉。

我们认为，与一般教材相比，本教材紧扣普通高校体育课程的每一堂体育课，以每堂教学课为基础编制内容；技术内容的选择上尽可能包含当前大部分高校体育课常规设置的项目；尽可能安排与课时数对应的内容容量；加强学生对体质健康测试的了解；增加民族传统体育和传统保健体育的教学内容；结合当前大学生实际需求，增加部分中医学对运动锻炼的观点、体育运动中常规生理知识和体育理论内容。总之，我们力求将本书打造成一本侧重于指导大学生课外体育锻炼，又贴合实际体育课教学，同时可供教师教学参考使用的教材。

不过，我们也承认现实不可能如理想般丰满，好的想法与观点并不一定能充分落实在教材中，但我们会坚持不懈地努力，尽力把梦想变为现实，为促进大学生的身心健康而奋斗，为推进当下的普通高校体育课程改革与实践贡献一份力量。

在本教材的编写过程中，我们得到了人民交通出版社股份有限公司的大力支持和悉心指导，也得到相关学校领导与同行的支持与帮助，在此深表感谢！由于编写团队实力、水平有限，相互交流偏少，再加上编写时间紧，本书不免存在不如人意之处，望同行们谅解！同时也敬请审阅的专家们，使用本教材的教师们，及时向我们提出宝贵意见，促使我们能不断提高、不断完善，为真正有效提高学校体育教学质量，促动大学生积极参加体育锻炼，进而提高学生体质健康水平提供更好的服务。

骆红斌

2017 年 2 月于钱塘江畔

目录

Contents

理论知识篇

学校体育必须坚持为学生健康教育服务的宗旨，践行“以生为本”“健康第一”的指导思想。一方面，只有正确认识、理解并充分尊重大学生的身体、心理、社会适应与学习生活规律等，才能更好地完成健康教育顶层设计，实施适合大学生的体育健康教育，从而有效促进学生身心的健康发展。另一方面，一定要通过理论学习，让大学生正确认识与理解学校体育、体育运动、身体健康等概念与内涵，了解与掌握参与体育的常识，安全地进行体育锻炼，科学有效地通过体育运动与锻炼增进身体健康。

第一章 体育概述

第一节 体育与体育课程

一、体育的含义

体育是人类社会发展中，根据生产和生活的需要，遵循人体身心的发展规律，以身体练习为基本手段，达到增强体质，提高运动技术水平，进行思想品德教育，丰富社会文化生活而进行的一种有目的、有意识、有组织的社会活动。

体育作为一种文化现象，可以追溯到远古的原始社会。然而，体育概念的出现却远远晚于体育本身。18 世纪 60 年代，“体育”一词才在法国出现。19 世纪中叶，德国和瑞典的体操传入我国，随后清政府在兴办的“洋学堂”中设置了“体操科”。1923 年，在《中小学课程纲要草案》中，“体操科”正式改为“体育课”。“体育”一词被译作 Physical education、Sport、Sports 等，是因为作为体育本身就有体育教育、运动、竞技体育等不同形态与属性。而“体育”一词从日本传入我国时，指的就是体育教育。随着社会的进步和体育事业的不断发展，体育的内涵与外延得到了极大的拓展。20 世纪 60 年代后，国际体育界开始高度关注体育概念的研究，虽然学术界为此努力多年，但至今没有取得完全一致的看法。

一般来说，体育的定义有广义和狭义之分。广义的体育（亦称体育运动）是指以身体练习为基本手段，以增强人的体质、促进人的身心全面发展、丰富社会文化生活和促进精神文明为目的的一种有意识、有组织的社会活动。它是社会总文化的一部分，其发展受一定社会的政治和经济的制约，并为一定社会的政治和经济服务。

狭义的体育（亦称体育教育）是一个发展身体、增强体质、传授锻炼身体的知识、技能，培养道德和意志品质的教育过程；是对人体进行培育和塑造的过程。它是教育的重要组成部分，也是培养全面发展的人的一个重要方面。

二、历史中的我国体育

人类历史上出现的各种活动都有一个产生和发展的过程。体育作为一种社会现象，也是伴随着社会的发展和文明的进步而萌芽、成长、逐渐完善并不断进步。研究我国体育的起源，可以追溯到原始社会时期。因为当时社会的劳动生活、技能传承以及部落战争都对人们身体能力有所要求。古代早期的体育活动就是为了适应社会需要和满足身体要求而萌芽的。文物和建筑等历史证据表明，中国先民早在公元前2000年左右便已开始进行体育运动。

随着社会的发展、文明的进步，体育活动与军事、教育、宗教、礼仪、娱乐、养生等相互结合，并不断形成自身相对独特的文化体系。西周时期，学校教育的礼、乐、射、御、书、数“六艺”中就有射、御内容。到了春秋、战国时期，大多国家崇尚武勇，提倡习武，士阶层的人们还把射御武勇技能作为入仕的途径。据考古资料与史籍记载，齐国人喜欢斗鸡、蹴鞠，赵国人喜欢击剑，秦国人钟爱举重，后来又有扛鼎、举石等。汉代以后，许多民间体育项目逐步成型。唐宋时期，经济快速发展，人民生活有较大改善，体育娱乐项目如雨后春笋般发展，内容越来越丰富，有跑、跳、投、射，以及拳勇、角力、游泳、操舟、蹴鞠、围棋、象棋、舞龙、风筝、秋千、武术等。到了明清时期，我国的各种游戏和体育活动总数达数千项。

19世纪60年代，西方列强用炮火打开了中国“闭关自守”的大门，开启了历史上最为剧烈的东西方文化交流序幕。统治集团为了维护自身的统治地位，在外患益亟、民族危机日深的情况下，不得已取道“西法”，以求“强国强种”。一些仁人志士，在国难当头奋起寻求自强救国的真理，力图从西方的政治经济、科学技术、文化教育等方面找到救亡图存的妙方。在各种历史因素的作用下，洋务运动兴起，外国传教士来华传教、办学，教会学校、基督教青年会等应运而生。而在体育文化上，虽经历了一番“土洋之争”，西方体育却从此随着西方文化大规模传入中国。到20世纪初，国内先后开展了体操、田径、游泳、足球、篮球、排球、网球、乒乓球、棒（垒）球运动等，各项竞赛规则一并传入，体育用品（舶来品）也带了进来。至此，我国的近代体育初具规模。

中华人民共和国成立后，党和国家领导人都非常重视体育工作和国民的身体健康。1952年10月，毛泽东主席为中华体育总会成立大会题词“发展体育运动，增强人民体质”。20世纪80年代后，随着我国改革开放的不断深入，政治、经济、科技、文化教育等方面取得了重大成就，人民生活水平有了翻天覆地的变化，体育事业得到了迅猛的发展。特别是2008年北京奥运会后，我国从世界体育大国逐步迈入了体育强国之列。

三、 体育发展趋势

（一）从人发展的角度看体育发展趋势

1. 体育在人的可持续发展中将发挥更为重要的作用

人作为实践的主体，在可持续发展中处于中心地位。可持续发展的本质是人的发展，以人的全面发展为核心。人的素质则是可持续发展的决定因素。因此，实现人的全面发展是实施可持续发展的根本宗旨和终极目的。随着经济、社会的可持续发展，作为实践主体的人必然也要全面、可持续发展，必须把增强国民现代综合素质提高到经济社会发展更加突出的战略位置。

体育不仅是健身的积极手段，而且是健心、提高社会适应能力的重要途径。体育承载着人类增进健康、提高生活质量的希冀。这是体育本质的反映，更是现代社会体育发展的主导。体育在人的可持续发展过程中将发挥越来越重要的作用。

2. 未来社会将更加突出“以人为本”的体育观

“以人为本”发展观的提出，是工业革命以来人类发展观念的重大革命，体现出经济社会的发展与人的体力和智力的发展相一致的发展理念。特别是进入21世纪，人类面对的是一个现代化科技和生产力快速发展的新时代。人类作为发展的主体和中心，其全面的发展将成为经济和社会发展的最终目标。健康体魄是“人的全面发展”所依附的基础。健康、长寿是人类发展的基本标志。21世纪的体育事业将融入“以人为本”的基本发展理念，成为人类社会发展中的一项重要事业。“以人为本”将会成为21世纪体育发展的主旋律。

3. 生活方式的巨变加快体育生活化的进程

生活方式是衡量和反映社会文明进步的重要尺度。在一定程度上，生活方式制约和影响着人们的行为方式，也是影响健康和生命质量最重要的因素之一。生活方式的选择会对健康产生重大影响。在生活方式的巨变中，作为社会文化活动的体育正扮演着越来越重要的角色，成为人们日常生活的重要组成部分。体育生活化必将代表目前乃至未来大众体育新的、充满生机和希望的走向。体育生活作为回归人的本质、体现人的价值的活动，意味着一种人性的解放。通过愉快、自由地享受体育生活可以发展人类的身体、智力和认知能力，可以轻松愉快地与他人、社会和大自然进行沟通和交流，使人拥有健全的品格，体验人生的幸福完美。

4. 体育将更有效地促进人的现代化

要实现现代化，就必须实现人的现代化。人的现代化是指人的观念、素质、能力、活动和交往等方面表现出来的普遍的、深刻的变化。体育运动正是通过其教育、娱乐、净化和激励等功能对人的思维方式、价值观念、行为方式和生活方式等方面产生积极的影响，从而不断地提高人的整体素质，促进人的现代化的顺利实现。

5. 休闲体育发展前景无限

休闲是现代人的一种重要需要。美国休闲社会学家杰弗瑞·戈比预言：在21世纪，休闲的中心地位将会进一步加强，人们的休闲观念也会发生根本性的变化，休闲的经济意义日益加强，休闲活动将会成为经济发展的重要力量。

在社会发展到一定水平时，休闲活动就会成为人们日常生活必不可少的一部分。研究证明，健身休闲活动是人们在闲暇时间里从事的主要活动，是现代人打发余暇时光的最好方式。我国近年来进行的一系列调查也显示出一种趋势，即老百姓越来越重视身体的健康和心理的愉悦感受，越来越注重生活的质量。尤其是20世纪后半叶，“终身体育”“休闲体育”“体育生活化”的呼声越来越高，体育俨然成了时尚社会的一个标牌和象征。

（二）从社会发展的角度看体育发展趋势

1. 老年体育方兴未艾

根据第六次人口普查数据估计，我国2010年60岁以上人口达到13.26%。2015—2035年的20年里，中国老年人口比例将会增加一倍。随着人口老龄化程度越来越高，人口的健康状况也呈现出恶化趋势。

当前，老年体育呈现出以下几个发展趋势：第一，体育人口扩大化，体育活动趋于综合化；第二，体育生活化越来越普及，使终身体育成为可能；第三，体育活动方式更趋于科学化和娱乐化；第四，体育健身活动管理和科研趋向规范化和系统化。

2. 体育产业有着广阔的发展空间

体育产业作为朝阳产业、绿色产业和健康产业已经得到世界的认可，发展持续升温。当今的体育产业已经发展成为一个庞大的商业体系，在满足公众精神娱乐需要的同时，也创造了巨大的财富。目前较为成型的体育产业有体育健康娱乐业、体育旅游业、体育广告业、体育用品业、体育竞赛表演业、体育彩票业、体育经纪人等。

3. 终身体育观念日益深入人心

终身体育是指一个人终身进行身体锻炼和接受身体锻炼。终身体育锻炼的含义包括两个方面的内容：一是指人从童年开始至生命结束学习与参加身体锻炼，使体育成为人一生中始终不可缺少的重要内容；二是指在终身体育思想的指导下，以体育的体系化、整体化为目标，为人们在不同时期、不同生活领域提供参加体育活动机会的实践过程。

应该说，终身体育是现代社会发展到一定阶段的产物，反映人的发展需要。从国际上看，终身体育已经成为世界体育发展的潮流。从整个国民体质健康发展和优生优育的角度来看，终身体育势在必行。

4. 社区体育发展趋于完善

随着城市社区的形成和以单位大院为主的城市人口居住结构向开放性居住结构过渡，人们的单位意识在淡化，那种依托单位的城市群众体育逐步向以地缘联系为纽带、以业余自愿为前提的城市社区体育方向转化。城市社区体育成为面向城市社区居民的公众物品，而城市社区体育建设的目的是为了满足社区居民的健身和交际需要。

（三）从体育全球化角度看体育发展趋势

20 世纪以来，体育对全球的影响力得到了迅速提升。通过国际体育组织、竞赛、运动员流动、媒体、网络等形式，体育真正实现了全球化的发展目标。同时，商业与体育的结合作为体育全球化的一个重要表现，摒弃了把商业价值观附着在体育之上的传统运作方式，取而代之的是把体育当成一个完整的商业活动，让体育赛事、体育观众变成了商业活动的组成部分。同时，回归体育的本质属性，即体育所蕴含的真实性价值，成为体育在今后的一个时期实现全球化可持续发展的一条主要的途径。因此，职业体育、赞助、媒体以及消费文化已在体育实现全球化发展中发挥了重要的作用。

20 世纪，体育作为一种特殊的文化符号在全球得到了普遍认可。它可以跨越国界，消除政治上的分歧和文化与宗教上的障碍，使每一个参与其中的人达成某种共识。作为一种竞争的仪式，在媒体和赞助商的帮助下，体育在全球建立了自己的网络，通过商标、产品、服务、赛事和明星等将影响力传播到世界的每一个角落。

四、 体育的分类

一般情况下，人们把体育分为竞技体育、大众体育、学校体育、军事体育四大类。就当前的体育形态又可把体育分为体育教育、竞技体育、休闲健身。在研究体育学的学者眼中，赞成以概念分类（表 1-1-1）。

体育分类表　　表 1-1-1

分类标准	分类结果
体育实施场所	家庭体育、学校体育、社区体育等
体育参与者年龄	婴幼儿体育、青少年体育、中老年体育等
体育参与者职业	农民体育、工人体育、军人体育、知识分子体育等
体育发展形态	古代体育、近代体育、现代体育、当代体育等

在学校体育中，基于当前的条件与实际，开展的体育项目主要有下列几大类：

（一）健身类体育运动项目

健身类体育运动项目一般动作比较轻缓，强度不大，如健身走、健身跑、太极拳、气功、武术以及各种徒手或持器械的体操练习等。人们出于健身、康复或预防疾病等目的，往往选择此类运动项目。

（二）健美类体育运动项目

健美类体育运动项目具有动作协调、灵活、舒展的特点和塑造、展示人体美的功能，如健美操、艺术体操、舞蹈、花样滑冰等。随着社会的发展和人们生活水平的提高，人们不仅希望没有疾病、身体健康，而且还有强烈的审美需求。通过参加健美类体育运动项目，可以满足人们的审美需求。

（三）休闲娱乐类体育运动项目

休闲娱乐类体育运动项目属于富有趣味性和轻松愉快的体育运动项目，具有游戏（广义）的性质。人们通过参与休闲娱乐类体育运动项目，可以放松身体、调节精神、丰富生活。随着现代社会生活节奏的加快和心理压力的加大，休闲娱乐类体育运动项目越来越受到人们的普遍欢迎。

（四）挑战类（冒险类）体育运动项目

挑战类体育运动项目是指那些为了展示自己某些特殊的体能或技能，通过挑战某些自然或人造的环境条件，满足战胜自我、挑战自然的精神需求和身心体验的体育运动项目，如乘气球飞越大西洋、驾驶太阳能游艇横渡太平洋、乘坐狗拉雪橇穿越北极、悬崖跳水等。由于此类项目具有很强的刺激性，且有很大的风险，因此也称此类项目为冒险类体育运动项目。

（五）竞技类体育运动项目

竞技类体育运动项目是指那些具有规范的竞赛规则和社会化的组织的体育运动项目。这类运动项目竞赛性强，通过竞赛活动可以培养人的竞争性，展示高超的技艺并满足人们高层次的精神需求。

竞技类体育运动项目是在其他各类体育运动项目不断发展完善的基础上演变生成的，是体育运动项目发展的高级形式，也是各类体育运动项目发展完备的表现。由于可以起到健身、健美和休闲娱乐等作用，同时又具备规范的竞赛规则和社会化的组织，竞技类体育运动项目既可以有组织地进行推广，又可以进行公平竞赛和交流。竞技类体育运动项目这种独有的特点，使其具有广泛的生存空间和巨大的发展潜力。因此，通过优化的竞技类体育运动项目进入奥运会，使得以奥运会为代表的竞技体育成为当代规模最庞大和最具影响力的人类社会文化活动。

五、普通高等学校体育课程

为了全面贯彻党的教育方针，促进大学生的健康发展，使当代大学生成为社会主义事业的建设者和接班人，根据《中共中央国务院关于深化教育改革　全面推进素质教育的决定》和国务院批准发布实行的《学校体育工作条例》的精神，在总结高等学校体育课程建设和教学改革经验的基础上，全国高等学校体育教学指导委员会制定了新的《全国普通高等学校体育课程教学指导纲要》。它是国家对大学生在体育课程方面的基本要求，是新时期普通高等学校制订体育课程教学大纲，进行体育课程建设和评价的依据。通过本纲要，我们就可以对大学生体育课程有基本的了解。

（一）课程性质

体育课程是大学生以身体练习为主要手段，通过合理的体育教育和科学的体育锻炼过程，达到增强体质、增进健康和提高体育素养为主要目标的公共必修课程；是学校课程体系的重要组成部分；是高等学校体育工作的中心环节。

体育课程是寓促进身心和谐发展、思想品德教育、文化科学教育、生活与体育技能教育于身体活动并有机结合的教育过程，是实施素质教育和培养全面发展的人才的重要途径。

（二）课程目标

1. 基本目标

基本目标是根据大多数学生的基本要求而确定的，分为五个领域目标。

（1）运动参与目标：积极参与各种体育活动并基本形成自觉锻炼的习惯，基本形成终身体育的意识，能够编制可行的个人锻炼计划，具有一定的体育文化欣赏能力。

（2）运动技能目标：熟练掌握两项以上健身运动的基本方法和技能；能科学地进行体育锻炼，提高自己的运动能力；掌握常见运动创伤的处置方法。

（3）身体健康目标：能测试和评价体质健康状况，掌握有效提高身体素质、全面发展体能的知识与方法；能合理选择人体需要的健康营养食品；养成良好的行为习惯，形成健康的生活方式；具有健康的体魄。

（4）心理健康目标：根据自己的能力设置体育学习目标；自觉通过体育活动改善心理状态、克服心理障碍，养成积极乐观的生活态度；运用适宜的方法调节自己的情绪；在运动中体验运动的乐趣和成功的感觉。

（5）社会适应目标：表现出良好的体育道德和合作精神；正确处理竞争与合作的关系。

2. 发展目标

发展目标是针对部分学有所长和有余力的学生确定的，也可作为大多数学生的努力目标，分为五个领域目标。

（1）运动参与目标：形成良好的体育锻炼习惯；能独立制订适合自身需要的健身运动处方；具有较高的体育文化素养和观赏水平。

（2）运动技能目标：积极提高运动技术水平，发展自己的运动才能，在某个运动项目上达到或相当于国家等级运动员水平；能参加有挑战性的野外活动和运动竞赛。

(3) 身体健康目标：能选择良好的运动环境，全面发展体能，提高自身科学锻炼的能力，练就强健的体魄。

(4) 心理健康目标：在具有挑战性的运动环境中表现出勇敢顽强的意志品质。

(5) 社会适应目标：形成良好的行为习惯，主动关心、积极参加社区体育事务。

（三）课程设置

普通高等学校的一、二年级必须开设体育课程（4 个学期共计 144 学时）。修满规定学分、达到基本要求是学生毕业、获得学位的必要条件之一。同时要求对不开设必修课程的三年级以上学生（包括研究生）开设体育选修课。

（四）课程结构

(1) 为实现体育课程目标，应使课堂教学与课外、校外的体育活动有机结合，学校与社会紧密联系。要把有目的、有计划、有组织的课外体育锻炼、校外（社会、野外）活动、运动训练等纳入体育课程，形成课内外、校内外有机联系的课程结构。

(2) 应根据学校教育的总体要求和体育课程的自身规律，面向全体学生开设多种类型的体育课程。可以打破原有的系别、班级建制，重新组合上课，以满足不同层次、不同水平、不同兴趣学生的需要。重视理论与实践相结合，在运动实践教学中注意渗透相关理论知识，并运用多种形式和现代教学手段，安排约 10% 的理论教学内容（每学期约 4 学时），扩大体育的知识面，提高学生的认知能力。

(3) 要充分发挥学生的自主作用和教师的主导作用，努力倡导开放式、探究式教学，努力拓展体育课程的时间和空间。在教师的指导下，学生应具有自主选择课程内容、自主选择任课教师、自主选择上课时间的自由度，营造生动、活泼、主动的学习氛围。

(4) 应把校运动队及部分确有运动特长学生的专项运动训练纳入体育课程之中。对部分身体异常和病、残、弱及个别高龄等特殊群体的学生，开设以康复、保健为主的体育课程。

第二节　体育的功能与作用

一、体育的功能

所谓的“功能”，是指事物或方法所发挥的有利作用和效能。体育的功能就是指体育这一文化活动对人和社会所能发挥的有利作用和效能。它包括体育本质功能与延伸功能两个层面，又可细分为健身功能、教育功能、娱乐功能、经济功能和政治功能等。

（一）健身功能

“健身”就是健全体魄，增强体质。体育运动能促进机体形态结构、各器官和系统机能的增强，提高运动能力；改善体内生理、生化环境，增强人体的适应能力；调适人的心理，使人朝气蓬勃，充满活力，起到增加人们体质与提高健康水平、促进身心全面健康和提高生活质量的作用。

（二）教育功能

体育所具有的教育功能，有两个方面的含义：一是具有典型意义的学校基本教育；二是具有泛指意义的社会教育。具体表现在以下几个方面：

1. 教导基本的生活能力

现代科学证明，人的许多技能是后天习得的，即便是人类赖以生存的走、跑、跳、投等基本能力也需要在后天加以规范和改进。

2. 传授体育的文化知识

体育是人类宝贵的文化遗产，其中许多内容对体育文化的传承和发展具有重要的作用。通过体育教育，向人们传授关于身体健康的知识，各种运动项目的规则与方法，以及锻炼身体的方法，培养青少年正确的体育观和体育意识，帮助他们养成终身体育的习惯，为其今后形成健康的生活方式奠定基础。

3. 教导社会规范，促进人的社会化

人不仅具有自然属性，更具有社会属性。人只有通过教育来完成社会化过程，才能够适应社会的需要，很好地生活在社会中。社会的行为规范和价值观念等都可以通过体育教育、体育活动来建立。体育比赛强调公平、公正，而这一准则延伸到生活中就是追求社会的平等和公正，反对特权。

4. 开展民族主义和爱国主义教育

体育活动，特别是带有比赛性质的体育活动，总会有胜利者和失败者。如果比赛的双方各自代表一个群体，那么双方的比赛就会牵动两个群体成员的心。特别是代表一个国家、一个民族与另一个国家、另一个民族进行的比赛，对大众来说不仅是观看比赛的技战术水平高低、了解最后的结果，而且是在进行一次生动的民族主义、爱国主义教育。当然，参与者还能磨炼意志，培养集体与团队观念，增强人与人之间的交流和交往，改善人际关系等。

（三）娱乐功能

体育所具有的娱乐功能，主要通过参与体育运动和欣赏体育活动两方面表现出来。最初的体育基本上是以游戏的形式表现出来的。美国学者休密慈指出："竞技运动从根本上讲是游戏领域的延伸，它的基础在于游戏，它的主要价值是从游戏中派生出来的。"工作之余的体育活动具有放松性，所采用的各种体育项目很多也具有游戏性。因此，体育活动与娱乐有着天然的联系，具有娱乐功能也是必然的。站在发展的观点审视体育的娱乐功能，不仅要看到它有消除疲劳、消磨时间的功效，更应看到它有恢复人性、享受人生、发展自身潜能的作用。

体育本身所特有的趣味性、竞争性、艺术性、惊险刺激性等，使参与者可以通过参加体育运动放松心情、丰富文化生活，达到愉悦身心的目的。在运动中，取胜后可以提增自信心，成功后能够带来自豪感。在欣赏体育运动时，运动员所展示的健、力、美及高超技艺使人赏心悦目、心旷神怡。赛场上跌宕起伏变化、激烈又艺术化的场景、充满戏剧性的悬念都会让人忘乎所以，获得精神快感，使心灵得以净化。

（四）经济功能

体育是人的活动，特别是成为一种很多社会成员参加的经常性活动后，必然要与社会经济行业发生联系。体育的经济功能主要表现在以下几个方面：

1. 体育经济已成为国民经济发展的新增长点

随着社会经济的发展，体育本身所蕴含的巨大的经济功能与价值越来越被人们所认同。体育是一种消费活动，与生产、服务密切相关。体育可以推动场地设施建设、运动器材、服装、饮料、药物等行业的发展。在新的社会发展阶段，“花钱买健康”的观念使健康已成为一种有限的资源，体育作为增进人们健康最有效的手段成为一种服务进入市场。

2. 体育产业发展有利于优化产业结构

我国是一个传统的农业国。中华人民共和国成立后，我国大力发展工业，已建成较为齐全的工业化体系。但由于原有的基础薄弱等多种原因，我国的产业结构仍然是工业化后期的产业结构模式。大力发展体育产业对于调整我国的产业结构有促进作用，可以为我国经济发展注入新的活力。此外，体育产业的成熟和壮大也能够带动其他产业的发展。

3. 体育产业的发展可以为社会提供更多的就业岗位

我国是一个人口大国，劳动力相对充足。面对严峻的就业形势，吸纳剩余劳动力，安置新增劳动力，切实解决就业问题是各级政府普遍关注的民生问题。体育产业的快速发展，能够提供更多的就业岗位，为我国劳动力就业市场开辟一个新的广阔空间，有利于提高社会的就业率和就业水平，维护经济社会的稳定。

（五）政治功能

体育一旦置身于社会大系统之中，就自然而然地具有政治功能。然而从历史发展来看，人们在对待体育和政治的关系上往往容易走极端，或者极端夸大体育的政治作用，或者完全抹杀体育与政治的关系。这两种态度都过于偏激，应当引以为戒。我们要更加冷静对待体育，正确地评价体育的政治功能。

对于体育，既要承认它会受到政治的制约和影响，同时也要看到它能够为政治服务。体育作为一种特殊的身体文化具有世界性，还可以打破种族、社会制度、宗教信仰等限制，为全世界各阶层的人所接受。

体育是一种无需翻译就可以交流的“世界语”，往往成为友好交往的桥梁。我国在1971年通过第三十一届世界乒乓球锦标赛与美国乒乓球队接触，演绎出轰动世界的“乒乓外交”，最终促成中美建交，就是体育促进外交工作的最佳例证。

二、体育锻炼的作用

体育锻炼是运用各种体育手段，结合自然力（日光、空气、水）和卫生措施，以发展身体、增进健康、增强体质、娱乐身心为目的的身体活动过程。它是群众性体育活动的主要形式。不同于竞技体育和体力活动，体育锻炼对促进人体生长发育、培养健美体态、提高机体工作能力、消除疲劳、调节情感、防治疾病、益寿延年乃至提高和改善整个民族体质都有重要作用。其特点是群众面广，各种年龄、性别、不同职业和健康状况的人，都可根据个人情况适当参与；形式与内容灵活多样，可独自锻炼，也可集体进行；内容极其丰富，方法多种多样，且在长期实践中还总结出各种针对性很强的健身、健美、休闲娱乐等方法与手段。实践证明，体育锻炼能促进身体健康。

（一）体育锻炼有助于生理健康

1. 体育锻炼对心肺功能的影响

研究表明，经常进行体育锻炼的人，心脏的重量、直径、容积均超过一般人，心脏具有更强的工作能力。专家认为，坚持运动至少会推迟心脏衰老 10～15 年。经常锻炼可促进体内脂肪的消耗，并能促使具有保持性的高密度脂蛋白增加，同时还能加速代谢，减少脂肪在血管壁的沉积，保持与增加血管壁的良好弹性，并因而起到预防心血管系统疾病的作用。

体育锻炼还能大大增强肺功能。安静时一般人每分钟呼吸 12～16 次，每次呼吸吸入的新鲜空气约 500 毫升，每分钟肺通气量为 6～8 升。剧烈活动时呼吸次数可增至每分钟 40～50 次，每次吸入空气达 2500 毫升，为安静时的 5 倍，每分钟肺通气量可高达 70～120 升。因此，呼吸器官在体育锻炼中可得到很大的锻炼。经常进行体育锻炼还有助于呼吸肌力量增大，胸廓活动性增强，使肺泡具有更好的弹性。

2. 体育锻炼对骨骼、肌肉的影响

科学调查证明，同年龄、同性别的青少年，经常运动的人比不运动的人身高高出 4～7 厘米。这是因为，体育运动能使骨骼变粗，促使骨骼增长，有助于身体长高。同时，经常运动的人的关节也较灵活，关节的牢固性和柔韧性也比一般人强，从而提高了骨骼的抗断、抗弯、抗压等方面的能力。因此，体育锻炼能使人的肌肉发达和身体结实、健壮、匀称、有力。

3. 体育锻炼有助于减缓衰老

经常参加体育运动能延缓各器官系统功能减退的进程，提高人体对内外环境的适应能力。大量的研究表明，不运动的人从 30 岁开始身体功能就开始下降，到 55 岁时身体功能相当于最健康时的 2/3。经常参加运动的人到四五十岁时身体功能还相当稳定，60 岁时心血管系统的功能大约相当于二三十岁不运动的人。

（二）体育锻炼促进心理健康

1. 体育锻炼有助于智力发展

智力是个体圆满完成工作、学习任务的基础条件。经常参加体育锻炼可以使人的注意、记忆、观察、思维和想象等能力得到充分发展，提高活动效率，还可以使人获得良好的情绪体验、乐观自信、精神振奋、精力更加充沛，从而促进智力发展。

研究表明，体育锻炼能有效地促进血液循环，增强心肺功能，使大脑获取更多氧气，给大脑的记忆和思维能力提供必要的物质保障，提高脑力劳动的效率。另一方面，体育活动能使神经系统的兴奋和抑制过程更加有效，使人对各种刺激的反应更加迅速、准确，为智力的发展奠定物质基础。

人们在学习的过程中，大脑皮层的相关区域处于高度兴奋状态，并随着学习时间的延长而产生疲劳感，导致学习效率下降。而参与体育活动，有助于大脑皮层的相关区域形成兴奋

与抑制的合理交替，降低疲劳感，提高文化学习的效率。此外，个体的体质增强，身体机能水平的提高，也有助于充分挖掘与开发学习潜力。

2. 体育锻炼有助于获得更好的情绪体验

情绪状态的调控能力是衡量体育锻炼对心理健康影响的最主要目标。个体在复杂多变的社会环境中，经常会产生紧张、压抑、忧虑等不良情绪，体育锻炼可以使个体从烦恼和痛苦中摆脱出来，降低应激水平，使人处理应激情境的能力增强。研究表明，经常参加身体锻炼者，焦虑、抑郁、紧张和心理紊乱等消极的心理变量水平明显低于不参加身体锻炼者，而愉快等积极的心理变量水平则明显要高一些。

体育锻炼之所以能够调节情绪，是因为参与者能体验到运动带来的愉快感觉。心理学家认为，适度负荷的体育锻炼能够促进人体释放一种多肽物质——内啡肽，能够使人获得愉快、兴奋的情绪体验。因此，参加体育锻炼，尤其是参加那些自己喜爱和擅长的体育锻炼，可以使人从中得到乐趣，振奋精神，从而产生良好的情绪状态。

3. 体育锻炼有助于良好的意志品质的形成

意志品质指一个人的自觉性、果断性、坚韧性和自制力，是一个人行为特点的稳定因素的总和。意志品质可以在克服困难的实践过程中培养。体育锻炼本身就要不断克服客观困难（气候条件的变化、动作的难度或外部障碍等）和主观困难（如胆怯和畏惧心理、疲劳和运动损伤等），才能取得成功。大学生应努力克服主客观方面的困难，培养自身良好的意志品质。任务越困难对个体的意志锻炼的作用越大。而良好的意志品质对于人的各种行为（尤其是体育锻炼）效果又反过来具有重要的意义。

4. 体育锻炼使自我概念更为清晰

自我概念是个体主观上对自己的身体、思想和情感等的整体评价，由许多的自我认知组成，如我是什么人、我主张什么、我喜欢什么、我不喜欢什么等，包括社会方面的自我概念和身体方面的自我概念等。其中，身体方面的自我概念包括身体表象和身体自尊。身体表象是指头脑中形成的身体图像。身体自尊则主要包括一个人对自己运动能力的评价、对自己身体外貌（吸引力）的评价以及对自己的身体抵抗能力和健康状况的评价。

身体表象和身体自尊障碍在正常人群中是普遍存在的。有报告称，54%的大学生对他们的体重不甚满意。与男性相比，女性倾向于高估身高和低估体重。身体肥胖的个体更可能有身体表象和身体自尊方面的障碍。身体表象和身体自尊与整体自我概念有关。无论是男性还是女性，对身体表象的不满意会使其身体自尊降低，并产生不安全感和抑郁症状。

坚持体育锻炼可使体格强壮、精力充沛，对于改善人的身体表象和身体自尊至关重要。研究表明，经常锻炼者比不经常锻炼者具有更积极的总体自我概念，肌肉力量与身体自尊、情绪稳定性、外向性格和自信心呈正相关，加强力量训练会使个体的自我概念显著增强。因此，更积极的自尊心、更高水平的身体概念和自我概念与高水平的体能状况相关。

5. 体育锻炼有助于形成和谐的人际关系

现代社会生活节奏的加快使人们越来越趋向封闭的状态，从而造成人与人之间感情交流的匮乏、人际关系疏远。体育锻炼则打破了这种封闭，让不同职业、年龄、性别、文化素质的人相聚在运动场上，进行平等、友好、和谐的交往，互相之间产生信任感，有效进行情感和信息的交流，互相之间产生一种默契的交融。研究表明，增加与社会的联系会给个体带来心理的益处。马塞（Massie）等人 1971 年的调查发现：外向性格者比内向性格者的社会需要更强烈，这种社会需要可以通过舞蹈、球类、做操等集体性活动得到满足。

由此可见，人们可以通过体育锻炼认识更多的朋友，和睦相处、友爱互助。这种良好的人际关系将令人心情舒畅、精神振奋。

6. 体育锻炼有助于消除心理疾患

社会竞争的日益激烈和生活压力的增大可能会使许多人产生悲观、失望的情绪，进而导致忧郁、孤独、焦虑等各种心理障碍的产生。人们参加某个项目运动并坚持锻炼，生理技能、身体素质将会得到改善，也会相应掌握并发展一些运动的技能和技巧。个体会以自我锻炼反馈的方式传递其成就信息给大脑，从而获得自我成就的认知和情感体验，产生愉快、振奋和幸福感。适宜的体育锻炼能使有心理障碍的个体获得心理满足，产生积极的成就感，从而增强自信心，摆脱压抑、悲观等消极情绪，并消除心理障碍。

许多国家已将体育锻炼作为心理治疗的手段之一。美国的一项调查显示，1750 名心理医生中，80% 的人认为体育锻炼是治疗抑郁症的有效手段之一，60% 的人认为应将体育活动作为一个治疗手段来消除焦虑症。临床研究表明，通过参加诸如慢跑、散步、徒手操等身体练习能有效地减轻焦虑和抑郁症状，增强自信。除此之外，有关体育锻炼的心理治疗效应还反映在对精神分裂症、酒精和滥用药物、体表体形症状的研究等方面。

就目前而言，这些心理疾病的病因以及体育锻炼有助于治疗心理疾病的基本原理尚未完全搞清楚，但体育锻炼作为一种心理治疗手段在国外已开始流行起来。在学生中，通过体育锻炼可以减缓或消除由于学习和其他方面的挫折而引起的焦虑和抑郁等症状，为不良情绪的宣泄提供一种合理有效的手段，防止心理障碍或疾病的产生。

总之，体育锻炼不仅能有效地促进智力的发展、调节情绪、培养良好的意志品质，还能增强自我概念、改善人际关系、促进心理健康，使个体发挥出最优的心理效能。

三、 体育锻炼的原则

科学的体育锻炼内容和方法的确定及整个锻炼过程，应遵循身体锻炼的原则，即有针对性，因人制宜，循序渐进，持之以恒，适宜的负荷和注意锻炼价值等。以下五项原则，是人们在体育锻炼实践中总结出来的经验，可为锻炼者达到理想的锻炼效果提供科学指导。

（一）自觉积极性原则

自觉积极性原则指体育锻炼者有明确的健身目标，充分认识体育锻炼的价值，自觉积极地从事体育锻炼活动。体育锻炼是一个自我锻炼、自我完善，并需要克服自身的惰性，战胜各种困难的过程。在这个过程中，要明确“生命在于运动”的科学道理，树立正确的锻炼目的，把体育锻炼当作是日常学习和生活的自觉需要，激发锻炼的主动性，从而调动锻炼的积极性。

（二）讲求实效原则

讲求实效原则是指选择锻炼内容、方法和安排运动负荷时，应根据个人的性别、年龄、职业、健康状况，对锻炼的爱好、要求和原有的基础，以及生活条件等实际情况来确定，按

科学方法进行锻炼，以取得最佳的锻炼效果。

在体育锻炼中讲求实效，就要根据个人实际情况，制订一套适用可行的锻炼计划或运动处方，严格执行，并注意阶段性的调整。选择锻炼内容时，要注意它的价值，不要追求动作的形式，以及在力所不及的情况下去从事高难度技术动作的训练，最好是选择简便易行、锻炼价值大、效果好的身体练习方式。安排运动负荷时，以锻炼者能承受和克服的难度为准，保证参加锻炼的人自我感觉舒适和不影响正常的学习、工作和生活。

（三）持之以恒原则

持之以恒原则是指体育锻炼必须经常性进行，并且成为日常生活中的重要内容。体育锻炼对机体给予刺激，每次刺激都产生一定的作用痕迹，连续不断地刺激作用则产生痕迹的积累。这种积累使机体结构和机能产生新的适应，体质就会不断增强，动作技能形成的条件反射也会不断得到强化。因此，体育锻炼贵在坚持，不能设想在短时间内取得显著效果，必须得长久的积累。

根据个人能力所及，确立一个能够实现的体育锻炼目标（不宜太高），制订一个切实可行的锻炼计划（能长期坚持）。强化锻炼意识，把体育锻炼列入日常生活内容，定期保证有一定的体育锻炼时间，逐步养成习惯，使体育锻炼成为生活的重要组成部分。体育锻炼的效果并非一劳永逸，如果锻炼间隔时间过长，效果就会下降。因此，每次锻炼要坚持安排合理的时间间隔。

（四）循序渐进原则

循序渐进原则是指体育锻炼必须遵循人体自然发展、机体适应的基本规律，从不同的主客观实际出发，合理安排运动负荷，在渐进的基础上提高锻炼水平。在体育锻炼过程中，运动负荷的大小直接影响人体机能的变化，对锻炼效果的好坏起很大的作用。这一点因人、因时而异。即便是同一个人，在不同的机能状态、不同的时间，人体对负荷的承受能力也不尽相同。因此，进行体育锻炼时应循序渐进，随时调整运动负荷，逐步提高锻炼水平。

体育锻炼力戒急于求成，必须根据锻炼者自身的实际情况确定运动负荷的大小，做到量力而行，尤其要注意锻炼后疲劳感的适度。运动负荷应由小到大，逐步提高。开始从事体育锻炼或中断体育锻炼后恢复锻炼时，强度宜小，时间宜短，密度适宜。要通过增加运动负荷保持和增加体能，一般应在逐步提高“量”的基础上，再逐渐增大运动强度。整个过程应使人感到舒适、愉快。

随时加强自我监督，密切注意身体机能的不良反应。锻炼开始时，重视准备活动；锻炼结束后，做好放松整理活动。缺乏一定体育锻炼基础的人，或中断体育锻炼过久的人，不宜参加紧张激烈的比赛活动。

（五）全面性原则

全面性原则是指体育锻炼必须追求身心全面和谐发展，使身体形态、机能、身体素质及心理素质等方面得到全面协调的发展。人体是由各局部构成的一个整体，各局部均依“用进废退”的规律发展。体育锻炼能促进新陈代谢的普遍旺盛，使身体各系统、组织、器官和谐发展，达到身体相对的完善和完美。身心的全面发展，要从适应环境、抵御疾病的能力，改善机体形态、提高机体功能，陶冶心情、丰富文化生活等方面着眼。体育锻炼的内容、方法要尽可能考虑身体的全面发展，一般以一些功效大、兴趣较浓的运动项目为主，以其他项目为辅进行全面锻炼。注意全身的活动，不要限于局部。在全面锻炼的基础上，有目的、有意识地加强专业实用性的体育锻炼。

总之，体育锻炼原则是体育锻炼客观规律的反映，也是参加体育锻炼者安排锻炼计划、选择锻炼内容、运用锻炼方法所需遵循的基本准则。

第三节 民族传统体育与奥林匹克文化

一、民族传统体育

传统体育是传统文化的组成部分，是在古代产生并形成较为固定的形式而影响至今、内容丰富、涵盖面广的体育及近似的体育活动。民族传统体育是各民族在长期的生产、生活实践中积累起来的养生、健身和娱乐游戏等体育活动的总称。千百年来的农耕文化养育的中国传统体育，是在我国特有的传统民俗和文化心理背景下，在中国古代农业社会经济、政治观念影响下产生并发展起来的，具有相对稳定的观念、趣味、形式和动态特征。传承性、习惯性和民俗性是传统体育的突出特点。

作为世界体育文化的一个组成部分，中国传统体育既有深厚的文化底蕴和稳定的精神特质，又在历史变迁中不断改变着自身具体的结构样式，呈现出多姿多彩、不同特色的风格，以适合各地民众的口味。在宗教典礼、喜庆丰收、婚丧嫁娶、节日庆典中，这些带有民族传统特色的体育活动是不可或缺的，出现的频率之高也是其他文化形式所不能比拟的。

（一）我国各地区民族传统体育项目

1. 东北地区

东北是一个多民族融合的地区，不同民族都有其广为流传且颇具代表性的传统体育项目。特殊的地理和自然环境造就了各民族体育文化的彪悍勇猛特征。主要项目有：蒙古族的摔跤、射箭、赛马，俗称“男子三项那达慕”；朝鲜族的秋千、拔河、顶瓮竞走、跳板等；鄂伦春族的赛马、射箭、射击、摔跤拉杆、滑雪等；鄂温克族的套马、赛马、狩猎、摔跤、滑雪、打熊、打马鹿、打棍等；赫哲族的射箭、赛船、角力、叉鱼、滑雪、射草靶、滑冰等。

2. 华北地区

华北地区是汉民族聚集区域，儒家文化和道家文化的诞生地，民族传统体育处处浸淫儒道的文化气息。武术是最主流的传统体育代表，系统庞大，流派众多，如太极拳、六合拳、八极拳 、燕青拳 、通背拳、劈挂拳、形意拳、翻子拳、八卦掌、大成拳、螳螂拳、查拳、华拳、醉拳等。其他体育项目还有抖空竹、踢毽子、拔河、踩高跷、舞龙舞狮等。

3. 华东地区

华东地区地处长江中下游，是富庶的“鱼米之乡”，拥有丰沛的水资源，民族传统体育项目具有浓郁的水乡气息，包容兼具创新。主要项目有武术、龙舟、角抵、舞龙舞狮、垂钓、跳绳等。

4. 华南地区

华南位于中国最南部，岭南文化的开放兼容、独立务实对这一地区的民族传统体育产生了深远影响。主要项目有：广西侗族的“舞春牛”，海南黎族的穿藤圈、爬杆过树、射箭，以及广东醒狮、抢花炮、舞龙灯等。

5. 西北地区

西北地区民族多样，有汉族、回族、藏族、维吾尔族、东乡族、蒙古族、哈萨克族、保安族、土族等。这一地区主要以游牧民族的传统体育项目为主，形式丰富多样，有赛马、走马、马上角力、骑马射箭、赛骆驼、摔跤等，也有表现民俗风情的姑娘追、香浪节等。多民族聚居造就了多样的民族体育形式，也折射出尚武强悍的民族文化风格。

6. 西南地区

西南地区盆地、平原、高原、丘陵、山地等地形地貌多样，少数民族聚居，民族体育发展受各民族风俗习惯、生产方式、宗教信仰的影响。主要项目有巴蜀地区的舞龙灯、摇旱船、斗鸡，滇黔地区的赛龙舟、荡秋千、跳芦笙，雪域高原的赛马、摔跤、射箭、宗教舞蹈等。这一地区民族传统体育文化特征最显著的表现就是紧密结合各民族的节庆节日民俗活动和宗教信仰。

（二）我国的少数民族传统体育

我国有 55 个少数民族，其传统体育是我国民族传统体育的主体。我国少数民族所创造的绚丽多姿的体育形式，蕴涵着对生命价值的追求，对民族情感的强化，对民族向心力的凝聚，再现了伟大的爱国主义精神的丰富内涵，在国家的现代化建设和全民健身活动以及全面提高民族整体素质等方面发挥了积极的作用。中华人民共和国成立后，党和政府特别重视少数民族传统体育的开展，已挖掘整理出了 1000 多个体育项目，还定期举办全国少数民族传统体育运动会，使各民族体育健儿能够欢聚一堂，竞献技艺。

近年来，国家及各地方举办的各种形式的民族体育运动会，使少数民族传统体育如雨后春笋一般得到了极大发展。每四年举办一届的全国民族运动会，规模一届比一届盛大，项目一届比一届丰富多彩。其中，大量民族体育项目规则的制定，则为民族体育的推广和交流奠定了良好的基础，使少数民族体育的发展走向规范化。同时，少数民族在党和政府的富民政策指引下，经济得到了飞快发展，也为民族传统体育的社会化奠定了深厚的基础。

中国少数民族传统体育在经历几千年的发展、演变之后，根据时代和民族的需求，正寻求向现代转化。转化过程中，在努力弘扬原有文化优势的基础上，力求合理地继承与消化外来的体育文化，博采兼收，创造出既符合时代潮流又具备各民族特色的崭新体育文化形态。这种在民族文化体系中最具有代表性的文化特质，突出地再现了民族特色、民族心理和民族意识。

无论是奥运会上可以争取金牌的竞技体育项目，还是民间流行的民族传统体育项目，都是人类体育文化宝库中的一分子，都在为增进人类健康、增强民族团结和凝聚民族向心力、提增爱国主义精神等发挥着重要的作用。我们更应清楚地认识到“民族的就是世界的”。

二、传统保健体育

传统保健体育是指以导引（保健养生功法）和传统武术为主的，旨在达到养生与保健目的的传统体育运动，是中国古代的养生学说与体育锻炼相结合的民族文化遗产。它依靠人体自身的能力，通过姿势的调整、呼吸的锻炼、心理的暗示，使身心融为一体，以调节和增强人体各部机能，诱导和启发人体内在潜力，起到防病、治病、益智、延年的作用。传统保健体育包含了运用传统养生学的观点和方法研究人的身体活动或运动的理论与实践，既有医疗的含义也有体育的属性，但又与一般的医疗有所区别。

一般的医疗方法，主要依靠药物的性能和医生的技巧对人体进行治疗，使其康复。对受治者来说，自身是被动的。而传统保健体育则旨在发挥人的主观能动性，通过自身的锻炼，有意识地自我控制心理、生理活动，以取得增强体质、防病治病的效果。一般体育运动除了能增强身体素质外，还具有竞争性和对抗性。而传统保健体育则重视加强人体内部运动，调整人体内部的机能，也就是精、气、神的锻炼。它是通过姿势、呼吸、意念的整体锻炼，逐步地调整生理、心理功能，加强对机体的健康效应。它的动作一般具有柔和、缓慢、均匀的特点，能有效地防止和避免剧烈运动给身体造成的损伤，适合各年龄不同体质人群采用。

传统保健体育根据内容和特点可分为导引（保健养生功法）和传统武术两大类。其中，导引又包括静功、动功和其他保健功法。传统武术主要指以太极拳为主的套路运动和功法运动。

（一）导引

导引，也称导引术，是中国传统养生术和体疗方法之一，现在又称保健养生功法。它将肢体运动、呼吸运动与自我按摩结合起来，以强身健体、治疗疾病为目的。在几千年的历史发展过程中，导引逐渐发展成为一项特点鲜明、博大精深的体育养生和医疗手段。

导引这一术语，最早见于先秦典籍《庄子·刻意》中：“吹嘘呼吸，吐故纳新，熊经鸟伸，为寿而已矣。此导引之士，养形之人，彭祖寿考者之所好也。”我国医学典籍《黄帝内经》指出：“中央者，其地平以湿，天地所以生万物也众，其民食杂而不劳，故其病多萎厥寒热。其治宜导引按娇，故导引按娇者，亦从中央出也。”唐代王冰对此注释为：“导引，谓摇筋骨，动肢节”“按为折按皮肉，娇为捷举手足”。他认为导引就是肢体运动和按摩。晋代李颐把导引注释为“导气令和，引体令柔”，视为行气和肢体运动，使气息和顺、肢体柔活。唐代慧琳在《一切经音义》中讲，“凡人自摩自桓，伸缩手足，除劳去烦，名为导引”，同样也指出自我按摩和肢体活动属于导引。从以上几种说法来看，古人把导气、引体、按跤等都归为导引。虽然各有侧重，所述内容也有所不同，但他们都认为导引具有疏通经络、宣导气血、防治疾病的作用，是一种主动性地对形体和精神做自我调节、自我补益、自我增强的锻炼方法。

导引是我国古代劳动人民在长期的生活和劳动中，在与疾病和衰老做斗争的过程中，逐渐认识和创造的一套自我身心锻炼的理论和方法。它通过姿势调整、呼吸锻炼、身心松弛、意念集中和运用等锻炼方法，调节、增强人体各部分机能，诱导和启发人体内在潜力，以达到保健强身、防治疾病、延年益寿的作用。导引锻炼的实质是锻炼真气、培育元气、扶植正气，扶正抑邪，增强人体的免疫力和抵抗力。导引锻炼要求放松、安静、自然和排除杂念，

能缓冲大脑对外界的应激性反应，消除紧张情绪，使人处于一种松弛的状态，对大脑皮质可起到保护性的抑制作用。导引锻炼能降低基础代谢和提高储能能力，并对腹腔起到按摩作用，以增强消化吸收能力，还能发挥人体潜力、调动自身的积极因素，起到自我控制的作用。

导引术流派繁多、内容丰富，根据功法锻炼时的主要特点，按照导引锻炼的“调身”“调息”“调心”三要素，基本可分为三大类：

①以“调心”“调息”为主的静功。

②以“调身”“调息”为主的动功。

③运用按摩、拍击的保健功。

各种功法的动静分类，是以每一种主体功法的特点作为区分的。实际上，不少静功中也结合肢体运动和按摩拍击等动作，运用于功前、功后，或穿插于不同的练功阶段，不过仅作为辅助动作而已。动功功法在明代以前基本上是不结合静功练法的；明代以后开始融入静功的练法，如结合意念与呼吸的锻炼等，显著地提高了锻炼效果，也是其有别于现代体操的基本点。按摩、拍击这类功法也常被用作动功、静功锻炼的辅助功法。

（1）静功。静功是指在练功过程中练功者的形体和位置基本保持不动，并结合意念运用和呼吸调整，以达到锻炼身体内部机能为目的导引方法。静功练习可以使机体心神宁静、杂念减除、气血和畅、精力充沛。静功练习时，一般采取坐、卧、站等姿势。呼吸调整一般采用均匀、细缓、深长的腹式呼吸。

意念的锻炼是静功的重要环节。练意在古代称为调心、凝神、存神，就是在练功时要把注意力集中到身体的某些指定部位上或某一事物上，使人的思想、情绪、意识逐渐安静下来，排除杂念，让大脑进入宁静、虚空、轻松的境界。需要注意的是，意念活动要在自然的前提下进行，要“似有意似无意”“勿忘勿助”，不可强行操作，以免造成精神紧张。按照对调心和调息锻炼的侧重，静功又可以分为以锻炼呼吸为主的静功和以锻炼意念为主的静功两类。

（2）动功。动功是与静功相对而言的，是通过练功者肢体的动作变化、意气相随，起到舒畅气血、舒筋活络的作用。显然，动功着重于“动”的锻炼，一般具有松静自然、柔和均匀、意气相随、动静相兼等特点。根据“流水不腐，户枢不蠹，动也。形气亦然，形不动则精不流，精不流则气郁”和“动摇则谷气得消，血脉流通，病不得生。譬如户枢，终不朽也”的指导思想，从古至今，养生家创造了许多多动功功法。目前，国内开展比较广泛的有八段锦、五禽戏、易筋经、六字诀等。而在传统主体脉络承传的中医药院校中，除了开展上述健身功法运动外，还开展颇具健身养生价值的七星功等一些特色功法。

动功功法的动作大致包括肢体的伸屈、拧转、仰俯等，并按一定的规律有节奏地运动，以达到强筋健骨、提高关节的灵活性及促进全身气血流通的目的。在呼吸锻炼上，有些动功功法强调呼吸和动作的协调配合。

动功锻炼，既要求在思想安静的状态下进行，又要求动作和意念相结合，全神贯注，使思想集中到每个动作上。强调呼吸锻炼的动功，更要掌握好每一次呼吸，力求做到恰到好处，以助动功和意念的结合。动功锻炼可起到“外练筋、骨、皮，内练精、气、神”的作用。

动功锻炼又有内练和外练的偏重，并因此可分为以内练为主的动功和以外练为主的动功两类。

(3) 其他保健功法。保健功是运用简单的手法，通过自己的双手或器具在体表某些部位或全身进行按摩、点穴、拍打，以达到防病保健、养生益寿或减轻某些疾病的目的。它是导引术中的一种辅助功法，主要包括自我按摩法和自我拍击法，既可用于保健，也可用于治疗，对体弱者和老年人尤为适宜。

保健（养生）功法是中华民族优秀的文化遗产，具有几千年的悠久历史。它对祛病强身、陶冶性情具有积极的作用。养生气功与武术功法源远流长，在过去常常不被清晰分割。因此，养生气功与武术不仅风靡中国，而且还广泛传播到世界各地。

（二）传统武术

传统武术，在我国古代既是一种格斗技能，也是一种增强体质的娱乐健身方式。武术与保健养生相结合，在我国有着悠久的历史。太极拳就是体现了“武”“健”和“养”密切结合的传统武术的典型代表。长期坚持习练武术，不但可以增强体质，提高自卫防身的能力，而且可以提高武德修养，培养坚强的意志和勇敢顽强的品格，还可以延年益寿。

武术功法是为掌握和提高武术套路与格斗技术，培养武技所需的人体潜能，提高身体某一运动素质或锻炼某一特殊技能而编成的专门性练习套路，具有养生、健身、护身及增强技击能力等作用。武术功法源远流长，随武术的萌生而兴起，随武术的发展而昌盛，随武术的演变而变化。武术功法的内容丰富多彩，用于养生的功法主要有提高肢体关节活动幅度及肌肉伸缩性能的柔功和锻炼形、意、气、劲的内功等。

总之，民族传统体育本就是多元文化，价值也具有多元的属性，具有博大宏富的内容和精深的文化内涵，功能不断被挖掘与延伸拓展，几乎能够满足人们各个层次的需求。

（三）传统保健体育的作用

1. 传统保健体育对循环系统的影响

人体的循环系统包括血液循环系统和淋巴系统两个部分。血液循环系统包括心脏、血管和血液；淋巴系统包括淋巴结、淋巴管及淋巴液。淋巴系统可以看作是血液循环系统的辅助部分。

血液循环系统在人体内起到物质运输的作用，主要是不断运送氧气和营养物质，供人体各个部分的需要。同时，将各内脏、器官、组织及细胞新陈代谢后产生的废物运送出体外。如机体组织细胞代谢产生的二氧化碳，可通过循环的血液经肺脏排出体外。还有些废物是通过血液运送到肾脏，由肾脏过滤后从尿中排出。只有循环保持畅通，循环流速和流量符合机体要求，供血充沛，人体机能才能旺盛。人体在运动的状态下，需要机体加快新陈代谢，以提供更多的能量。循环系统则需要不断地向肌肉组织和运动器官输送氧气和营养物质。人可以通过运动锻炼，加快机体的循环速度，从而使机体功能得到增强。

心脏是血液循环的动力器官，其节律运动在循环系统中发挥着举足轻重的作用。运动可使心肌的兴奋性提高，血流加快，冠状动脉扩张，肌球蛋白的 ATP 酶活性增强，肌球蛋白与肌动蛋白的相互作用提高，肌丝收缩增强，从而提高心肌的收缩力。长期坚持锻炼可使心肌糖原含量、肌红蛋白、己糖激酶活性提高，心肌摄取血糖的能力增加，氧化血乳酸的能力增强，并提高心脏的功能储备，使血液循环功能得到较好的发挥。因此，经常进行体育锻炼的人，心肌纤维增粗有力，心率减缓，心脏舒张期延长，心脏储备能力提高。另外，运动能够加快血液循环，挤压按摩血管，使血管弹性和容量增加，血管功能得到改善。

传统保健体育对人体的血液循环系统产生的影响主要是通过影响心脏、血管和血液循环实现的。传统保健体育项目要求放松、人静和意守丹田，练功时间通常以 15 ~30 分钟为宜。实验研究发现，长期习练传统保健养生功法可以扩张冠状动脉、减缓心率、降低心肌耗氧量、降低血压、减少心绞痛发作，同时还能降低血液黏稠度、改善微循环、调节脂质代谢和糖代谢。所以，传统保健体育对冠心病、高血压病、高脂血症等与循环系统关系密切的疾病具有改善作用。

2. 传统保健体育对免疫系统的影响

免疫是指机体对人侵异物的识别、排除和消灭的过程。免疫系统是机体发挥免疫功能的物质基础，包括免疫器官、免疫细胞及免疫分子三部分。传统保健体育功法锻炼能够培养真气，促进各脏腑功能的发挥，提高机体抗病的能力，从而达到养生延年的目的。研究发现，传统保健体育项目，如太极拳、易筋经、八段锦、五禽戏和练功十八法等，若运动强度适中，可通过姿势训练、呼吸调整等途径改善机体的免疫机能。经常练习传统保健体育项目的人群，细胞免疫和体液免疫功能好于未练人群。运动对免疫系统的影响与运动强度、运动时间、运动频率有关。长期规律的运动能够加强非特异性免疫功能，增加机体某些酶的活性，增加 T 细胞、B 细胞数目和功能，增强杀伤细胞的数目和能力。

传统保健体育运动通常为中低强度的有氧运动，之所以能够防病治病，是因为练功具有扶正抑邪的作用。对练功者血象检测的研究表明，练功前白细胞总数正常或低下者，练功后可出现白细胞数增加，粒细胞的吞噬活力加强、吞噬指数升高，淋巴细胞百分率增加，唾液中溶菌酶活力增强，血清总补体增高等现象。另有研究发现，癌症病人放疗或化疗后，练习气功能使白细胞恢复正常。有报道显示，唾液中的 SIgA 在练功之后显著升高；同时也观察到血清 IgG 水平偏高者，练功后可趋向正常。可见传统保健体育健身功法具有双向调节免疫功能的作用。

传统保健体育能促进免疫功能，一方面在于提高免疫细胞的吞噬功能和免疫球蛋白的活性，另一方面在于能够促进心理健康。传统保健体育项目动作柔和、松静自然、意气相合、动静交替，练习后心情畅快、精神振奋，可提高自信心，从而消除不良情绪对免疫力的抑制作用。实验证明，运动后的良好心理效应可使免疫细胞的应答能力明显提高、免疫细胞的活性增强、免疫细胞的数量增多，使人的免疫能力保持在一个较高的水平上。

3. 传统保健与身心疾病

传统保健体育深受中医学“整体观念”“形神合一”理论的影响。习练时讲究动静结合、动中有静、静中有动、动以养形、静以养神。锻炼方法分为内功与外功两类，即所谓的“内练精气神，外练筋骨皮”。内功“调身”以养生，“调息”以养气，“调心”以养神，使机体主动进入“精神内守”的状态，以静神为主，其中又包含呼吸与意识活动，故静中有动。外功是有意识地按照一定的程序进行一定的体育活动，强调意志专一，故动中有静。传统保健体育注重形动神静。“形动”，即加强形体的活动锻炼。《吕氏春秋·尽数》以“流水不腐，户枢不蠹，动也”指出“形气亦然，形不动则精不流，精不流则气郁”。筋骨肌肉、四肢百骸需常动，既可使体魄强健、筋骨发达壮实，又可促进气血流畅、新陈代谢、脏腑功能健旺。再者，还可借形动济神静，稳定情感，久之可提升气质，改善个性。而“神静”则是精神内守。注重形动神静，做到形神统一，不仅可以防病健身，而且可以治疗各种疾病。

（1）传统保健体育有利于预防心身疾病。预防心身疾病，即中医学的“治未病”。《素问·四气调神大论》指出：“圣人不治已病治未病，不治已乱治未乱，此之谓也。”随着医学模式的转变，“治未病”的理念与实践引起了医学界的广泛关注。所谓的“治未病”就是要在人体的不同状态下达到未病先防、既病防变、瘥后防复。传统保健体育实质上是我国古代医家经过长期反复的临床实践，总结出的一整套养生健体防病之法，代表功法有五禽戏、八段锦、易筋经、太极拳等。传统保健体育通过身心合一、内外兼修、整体和谐的运动提高人体抵抗病邪的能力，以达到正气旺盛、阴阳平衡、气血畅通、脏腑协调的未病状态，从而使人体远离疾病与亚健康。

（2）传统保健体育有利于心身疾病康复。一个人的伤病及其后遗症可能无法消除，但是经过康复治疗，可以恢复人的生活自理功能，并能参加社会活动，这就是康复的作用。随着人们经济、文化、生活水平的提高，健康的理念正在从“治病保命”为主要目标向“功能恢复，提高生活质量，重返社会”的新目标转变。

传统保健体育以“不通则痛”和“用进废退”的中医理论为指导，可使筋骨、气血、脏腑等通过活动得到锻炼，以增强机体对疾病的抵抗力和对环境变化的适应能力，恢复某些失去平衡或受到损害的机能。

例如五禽戏，练猿功可固纳肾气，适用于肾虚及肺肾虚之喘者；练鹿功可增强胃气，适用于脾胃虚弱、消化不良者；练虎之戏，可扩张肺气，适宜肺气蜜塞、清肃之令不行者；练熊功可舒畅肝气，适用于肝郁不舒、肝气横逆者；练鹤功可增强心脏及全身功能，适用于心神不宁、全身不适者。因此，可根据患者身体状况、病情进行选练，做到辨证施功，促进疾病的康复。

再以太极拳为例，练习者可以从生理和心理两个方面促进疾病的康复治疗。生理上，太极拳通过增强神经系统的灵敏性、舒筋活络、调畅气血、增强肌肉柔韧性与力量促进疾病康复；心理方面，太极拳注重“心静用意，心无杂念”“刚柔并重”，练习后能够使人顿感轻松，情绪平稳，促进心理疾病康复。

总之，传统保健体育具有许多功效，可根据自己的实际情况，辨证施功，坚持不懈，以取得良好的效果。

（四）中国传统武术文化与养生理论

在中国民族传统体育的范畴中，传统武术与养生无疑是流传最广、文化体系最烦琐的代表。武术也被称为中国传统文化的全息影像，负载了中国文化诸多信息。尽管武术的起源时间尚无定论，但是早在远古时间已经萌生则无疑义。《史记·殷本纪》中说，殷纣王“材力过人，勇格猛兽”，从一个方面反映出那时的人们已具有较高超的格斗技术。《吴越春秋》载：春秋时期，越王向越女请教剑术之道。越女说：“妾生深林之中，长于无人之野，无道

不习，不达诸侯，窃好击剑之道”。这里的击剑之道，是指击剑的理论，由此可知那时的武术已经发展出比较完备的理论。

传统武术文化体系庞大而烦琐，被冠以“博大精深”。它的武德规范、宗族观念、拳种门派、师徒观念都是中国传统文化的投射。在中国哲学中，阴阳学说是一种朴素的辩证思维方法，在传统武术尤其是太极拳中体现得淋漓尽致。形神、内外、动静、刚柔、虚实、开合、起落、攻防，一招一式、每句拳理无不渗透着这种思维方式。

注重情感体验的意象思维也是武术文化的一个重要表征。它要求习武者要“体悟”，采用比附、联想、推理、心理暗示等方式习练武术。

类比思维是中国武术的另一个文化特色。例如，传统武术拳种多将拳理与金木水火土五行相类比，当然所言的五行相生相克多是刻板地套用了五行理论，是一种比附联想，并没有科学根据。

同时，武术与养生密不可分。在中国古代虽然没有“保健体育”之名，却有保健体育活动之实，这就是中国传统的养生功法。它既是中国传统体育的重要组成，也是与中医息息相关的古老技艺。最早的养生术至少可以追溯到原始社会末期，如集医、舞、巫思想为一体的“消肿舞”。

传统养生功法是中国哲学智慧的结晶，它的思想指导和理论体系无不体现着“天人合一”的整体观、系统论。中国传统的养生理念讲求身心合一、性命双修，综合调理、防胜于治，天人合一、顺其自然。此外，阴阳五行学说也是其重要的理论基础。

1. 身心合一、性命双修

现代系统科学理论认为，系统内的各要素是相互联系、相互作用的。中国传统的养生术对此已有论断。《素问·灵兰秘典论》说：“凡此十二宫者，不得相失也。故主明则安，以此养生则寿……主不明则十二宫危，使道闭塞而不通，形乃大伤，以此养生则殃。”这里的“宫”就是指人体系统中的各个要素。中国传统养生家认为，在人体的大系统中最大的两个要素就是“身”与“心”，二者的统一构成了人的正常生命活动。结合现代体育科学理论，身心健康的理念也是体育锻炼的目标追求。

当然，古代养生理论中常见的“心”“性”“神”是有所指代的。“心”主要是指人的思想意识，心的修养也就是精神一类的修养。

“心”与“性”在古代养生观念中基本是指代一类事物，即精神意识。通常“心性”也作为固定的搭配出现。

“神”则是心性的根本和主宰。《武术汇宗》讲到“性之根谓神。”可见，存心养性乃是养神之道。中国古代养生家十分注重精神修养，有“静以修身，俭以养德”的至理名言，也有“静养”和“动养”的不同养生派别。现代科学也证实精神对于物质的作用，人的心理同样会对生理产生影响。

对于心性的修养，孔子讲究“以静治身”。要想达到“静”的境界，必须从德和性两个方面入手。对德的要求是做到“非礼勿视，非礼勿言，非礼勿听，非礼勿动”；对心性的要求则是“毋意，毋必，毋固，毋我”。“君子不忧不惧”，抛弃精神负担，恬淡无为，才能达到静养的目的。

孟子养生观则是讲求“存心养性”。存心、养性二者都属于精神一类的修养。“养心莫善于寡欲”，即指出修养心性的最佳手段是“寡欲”。

道教养生讲求“洗心”。斋戒便是道家修身养性的法门。道家“行气术”即是呼吸锻炼法，进求通过调息达到养生的目的。代表人物如晋人葛洪，撰有《抱朴子》，介绍了“胎息行气法”“内视行气法”等。

我国隋唐时代有“药王”之称的医学大家孙思邈说，养性在于“耳无妄听，口无妄言，身无妄动，心无妄贪”，同样强调心理健康问题。

“导引术”则是另一种养生法。导引，古代肢体锻炼法。其功用不外乎两个方面，一是通过肢体锻炼防病健体，二是为了祛病延年。东汉末年名医华佗创编的五禽戏，以及后人创制的八段锦、易筋经等都是中国传统养生术。

2. 天人合一、天人感应的养生观

“天人合一”是中国传统养生术的最重要指导思想。这里的“天”泛指人体所处的外环境。天人合一指人与自然、人与社会的和谐统一。其次就是“天人感应”的观念。如《黄帝内经》说：“夫百病者，多以旦慧昼安夕加夜甚。”又如《春秋繁露》说：“天将阴雨，人之病故为之先动，是阴阳相应而起也。天将欲阴时，又使人欲睡卧也，阴气也。”“病者至夜而疾益甚。”古人正是从这一些现象观察中，获得天人之间存在一种“同类相动”的互相感应认识。所以，中华养生理论讲：“天有阴阳，人亦有阴阳。天地之有阴气起，而人之阴气应之而起。人之阴气起，而天地之阴气亦宜应之而起，其道一也。”天人感应讲求的是天与人的有节律的应答运动，用现代哲学理论来说就是万物都是相互联系的。天人之间“牵一发而动全身”，存在普遍联系，并且是有节律的相互联系、相互影响。

对于我们当代大学生来说，应该客观看待中国传统武术与养生术，既不可过于迷信，也不能全盘否定，需甄别并加以吸收利用。

（五）民族传统体育文化功能与价值

1. 提升民族凝聚力

在漫漫历史长河中，中华各族人民创造了千百项传统体育活动，有些是共有的，而有些则是个别民族独有的。各民族之间通过体育运动的形式友好互动，进行文化交流，提升了凝聚力和向心力。

2. 传承中国传统文化

民族传统体育传播发展的更深层次意义则是民族文化的传承。民族传统体育中的许多活动形式都是民族文化、传统文化的有力载体，其中所蕴含的宗族观念、礼仪仁孝、道德规范等都是中国悠久传统文化历史记忆的传承。

3. 增强国民体质

民族传统体育与其他的体育形式一样，最本质的功能就是强身健体。民族传统体育是经过千百年历史荡涤而成的精华，是最适合中华民族体质特征的健身方式。它们或动作古朴独特，或粗犷豪放，或简单易行，或体系烦琐，既有娱乐嬉戏的游戏活动，也有充满竞争的竞技比赛，甚至有朴素民风民俗的节庆活动。这些无疑都是增强体质、娱乐身心的良好方式 。

中华民族传统体育是中国体育的重要组成部分，是中华民族宝贵的文化遗产。许多优秀的民族传统体育项目，不仅具有很强的健身价值，而且还有很高的艺术价值和丰富的娱乐、教育功能。

三、 奥林匹克运动与文化

奥林匹克文化可以说是人类文明史上持续时间最长、影响深远、规模宏大的社会文化现象。

（一）奥林匹克运动起源

1. 古代奥林匹克运动

奥林匹克运动起源于公元前 9 世纪的希腊，是战争、宗教、教育等因素合力作用的结果。那时，希腊处于城邦制奴隶社会阶段，城邦之间的战乱不断，催生了一系列强壮体魄、满足战争需要的运动项目。特别是斯巴达和雅典的军事体育教育制度，将赛跑、跳跃、标枪、铁饼、角力（统称五项竞技）作为重要教育内容。这些也是现代竞技体育的雏形，并一直发展至今。古奥运会的比赛项目也大多来自希腊体育教育内容。

其实，古奥运会本是一种宗教庆典。古希腊人认为奥林匹斯山是一个神的天国，宙斯是诸神之王。人们用祭神的方式祈求宙斯及诸神的保佑。这个崇拜英雄和尚武的民族在祭坛上展示自己的技艺与强健，以取悦诸神。古希腊有四大祭祀竞技赛会，宙斯是诸神之王，祭祀宙斯的奥林匹亚竞技会就逐渐发展成为整个希腊统一的祭祀竞技赛会，并得名奥林匹克运动会。

古希腊人于公元前 776 年到公元 393 年间，每四年在奥林匹亚举办一次运动会，共举行 293 届，历时 1169 年。古奥运会发展到公元前 5 世纪末，长达 27 年之久的伯罗奔尼撒战争是希腊奴隶制衰败的开始，也是古奥运会衰亡的开端。公元 393 年，罗马皇帝迪奥多西立基督教为国教，下令关闭一切异教活动场所，历时一千多年的古奥运会销声匿迹。

古奥运会虽然消亡了，但它给人类留下了宝贵的文化财富。它创造的竞技运动的组织模式，形成一种独特的体系。它所形成的公平竞争的奥林匹克精神，成为西方体育文化的集中体现。

2. 现代奥林匹克运动

15 世纪的欧洲文艺复兴使人们开始重新追求奥林匹克精神。德国人库齐乌斯花了多年时间挖掘古希腊的奥林匹亚村，1852 年 1 月在柏林宣读考察报告，并建议恢复奥运会。奥运会在沉寂了 1500 余年以后，再次迎来新生的机会。

1892 年法国教育家皮埃尔 · 德 · 顾拜旦在索邦大学大礼堂首次公开提出恢复奥运会，并把范围扩大到全世界。1894 年，顾拜旦致函各国体育组织，邀请这些组织的成员参加在巴黎举行的国际体育大会。同年 6 月 16 日，12 国的代表在巴黎举行了恢复奥林匹克运动大会。6 月 22 日，国际奥林匹克委员会成立，希腊人维凯拉斯出任主席，顾拜旦任秘书长，并亲自设计了奥运会会徽、会旗，同时通过了奥林匹克宪章。1896 年，第一届现代奥林匹克运动会在希腊雅典正式举办，并决定此后每四年举办一次，会期不超过 16 天。

现代奥运会的复兴离不开顾拜旦锲而不舍的努力，因而他被尊称为“现代奥林匹克之父”。作为著名的教育家，顾拜旦认识到体育的重要性，立下了教育救国、体育救国的志向。他一生致力于奥运事业，在任职期间（1896—1925 年）使国际奥委会成员由 14 个增加到 40 个，并先后成立了 20 多个国际专项运动联合会。1937 年 9 月 2 日，顾拜旦在瑞士日内瓦去世，随后被安葬在国际奥委会总部所在地瑞士洛桑。按照他的遗嘱，他的心脏安葬在奥林匹克运动发源地——希腊奥林匹亚的克罗努斯山下。

顾拜旦从 1883 年 20 岁开始直到 1937 年去世，为奥林匹克运动奋斗了 54 年。他坚持认为奥林匹克运动会是属于全世界、全人类的，应该在全世界不同的城市举办。而希腊人则认为奥运会是希腊的，雅典则应该是奥运会的永久举办地。正是由于顾拜旦锲而不舍的坚持和努力，才有今日奥运会的全球化辉煌。顾拜旦坚持平等、反对歧视、倡导和平的奥林匹克精神已被载入奥林匹克宪章中。

（二）奥林匹克文化体系

奥林匹克运动远远超越了身体运动的范畴，为人类社会的和平、进步和文明作出了无与伦比的贡献。奥林匹克文化并非仅指奥林匹克运动会，而是在奥林匹克主义指导下，以体育运动和奥林匹克运动会为载体的全球性文化活动。

奥林匹克运动在千百年的发展中逐步形成了自身的思想文化体系。奥林匹克运动首先关注个体的全面发展，进而扩大到社会，以至于国际社会。奥林匹克运动是在奥林匹克主义指导下的国际社会运动，它的目的和价值绝不仅限于体育运动，更在于努力促进不同民族、不同国家、不同文化间的交流与了解，倡导维护世界和平。它的文化体系构成主要有奥林匹克思想体系、奥林匹克组织体系和奥林匹克活动内容体系。

1. 奥林匹克思想体系

（1）奥林匹克主义。《奥林匹克宪章》的基本原则第二条指出：“奥林匹克主义是增强体质、意志和精神并使之全面发展的一种生活哲学。奥林匹克主义谋求把体育运动与文化和教育融合起来，创造一种在努力中求欢乐、发挥良好榜样的教育价值，并尊重基本公德原则的生活方式。”奥林匹克主义的宗旨是“使体育运动处处为人的和谐发展服务，以促进建立一个维护人的尊严的、和平的社会。”《奥林匹克宪章》的基本原则指出：“由国际奥委会领导的奥林匹克运动来源于现代奥林匹克主义。”奥林匹克主义规定了奥林匹克运动的性质和发展方向。奥林匹克主义指导下的奥林匹克运动不仅仅局限于体育，更不是奥运会的竞技比赛，而是一种超越体育和竞技运动的、关乎人类完善和社会发展的思想文化体系。

（2）奥林匹克的宗旨。《奥林匹克宪章》指出奥林匹克的宗旨是“通过没有任何歧视、具有奥林匹克精神——以友谊、团结和公平精神的互相了解基础上的体育活动来教育青年，从而为建立一个和平的更美好的世界作出贡献。”

（3）奥林匹克精神。奥林匹克精神是指互相了解、友谊、团结和公平竞争的精神。

（4）奥林匹克格言与口号。奥林匹克格言与口号是“参与比取胜更重要”“更快、更高、更强”。前一条是启迪运动员为团结、和平、友谊而参加体育盛会，后一条是激励运动员要努力提高运动水平，树立不断进取、挑战人体极限的奋斗精神。

（5）奥林匹克会徽。会徽自左向右为蓝、黄、黑、绿、红 5 种颜色的 5 个相互套连的环。它象征着五大洲在友好和平的世界中，以公正、坦率的比赛和友好精神在奥运会上相聚一堂。

（6）奥林匹克旗。奥林匹克五环旗是1913年在顾拜旦的建议下确定的，并在1914年巴黎奥林匹克代表大会上为庆祝国际奥委会成立20周年首次升起。旗为白底、无边，中间绘有五色的奥林匹克标志。

2. 奥林匹克运动的组织体系

奥林匹克运动是一个结构完备、功能齐全的组织体系。它由国际奥林匹克委员会、国际单项体育联合会和各个国家或地区的奥林匹克委员会三部分组成。

（1）国际奥林匹克委员会。国际奥林匹克委员会简称国际奥委会（IOC），是奥林匹克运动的最高权力机构。它是一个国际性的、非政府、非营利的组织，是奥林匹克运动的指导者、捍卫者和仲裁者。国际奥委会具有法人地位，它的存在是无限期的。国际奥委会的任务就是按照《奥林匹克宪章》领导奥林匹克运动。

国际奥委会是由顾拜旦于1894年6月23日在法国巴黎发起成立的，总部设在瑞士洛桑。

（2）国际单项体育联合会。这是在世界范围内管辖一项或几项运动项目并接纳若干管辖这些项目的国家和地区级团体的非官方国际组织。国际奥委会与它的关系不是领导与被领导的关系，而是一种互相承认的关系。只有被国际奥委会承认的单项体育组织，其管辖的运动项目才有可能列入奥运会的比赛项目。目前，国际奥委会承认的单项体育组织及其所管辖项目可列入奥运会比赛的总计有30个。

（3）国家奥林匹克委员会（简称国家奥委会）。国家奥委会是按照《奥林匹克宪章》的规定建立起来，并得到国际奥委会承认的负责一个国家或地区开展奥林匹克运动的组织。国家奥委会是奥林匹克运动的基本功能单位。国际奥委会和国际单项体育联合会组织的各种奥林匹克活动，最终都要由国家奥委会来承担、执行和完成。各个国家奥委会同国际奥委会是相互承认的关系。每个国家的奥委会章程应与国际奥林匹克章程相一致。只有获得国际奥委会承认的国家奥委会，才有权参加奥运会。

3. 奥林匹克运动的活动内容体系

（1）奥林匹克运动会。奥运会无疑是奥林匹克运动最重要的活动，分为夏季奥运会和冬季奥运会。其主要活动内容有竞技运动比赛、奥林匹克仪式、奥林匹克艺术节、奥林匹克青年营。

为了限制奥运会的比赛规模，国际奥委会规定，只有在至少四大洲75个国家广泛开展的男子项目和三大洲40个国家广泛开展的女子项目，才可列入夏季奥运会的比赛；冬季奥运会接受新项目的标准至少是三大洲25个国家广泛开展的项目。

申办奥运会先是由申办城市提出申请，再由国际奥委会和有关国际单项体育联合会组织进行考核，最后在奥运会举办前七年召开的国际奥委会全会上由全体委员秘密投票表决确定举办城市。

（2）国际奥委会承认的大型综合运动会。它包括各大洲的运动会，如亚洲运动会、非洲运动会、加勒比运动会、太平洋运动会、泛美运动会、伤残人奥运会。这些大型综合运动会都是国际奥林匹克运动活动内容的一个组成部分。

（3）其他奥林匹克运动。为了在全世界弘扬奥运精神，推动奥林匹克运动，以及对青年进行奥林匹克理想的教育，国际奥委会在 1961 年成立了国际奥林匹克学院。并且从 1956 年墨尔本奥运会起，在奥运会之前要在举办国召开世界性的体育科学大会。国际奥委会确定每年 6 月 23 日为“奥林匹克日”，要求各国奥委会举行群众性长跑和其他体育活动。此外，国际奥委会还开展奥林匹克文化活动。奥林匹克团结基金的援助和表彰是为奥林匹克运动作出突出贡献的奖励活动。

（三）中国百年奥运之路

“中国何时才能派一位胜利选手参加奥运？”

“中国何时才能派一支胜利队伍参加奥运？”

“中国何时才能举办奥运，邀请世界各国的选手到北平参加比赛？”

这是 1908 年在南开学校举办的第六届天津学校联合运动会颁奖仪式上提出的奥运三问。这奥运三问从产生到实现整整历经了一百年的努力。

1. 奥林匹克传入

1895 年，清政府收到了雅典奥运会组委会托法国驻华使馆转交给光绪皇帝的邀请书，邀请中国派选手参加 1896 年在希腊举办的首届奥运会。当时近代西方体育项目刚刚传入中国，国人对运动会十分陌生，既没有回函也没有派人参加，导致中国与首届奥运会失之交臂。

中国对奥林匹克文化的最初接触是从了解赛事开始的。1903 年，当清政府外事部门听说 1904 年将在圣路易召开奥运会时，他们向光绪皇帝上书奏请是否参赛。1905 年出版的《万国公报》上对奥运文化的介绍也主要是限于赛事描述。1907 年，天津青年会举办的第五届天津学校联合运动会颁奖仪式上，著名的南开中学校长张伯苓所提出的奥运倡议，也仅仅是限于争取参加奥运会比赛而已。

2. 参与奥林匹克

1932 年，中国政府首次派出代表团参加了洛杉矶奥运会，代表团成员只有刘长春一人。参赛成绩虽然不佳，但他是中国奥运第一人。

1936 年德国柏林奥运会，中国组织了体育代表团参加。领队王正廷，教练马约翰，运动员 69 名（男子 67 人，女子 2 人），参加了田径、足球、游泳、篮球、拳击、举重、自行车等项目比赛。另外，还有一个由 9 人（6 男 3 女）组成的武术表演团和一个 37 人组成的欧洲体育考察团。这应该算是中国第一次成规模参加奥运会。

1952 年第十五届奥运会在芬兰赫尔辛基举办，也是新中国成立后首次参加的奥运会。但由于本届奥运会前新中国的奥委会还未得到国际奥委会的承认，是通过芬兰等国家的努力才得以参加。当中国代表团历尽波折到达时，大会已进行了 10 天，因此只参加了游泳的一项比赛和闭幕式。但是新中国参加此次奥运会的政治意义是非凡的。周总理对代表团领导的指示是：此去把五星红旗插到奥运会就是胜利！对当时的中国而言，奥运会更是一个让全世界认识新中国的大舞台。

由于政治原因，中国在奥林匹克组织中的合法地位一直被剥夺，直到 1979 年才得以恢复。随后的 1980 年，中国派团赴美国普莱西德湖参加了第十三届冬奥会。1984 年，中国派

出 225 名运动员参加了洛杉矶夏季奥运会。也正是在这届奥运会上，中国运动员许海峰在男子手枪慢射比赛中获得金牌一枚，摘得了中国奥运史上的首枚金牌，实现了金牌“零的突破”。

3. 申办奥林匹克运动会

早在 1991 年，中国奥委会就向国际奥委会首次提出承办 2000 年第二十七届奥林匹克运动会的申请。1993 年 9 月，国际奥委会第 101 次全会投票表决，北京以两票之差（43∶45）落后于澳大利亚悉尼，未能取得主办权。

1998 年 11 月，国务院总理办公会议和中央政治局常委会先后对申办工作进行研究，决定由北京申办 2008 年夏季奥运会。1998 年 11 月 25 日，北京市人民政府向中国奥委会递交申办 2008 年夏季奥运会的申请书。

1999 年 4 月 7 日，时任北京市市长刘淇和中国奥委会主席吴绍祖在瑞士洛桑向国际奥委会主席萨马兰奇正式递交了北京市申办 2008 年夏季奥运会的报告。

2000 年 8 月 28 日，北京成为 2008 年第二十九届奥运会的申办候选城市之一。

2001 年 7 月 13 日，在国际奥委会第 112 次全会上，北京以 56 票获得 2008 年奥运会举办权。

2008 年 8 月 8 日，第二十九届夏季奥运会在北京国家体育场开幕，中国终于实现了百年奥运梦想。

4. 展望中国的奥林匹克

随着中国国际地位的提升和体育事业的发达，中国有了再次举办奥运会的机遇。2022 年 2 月 4 日到 20 日，中国的北京市、张家口市将联合举行第二十四届冬季奥林匹克运动会。这是中国继北京奥运会、南京青奥会后，第三次举办的奥运赛事。北京将成为奥运史上第一个举办过夏季奥运会和冬季奥运会的城市，同时中国也是第一个实现奥运“大满贯”（夏季奥运会、残奥会、青奥会、冬奥会、冬残奥会）的国家。

表 1-3-1 为历届夏季奥运会一览表。

历届夏季奥运会一览表　　表 1-3-1

届数	举办国	举办城市	时间（年）
1	希腊	雅典	1896
2	法国	巴黎	1900
3	美国	圣路易斯	1904
4	英国	伦敦	1908
5	瑞典	斯德哥尔摩	1912
6	因第一次世界大战停办		
7	比利时	安特卫普	1920
8	法国	巴黎	1924
9	荷兰	阿姆斯特丹	1928
10	美国	洛杉矶	1932

续上表

届数	举办国	举办城市	时间（年）
11	德国	柏林	1936
12	因第二次世界大战停办		
13	因第二次世界大战停办		
14	英国	伦敦	1948
15	芬兰	赫尔辛基	1952
16	澳大利亚	墨尔本	1956
17	意大利	罗马	1960
18	日本	东京	1964
19	墨西哥	墨西哥城	1968
20	联邦德国	慕尼黑	1972
21	加拿大	蒙特利尔	1976
22	苏联	莫斯科	1980
23	美国	洛杉矶	1984
24	韩国	汉城（首尔）	1988
25	西班牙	巴塞罗那	1992
26	美国	亚特兰大	1996
27	澳大利亚	悉尼	2000
28	希腊	雅典	2004
29	中国	北京	2008
30	英国	伦敦	2012
31	巴西	里约热内卢	2016

第二章 体育锻炼与健康

第一节 健康的锻炼

一、理解健康

1989 年联合国世界卫生组织（WHO）对健康作了新的定义，即“健康不仅是没有疾病，而且包括躯体健康、心理健康、社会适应良好和道德健康 。”由此可知，人只有在躯体、心理、社会适应、道德品质几个方面同时健全，才算得上真正的健康。就此定义而言，除了传统意义上的身体健康，还应包括心理健康，即要求个体的心理活动处于正常状态下，认知正常，情感协调，意志健全，个性完整和适应良好，能够充分发挥自身的最大潜能，以适应生活、学习、工作和社会环境的发展与变化的需要。世界卫生组织还提出了衡量健康的 10 项具体标准：精力充沛，能从容不迫地应付日常生活和工作；处事乐观，态度积极，乐于承担任务不挑剔；善于休息，睡眠良好；适应环境，应变能力强；对一般感冒和传染病有一定抵抗力；体重适当，体态匀称；眼睛明亮，不发炎，反应敏捷；牙齿清洁，无缺损，无疼痛，牙龈颜色正常，无出血；头发有光泽，无头屑；骨骼健康，肌肉、皮肤有弹性，走路轻松。其中前 4 条为心理健康的内容，后 6 条则为生物学方面的内容（生理、形态）。也就是说，健康是指人在生理上、心理上、生殖上、道德上和社会上的完好适应状态。

以前，人们对于健康的理解就是指身体的无病状态，只要身体没有疾病就称为健康。目前，从临床上对健康有 3 种界定，即健康、亚健康、病态。新定义认为健康是身体上、精神上和社会适应上的完好状态，而不仅仅是没有疾病或者不虚弱。亚健康是介于健康与疾病之间的一种状态，苏联布赫曼教授曾将其描述为“是机体尚无器质性病变而仅有某些功能性改变的‘灰色状态’。”

鉴于人是社会的人，医生在预防、诊断和治疗疾病的时候，不仅要考虑到人的身体情况，还要考虑到社会、心理、精神、情绪等因素对人体健康的影响。由社会、精神因素引起疾病的例子很多。比如，人在情绪激动时可以引起血压升高、心脏病发作；较大的精神打击可以使人的眼睛突然失明；心情郁闷可以引起胃部不适等。这些现象都说明人的身体状况是受社会、精神因素影响的。

二、 保持健康的要素

影响人类健康的五大因素是遗传因素、气候地理、社会因素、医疗条件、自我管理。健康一般包括生理、心理和社会适应性三个方面，其中社会适应性归根结底取决于生理和心理的素质状况。心理健康是身体健康的精神支柱，身体健康又是心理健康的物质基础。良好的情绪状态可以使生理功能处于最佳状态，反之则会降低或破坏某种功能而引起疾病。身体状况的改变可能带来相应的心理问题，生理上的缺陷、疾病，特别是痼疾，往往会使人产生烦恼、焦躁、忧虑、抑郁等不良情绪，导致各种不正常的心理状态。作为身心统一体的人，身体和心理是紧密依存的两个方面。

（一）保持良好心态与情绪，保证神经系统及身体内环境的稳定性

现代人生活在信息时代，社会发展迅速，经常处于紧张状态，只有善于控制不良情绪并使之转化为良好情绪，才是积极、健康的。保持精神健康的可靠品质包括：善良、诚恳，对他人的关心与尊重，幽默感，对工作的认真热爱态度，积极向上的生活状态。

（二）增强以心血管系统为主的循环系统功能，促进体内循环（微循环）

心血管系统是现代人生命保障体系中最薄弱的一环，增强其功能的有效手段是符合自身情况的健身运动。这些活动有益于心血管系统，对人体的神经、呼吸及其他系统也有积极作用。

（三）保持正常的身体形态

身体形态包括体重、体型。体重超过正常标准，极易导致各种器官提早衰老与诱发各种疾病。战胜肥胖症目前最安全可靠的办法有两种：一是食物的热量有所控制，但营养成分要充足（宜多食用天然蔬菜和水果，少吃面食与甜食）；二是以有效的积极性运动锻炼（武术、球类、走跑步、游泳、滑雪、骑自行车）消耗正常生活工作之余的能量，保持入出平衡。

（四）加强身体器官系统的生理机能，保持对自然环境的适应能力

身体的抵抗力越强，受疾病的侵害就越少。锻炼的唯一途径，就是经常进行体温调节机制的训练，提高人们对环境变化的抵抗力。

（五）保持良好的生活习惯

保持身体自然状态，按规律安排生活工作、七情六欲，做到动静结合。养成良好的生活习惯，杜绝不良嗜好，减少伤害身心的行为。

（六）保持运动机能，提高生活质量

强化骨骼肌肉组织和各关节功能，对所有内脏器官来说都极其重要，是身体得以运动的基础。发达的骨骼肌肉，能使内脏器官的机能加强。要使这些器官经常处于训练状态，手段是通过主动和被动方式增强双手、背部、腹部、胸部、双腿、颈部等部位肌肉的功能，改善体态和使关节灵活，防止滥用耗费、少用颓废。

三、 体育运动与锻炼过程中的常规现象与理论

在日常体育运动锻炼过程中，人体不免会经历与体验多种身体变化与不适应，也会面临

运动技术学习掌握的困难。下面介绍若干现象与规律，旨在帮助大家更科学地参与体育运动与锻炼，同时有效地应对锻炼中出现的问题。

（一）运动中的能量代谢与“超量恢复”现象

1. 运动能量的直接来源

从单细胞的低等生物到多细胞的高等生物以及人体，生物体体内的一切生命活动的能量都直接来源于ATP。ATP是一种存在于细胞内（胞浆和核浆内）、由自身合成并可迅速分解被直接利用的一种自由存在的化学能形式。它由1个大分子的腺苷和3个磷酸根组成，也称三磷酸腺苷。它的分子结构中3个磷酸根之间的结合键中蕴含大量的化学能，也称为高能磷酸键。一般认为ATP在细胞内的含量有限且稳定，呈动态平衡之势。它的分解和再合成在细胞内是一直进行的，合成速率的快慢受疲劳的影响，一旦合成速率变慢意味着机体疲劳的开始。

2. 人体的主要能源物质

人体从食物中吸收的营养物质共有7种，其中只有糖、脂肪、蛋白质是能源物质，是人体能量的间接来源。

糖是机体最主要，来源最经济，供能又快速的能源物质。正常情况下机体有60%的热能由糖提供。在运动过程中，糖的供能比例更大、更重要。糖在体内的存在形式主要有以下两种：一是以糖原的形式存在于组织细胞浆内，主要有肝细胞中的肝糖原和肌细胞中的肌糖原；另一种是以葡糖糖的形式存在于血液中，称为血糖。正常情况下，肌糖原的储量较为稳定。在高糖膳食和耐力运动相结合的情况下，肌糖原的消耗会加快，随后通过超量补偿使其储量增加。肝糖原可以分解为葡萄糖进入血液。因此，合理膳食与适宜运动训练相结合是提高机体糖原储备的有效途径。

脂肪是一种含能量最多的营养物质，是长时间肌肉运动的重要能源。脂肪细胞可摄取血液中过多的自由脂肪酸（FFA），并与甘油结合形成甘油三酯储存起来。脂肪代谢与糖代谢相比动员慢，耗氧量大，能效率低。运动时脂肪供能随运动强度的增大而减少，随运动持续时间的延长而增加。

蛋白质是构成细胞结构的最主要原料，主要参与新陈代谢，实现自我更新，在调节机体各种生理功能中起着不可替代的作用。

3. 运动时的供能系统

人体的运动，简单地说就是肌肉活动。肌肉在活动中的供能主要通过3个系统实现，分别是磷酸原系统、乳酸能系统、有氧氧化系统。3个供能系统的特点各有不同，在不同的运动条件下人体动用的供能系统也有所不同。

（1）磷酸原系统的供能特点：供能总量少，持续时间短，功率输出最快，不需要氧，不产生乳酸类的中间产物。人体在剧烈运动过程中磷酸原系统大约7.5秒即可消耗殆尽。

（2）乳酸能系统的供能特点：供能总量较磷酸原系统多，持续时间较短，功率输出较磷酸原系统略低，不需要氧，最终产物是导致疲劳的物质——乳酸，并扩散入血液。在磷酸原系统消耗殆尽之后，该系统仍然能维持数十秒的快速供能，以应付机体短时间内的快速需要。乳酸能系统是一分钟以内要求高功率输出的运动物质基础。

（3）有氧氧化系统是糖、脂肪、蛋白质在细胞内（主要是线粒体内）彻底氧化成水和二氧化碳的过程中再合成 ATP 的能量系统。从理论上分析，体内储存的糖（特别是脂肪）是不会耗尽的，所以有氧氧化系统的供能可认为是无限大。虽然 ATP 生成总量很大，但是速率很低，持续时间很长，需要氧的参与，代谢生成水和二氧化碳，不产生乳酸，所以有氧氧化系统供能是长时间耐力活动的物质基础。

4. “超量恢复”现象

运动过程中人体会出现不同程度的疲劳。在人们对运动性疲劳的产生机制还不是十分清楚的时候，产生了能量耗竭学说、代谢产物堆积学说、内环境稳定性失调学说、保护性抑制学说等运动疲劳学说。随着运动疲劳研究的深入，人们又认识到运动过程中的疲劳应及时消除，运动恢复可分为三个阶段：第一阶段，运动时能源物质主要是消耗，体内能源物质逐渐减少，各器官系统功能逐渐下降；第二阶段，运动停止后消耗过程减少，恢复过程占优势，能源物质和各器官系统的功能逐渐恢复到原来水平；第三阶段，运动中消耗的能源物质在运动后一段时间不仅恢复到原来水平，甚至超过原来的水平（这种现象称“超量恢复”或“超量代偿”），保持一段时间后又回到原来水平。超量恢复是客观存在的规律，运动中所消耗的能源物质以及降低的身体机体在运动结束后不仅能得以恢复，而且会超过原有水平。在一定的范围内，运动负荷量越大、强度越大，运动过程中疲劳的程度越深，运动后超量恢复则越明显。

（二）动作技能形成与自动化

运动技能的形成可分为 3 个阶段，分别是运动技能形成的泛化阶段、运动技能形成的分化阶段和运动技能形成的巩固阶段。

1. 运动技能形成的泛化阶段

在运动技能形成的泛化阶段，人只对运动技能存在感性认识，对动作的内在规律还不理解，大脑皮层由于内抑制，特别是分化抑制还未建立，兴奋和抑制的过程扩散，在做动作时会出现动作僵硬、不协调，产生多余和错误的动作，做动作费力。在练习过程中应对出现的错误动作给予一定的重视，不强调动作细节，通过不断地重复练习掌握动作要领。

经过不断的练习，人对运动技能的内在规律有了初步的理解，大脑皮质运动中枢兴奋和抑制逐渐集中，分化抑制得到发展，在做动作的时候不协调和多余动作逐渐消除，大部分的错误动作得到纠正，能比较顺利地、连贯地完成动作，初步建立动力定型。但是，遇到新异刺激时，多余的和错误的动作仍然会出现。此时进入运动技能形成的分化阶段。

2. 运动技能形成的分化阶段

在运动技能形成分化阶段，不断体会动作的细节，促进分化抑制的进一步发展，使动作更为准确，逐渐进入运动机能的巩固阶段。此时已可以建立巩固的动力定型，大脑皮质的兴奋和抑制在时间和空间上更加集中和准确，在做动作的时候表现出动作技能的准确与优美，某些环节可出现动作技能的自动化，环境改变与外部刺激变化时动作技能也不易受到破坏，完成练习感觉省力。在这个过程中，为了避免消退抑制的出现，对动作技能的练习应提出更

高的要求与更多的重复次数，从而更有利于动力定型的巩固和动作质量的提高。

3. 运动技能形成的巩固阶段

动作技能形成的巩固阶段指练习某一套技术动作时可在无意识的条件下完成。此时，大脑皮质有关区域兴奋性较低，但动作仍在大脑皮质的控制之下完成，必要时又可转换为有意识的活动。这时，第一信号系统与第二信号系统的活动相对脱离，第二信号系统的活动可独立进行。必要时两个系统的活动仍然可以成为运动动力定型的统一机能体系。在这个阶段也应不断坚持练习，不断检查动作的质量，以防止动作的变形变质。

由此可见，掌握某一运动技能是由以上几个阶段逐步完成的，所采用的手段是不断地重复练习，经过动作技能形成的泛化和分化阶段，在巩固阶段达到动作技能的自动化。因此，重复练习与动作技能自动化密不可分，没有重复练习就不可能达到动作技能自动化。

（三）“运动适应”理论

适应是有机体内外环境不断从非稳态向相对稳态转化的过程。在一般情况下，人体各器官系统的活动相互制约、相互协调，处于一种稳定状态，这是人体生命存在和机能活动的必要条件。在外界环境变化时，机体内环境出现失稳状态，体内各种功能被迫调整，以维持内外环境稳定，这就是一般的适应过程。过去人们认为适应是机体内外环境从不平衡到平衡的过程，然而美国生理学家坎农认为：平衡只是封闭系统机械力学和化学运动中各种力相等，温度均匀，并不涉及调节机制，而稳态是指具有开放性生命系统中协调一致的形态。

运动适应是合理的运动负荷作用于人的机体后，使其内环境由失稳态转向相对稳态的过程。具体说，在运动过程中，由于心理负荷和生理负荷的增大，使机体内环境达到新的高水平的稳态过程就是运动的适应。它包括了 3 个阶段：①对刺激直接反应及代偿反应；②对刺激的部分适应或全部适应；③刺激后的恢复过程。运动适应取决于负荷刺激的合理性和恢复的有效性。

四、中医学观点的运动与锻炼

传统的运动保健，除有系统的理论外，还有切实可行的原则和方法。

（一）强调动静结合

不能因为强调动而忘了静，要动静兼修，动静适宜。运动时，一切顺乎自然，进行自然调息、调心，神态从容，摒弃杂念，神形兼顾，内外俱练，动于外而静于内，动主练而静主养神。这样，在锻炼过程中内练精神、外练形体，使内外和谐，体现出“由动入静”“静中有动”“以静制动”“动静结合”的整体思想。对于一般学生而言，年轻有活力，学习生活以静为多，因此要多动为宜。

（二）提倡持之以恒

人贵有志，学贵有恒，做任何事情，要想取得成效，没有恒心是不行的。古人云：“冰冻三尺，非一日之寒”，说的就是这个道理。锻炼身体也非一朝一夕之事，要经常而不间断，三天打鱼两天晒网是不会达到锻炼目的的。运动养生不仅是身体的锻炼，而且也是意志和毅力的锻炼。不能把学习忙作为理由，就不按原计划时间坚持锻炼。若因阴雨或因其他原因不能到野外或操场锻炼，也可在体育馆内、室内、楼道内打球、原地跑、原地跳、做广播操、打太极拳等。切忌不能高兴时练的累死累活，激情过后多少天都不练。

（三）运动适度，不宜过量

若运动后食欲减退，头昏头痛，自觉劳累汗多，精神倦怠，说明运动量过大，超过了机体耐受的限度，勉强坚持会使身体因过劳而受损。孙思邈在《千金要方》中就告诫人们："养性之道，常欲小劳，但莫大疲及强所不能堪有。"一般来说，运动量以每次锻炼后感觉不到过度疲劳为宜。也有人以脉搏及心跳频率作为运动量与负荷的指标。一般大学生的运动量，以每分钟心率增加至 140 次为宜；而对于运动水平较高的学生，每分钟心率可以增加至 180 次左右。

（四）舒适自然，循序渐进

为健康而进行的锻炼，应当是轻松愉快的，容易做到，充满乐趣且丰富多彩，唯有如此，人们才愿意坚持实行。美国运动生理学家莫尔豪斯的结论是"运动应当在顺乎自然和圆形平面的方式下进行。"在健身方面，疲劳和痛苦都是不必要的，要轻轻松松地渐次增加活动量，"不能一口吃个胖子"。正确的锻炼方法是运动量由小到大，动作由简单到复杂。比如跑步，刚开始练时要跑得慢些、距离短些，经过一段时间再逐渐提高速度和增加距离。

（五）运动时间因时制宜

一般来说，早晨户外运动较好，因为早晨的空气较新鲜，到室外空气清新的地方进行运动锻炼，即可把一整晚积聚在身体内的污气排出，吸进更多的氧气，使身体的新陈代谢增强，为一天的工作打好基础。此外，午睡前后或晚上睡觉前也可以运动。不过，睡前运动不要太激烈，以免引起神经系统的兴奋，影响睡眠。许多健身运动随时都可以做，少量运动也比不运动有益处。吃饭前不要进行剧烈的运动，因为人处于饥饿状态，血液中葡萄糖含量低，易发生低血糖症；饭后也不要剧烈运动，因为会使大部分血液到肌肉里去，胃肠的血液相对减少，不仅影响消化，还可引起胃下垂、慢性胃肠炎等疾病。

（六）运动项目因人制宜

对于健康状况欠佳和体质偏弱的学生来说，适宜选择中低强度的、对抗性低的运动项目，相对动作缓慢柔和，肌肉协调放松，全身都能得到锻炼，如健身气功、太极拳、慢跑等。身体较好的学生，可选择运动量大的、对抗性强的锻炼项目，如长跑、打篮球、踢足球等。此外，每个人的个性不同，所选择的运动项目与方法亦应有差别。学生经常伏案学习工作，要选择一些扩胸、伸腰、仰头的运动项目；用眼较多时，还应多进行望远活动。

总之，体育项目的选择，运动负荷与运动量的控制，尽量要符合兴趣爱好，又要适合身体条件，还要考虑到当时的身体状况。体质偏弱和疑似慢性病者少参加一些使精神紧张的活动，健康状况欠佳的不宜参加激烈的运动。

第二节　体质健康与自我锻炼

一、我国现阶段学生体质健康状况

调研结果显示，改革开放三十多年来，随着经济和社会的发展与进步，国民生活水平不断地改善，教育事业不断地发展，我国青少年学生的体质健康状况继续得到改善，总体上是好的，但也存在一些问题。

（一）形态发育水平持续提高

2000 年全国学生体质与健康调研结果显示，学生的身高、体重、胸围等形态发育指标持续呈提增趋势，以往存在的“豆芽菜”体型得到改善。学生营养状况的改善较为明显，尤其是大学生的改善更为明显，几种常见疾病的患病率下降。2005 年全国学生体质与健康调研结果显示，形态发育水平继续提高，营养状况不断改善，低血红蛋白等常见病的检出率持续下降，握力水平有所提高。

（二）体能素质下降

2000 年与 1995 年相比，我国学生的速度、耐力、柔韧性、爆发力和力量等素质均出现全面下降，除反应速度素质的 50 米跑成绩下降幅度较小以外，其余各方面素质下降的幅度都较为明显。反映肺功能的肺活量继续呈现下降趋势。肥胖学生增多，学生近视眼患病率仍居高不下。农村地区学生口腔保健水平仍然较低。2005 年全国学生体质与健康调研结果显示，反映肺功能的肺活量继续呈现下降趋势；速度、爆发力、力量、耐力素质水平继续下降，不同指标下降幅度不等；肥胖率继续上升，视力不良检出率居高不下。这一现象已引起了党中央、国务院、教育部和体育职能部门的高度关注。

（三）原因分析

学生体质健康方面存在问题的原因是多方面的，但造成学生身体素质下降，特别是耐力、柔韧性、力量素质及肺活量持续下降的重要原因之一是学生体育锻炼不足，包括锻炼时间和强度均不够，尤其是学校组织的课外体育活动（包括长跑、班级球类比赛等）减少。这其中既有学校场地不足、体育锻炼时间与内容安排的问题，也有学生自身缺乏刻苦锻炼的意志问题。此外，随着社会经济的发展，青少年学生的生活、学习方式也随之变化。学生将大量的时间用于完成作业、玩电子游戏、浏览网页、看电视等，运动时间明显减少。同时，生活水平普遍改善，热量摄入过多，饮食结构和习惯也不尽合理，导致了学生的肥胖，身体素质下降。此外，社会生活节奏加快、升学压力加大、睡眠不足、精神紧张也是影响学生健康不可忽视的原因。调查结果显示：体育锻炼不够、睡眠不足、精神紧张三项被认为是造成学生体质健康状况不好的主要原因。

二、现行的《国家学生体质健康标准》

（一）我国学生体质评价制度

中华人民共和国成立以来，党和政府一直非常关心和重视广大学生的身体健康。原国家教育委员会（简称国家教委）、原中华人民共和国体育运动委员会（简称国家体委）等有关部门从鼓励和推动学生积极参加体育锻炼、增强学生体质的目的出发，在不同时期先后制定了《准备劳动与卫国体育制度暂行条例和项目标准》《国家体育锻炼标准》《大学生体育合格标准》《中学生体育合格标准》《小学生体育合格标准》及初中毕业升学体育考试办法等一系列制度标准。其中，1954 年批准并发布的《准备劳动与卫国体育制度暂行条例和项目标准》，1958 年修订后更名为《劳动卫国体育制度条例》，1964 年改称《青少年体育锻炼标准》。

《国家体育锻炼标准》于 1975 年颁布，1982 年和 1990 年先后进行了两次修改。该标准面对全体人群，分四个组进行测验，测试内容主要是对身体素质项目进行测验，共分五大类。测验主要由体育行政部门主管，具体实施时会同教育等有关部门进行，同时强调学校应当把体育锻炼标准的实施工作同体育课、课外体育活动紧密结合，并纳入学校工作计划。它的推行对促进全社会关注学校体育，督促学生积极参加体育锻炼，保证学生身体正常发育和增强体质都起到了重要的作用。

《大学生体育合格标准》从 1990 年 10 月起由原国家教委颁布实施，1992 年 7 月进行了部分修订。它从身体形态、身体机能、身体素质、体育课成绩、课外体育锻炼等方面综合评定大学生的体育成绩，与学位制度、学业奖励直接挂钩，是学生接受体育教育的个体评价标准。它的实施有效地促进了大学生掌握体育的基本知识和科学锻炼身体的方法，对于大学生养成自觉锻炼身体的习惯起到了积极的作用。

2002 年教育部、国家体育总局联合印发了《学生体质健康标准》（试行方案）及其实施办法，规定从 2003 年起所有高等学校都要实施。2006 年 9 月，教育部提出要在《学生体质健康标准》（试行方案）基础上，完善指标体系，扩大辐射范围，将其发展为对全国学生体质健康进行可持续、综合性评价的标准。2007 年，修改后的《国家学生体质健康标准》出台，经过五年的全国大范围实施，2014 年又推出了更加完善的《国家学生体质健康标准》实施版本。

（二）《国家学生体质健康标准（2014 年修订）》的简要说明

《国家学生体质健康标准》（以下简称《标准》）是国家学校教育工作的基础性指导文件和教育质量基本标准，是评价学生综合素质、评估学校工作和衡量各地教育发展的重要依据，是《国家体育锻炼标准》在学校的具体实施。然而，随着时代的发展，人们对健康的认识越来越深刻，标准也需要不断地发展完善，否则在实施的过程中就难免会出现一些问题。为了进一步健全国家学生体质健康监测评价机制，激励学生积极参加身体锻炼，2014 年教育部印发了《国家学生体质健康标准（2014 年修订）》。

《标准》的修订坚持健康第一，落实《国家中长期教育改革和发展规划纲要（2010—2020 年）》《国务院办公厅转发教育部等部门关于进一步加强学校体育工作若干意见的通知》（国办发〔2012〕53 号）和《教育部关于印发〈学生体质健康测试评价办法〉等三个文件的通知》（教体艺〔2014〕3 号）有关要求，着重提高《标准》应用的信度、效度和区分度，强化其教育激励、反馈调整和引导锻炼的功能，提高其教育监测和绩效评价的支撑能力。各学校每学年都要开展覆盖本校各年级学生的《标准》测试工作，并根据学生学年总分评定等级。

新修订的《标准》适用于全日制普通小学、初中、普通高中、中等职业学校、普通高等学校的学生，并将适用对象划分为以下组别：小学、初中、高中按每个年级为一组，其中小学为6组、初中为3组、高中为3组。大学一、二年级为一组，三、四年级为一组。

《标准》从身体形态、身体机能和身体素质等方面综合评定学生的体质健康水平，要求小学、初中、高中、大学各组别的测试指标均为必测。其中身体形态类中的身高、体重，身体机能类中的肺活量，初中、高中、大学学生的必测项目全部一致，即50米跑、坐位体前屈、立定跳远、引体向上（男）、仰卧起坐（女）、1000米跑（男）、800米跑（女）。另外，各个测试项目都设置了具体的标准。比如，50米短跑，大一、大二年级的学生，男生超过9.1秒为不及格，女生超过10.3秒为不及格；大三、大四年级的学生，男生超过9.0秒为不及格，女生超过10.2秒为不及格。

《标准》的学年总分由标准分与附加分之和构成，满分为120分。标准分由各单项指标得分与权重乘积之和组成，满分为100分。附加分根据实测成绩确定，及对成绩超过100分的加分指标进行加分，满分为20分。

根据学生学年总分评定等级：90.0分及以上为优秀，80.0～89.9分为良好，60.0～79.9分为及格，59.9分及以下为不及格。

每个学生每学年评定一次，记入《国家学生体质健康标准》登记卡。特殊学制的学校，在填写登记卡时可以按规定和需求相应地增减栏目。学生毕业时的成绩和等级，按毕业当学年总分的50%与其他学年总分平均得分的50%之和评定。

学生测试成绩评定达到良好及以上者，方可参加评优与评奖；成绩达到优秀者，方可获体育奖学分。测试成绩评定不及格者，在本学年度准予补测一次，补测仍不及格，则学年体育成绩评定为不及格。普通高中、中等职业学校和普通高等学校学生毕业时，《标准》测试的成绩达不到50分者按结业或肄业处理。

学生因病或残疾可向学校提交暂缓或免予执行《标准》的申请，经医疗单位证明，体育教育部门核准，可暂缓或免予执行《标准》，并填写《免予执行〈国家学生体质健康标准〉申请表》，存入学生档案。确实丧失运动能力、被免予执行《标准》的残疾学生，仍可参加评优与评奖，毕业时《标准》成绩需注明免测。

各学校每学年需开展覆盖本校各年级学生的《标准》测试工作。《标准》测试数据经当地教育行政部门按要求审核后，通过“中国学生体质健康网”上传至“国家学生体质健康标准数据管理系统”。测试和数据上传时间由教育行政部门确定。

本标准由教育部负责解释。

（三）实施《国家学生体质健康标准》的目的与要求

《标准》贯彻实施的目的是促进学生身体的正常生长和发育，促进形态机能的全面协调发展，促进身体健康素质的全面提高和激励学生自主地参加经常性的体育锻炼，淡化测试的甄别和选拔功能，在实施过程中应注意以下几个方面：

1. 有利于健康发展

（1）有利于促进学生、家长乃至全社会对健康概念的重新认识，建立符合现代社会发展趋势的体质健康的新理念，认识到身体成分、身体形态、机能、基础素质、运动素质是影响人体健康水平的主要因素。

（2）有利于明确地帮助和督促学生实现健康目标。

（3）有利于科学、综合地评价学生个体的体质健康状况，对每一个学生的体质健康状况进行监控和及时反馈，激发学生自觉参加体育锻炼，培养学生终生追求健康生活方式的行为和习惯。

（4）有利于减轻学生的负担（包括心理负担）。

（5）有利于促进学校在“健康第一”思想指导下的体育课程全面改革，改变课程结构和教学策略，激励学生主动上好体育课，积极参加体育锻炼，全面实现体育与健康课程目标。

（6）有利于行政部门和学校的管理。

2. 充分发挥评价的积极作用

（1）人们普遍认为身体成分、心血管系统的功能水平、肌肉的力量和耐力、柔韧性是影响人体健康水平的主要因素，也是影响人们学习和工作乃至提高未来生活质量的重要条件。因此，《标准》基本采用身体健康素质这一概念及其评价指标，包括身体成分、心血管系统的功能、肌肉的力量和耐力、柔韧性等。这些指标同样也越来越多地应用于各国的学生体质健康，乃至面对全体人群的国民体质健康的评价之中。

（2）评价实质上就是一种判定目标达到程度的过程。当前我国学校教育正在贯彻落实“健康第一”的指导思想，学校体育课程教学正在从“技能教学”向全面增进学生身心健康素质的方向转化。《标准》作为一项评价制度，就是要与体育课程目标保持一致，有利于转变传统的体育教学思想、教学内容和教学手段，并起到积极的导向作用。《标准》的评价是激励学生积极参与体育锻炼的教育手段，不是以选拔和鉴别学生体质健康的好坏为目的。通过评价，反馈给学生、教师和家长的是学生自身还存在哪些不足，应该怎样努力达到目标。如在评价指标的设定上充分考虑了不同个体之间的差异。评价既可以帮助学生形成正确的体育意识和态度，加深体育锻炼对促进身心健康的认识，也可以提高对体育的情意、态度和价值观，有利于学生终身体育锻炼。

3. 因地制宜，注重实效

体质健康所包括的内容非常广泛，涉及面很大，在实际测试过程中要求简便易行，具有可操作性，同时更为重要的是要有利于促进学生自主参加体育锻炼。因此，结合我国高校实际情况，在考虑测试内容科学性的基础上还考虑了测试内容的公平性、合理性和可操作性，以达到操作简便易行，结果可靠有效的目的。

总之，通过不断总结我国学生体质评价制度的实施经验和监测学生体质健康的现状，在继承以往优秀成果与经验的基础上，与时俱进地制定出能够有效地促进学生健康发展，激励学生积极进行身体锻炼的《标准》，更好地贯彻“健康第一”的思想，落实素质教育，具有一定的现实意义。

三、 大学生身体素质的锻炼方法

（一）力量素质

力量素质是指人的机体或机体的某一部分肌肉工作（收缩和舒张）时克服内外阻力的

能力。

1. 力量素质是进行一切体育活动的基础

人体的运动，离不开骨骼、关节和肌肉的相互作用，其中肌肉是动力器官，通过肌腱才能拉动相应的骨骼。随着收缩力、收缩速度和持续时间的不同，所完成的运动负荷也各不相同。如果没有肌肉收缩产生的力量牵拉骨骼进行运动，不要说进行体育活动，就连起码的行走和直立也不可能。每个人跑、跳、投及攀登爬越等各种体育运动和体力劳动均离不开力量素质。一个人想跑得更快和跳得更高、更远就要有更好的下肢力量，想投（掷、推）得远就需要发展上肢爆发力，要攀爬和提、拉重物等也离不开上肢、腰腹部及腿部力量。所以说，力量素质是人体最基本的身体素质，是进行一切体育活动和体力劳动的基础。

2. 力量素质影响并促进其他身体素质的发展

任何身体素质都是通过一定的肌肉工作方式实现的，而肌肉的力量是人体进行一切活动的基础。速度素质的提高、耐力素质的增长、柔韧素质的发挥和灵敏素质的表现，都与力量素质有密切的关系。

3. 提高力量素质的影响因素

力量素质的提高和发展是以人体肌肉的形态、结构、机能的生理生化机制的改变为基础，以神经中枢的兴奋和抑制过程的强度与集中程度，以及相适应的神经过程充分协调为前提而建立起来的各种用力动作的条件反射的结果。也就是说，一个人肌肉力量的大小要受到其生长发育水平、性别、体型、肌肉自身结构特征以及生理生化和练习方面的各种各样因素制约。因此，了解上述因素对力量素质的不同影响，对于指导学生进行力量素质练习，取得较好的效果有积极的作用。

（1）性别差异。

按照一般规律，男子的力量通常比女子要大，直接原因是肌肉大小的差异。由于内分泌系统产生的激素量不同，在同样力量练习的影响下，女子力量的增长和肌肉体积的增大都比男子要慢。

（2）年龄差异。

力量素质的增长有明显的年龄特征，生理机制在于肌肉发育与年龄密切相关。一般规律是 10 岁以前，随着人体的生长发育，无论男生或女生力量一直缓慢而平稳地增长，而且两者区别不大。约从 11 岁以后，男、女生的最大力量的差异开始显露，男生增长稍快而女生增长较慢。青春期过后，力量仍在增长但增长速率很低。女性达到最大力量在 20 岁左右，男性在 25 岁左右。而后，随着年龄的增长而力量增长的速率减退。

力量素质发展的敏感期是 13 ~ 17 岁。最大力量从 13 岁左右开始进入快速增长的第一个高峰期。这个阶段力量的增长与体重的增长同步，而且最大力量增长快，相对力量却增长不大，肌肉的长度增加比围度的增加要快，同时也正是身高的快速增长期。16 ~ 17 岁是最大力量快速增长的第二高峰期，肌肉围度的增长速度加快，最大力量和相对力量增长均很快，是发展力量素质的最重要时期。18 ~ 25 岁，力量增长变得缓慢。此后如不坚持锻炼，随着年龄的增长，力量将逐渐减小；如果坚持良好的训练，男子力量增长可保持到 35 岁左右。

概括起来看，青少年力量的增长有如下特点：快速力量增长先于最大力量；最大力量增长先于相对力量；躯干肌肉力量增长先于四肢肌肉力量。

4. 常用的发展肌肉力量的具体方法

（1）俯卧撑。俯卧撑主要发展三角肌的前部、胸大肌以及三头肌等上肢肌肉的力量。它要求身体应保持平直，不能塌腰成“凹”形，也不可拱臀成“凸”形。该练习可采用不同变化，以提高练习难度和效果。

（2）引体向上。引体向上主要发展胸大肌、背阔肌以及肘关节屈肌群等肌肉的力量，要求发力引体时不要借助身体摆动和屈蹬腿的力量。

（3）双杠臂屈伸。两臂伸直支撑于双杠上，身体垂直在杠内，屈臂至两臂完全弯曲，接着用力撑起，使两臂伸直成原来姿势。该练习主要发展胸大肌、三角肌前部、三头肌力量，要求身体要直，下肢自然下垂，腿不要屈伸摆动。

（4）仰卧起坐。仰卧起坐主要发展腹肌、髂腰肌等肌肉力量，要求起坐动作速度要快，双肘应触及或超过两膝，上体向下仰卧时动作速度应慢，两肩胛必须触垫或地板。

（5）收腹举腿。仰卧在地板上或体操垫子上，两腿伸直处于水平位置上，两臂伸直处于水平位置上，双臂伸直自然置于体侧，然后收腹向上举起双腿至垂直部位，再慢慢放下成原来的姿势。该练习主要发展腹肌和髋关节屈肌群力量。做动作时要求收腹举腿动作速度要快，放腿速度应慢。该练习可采用不同变化，以提高练习难度和效果。

（6）连续跳跃。单、双腿向上跳或者向前水平跳。

（7）后振躯干。成俯卧双臂前伸，手着地，然后在同伴的帮助下做直臂后振躯干动作，再恢复原来的姿势。该练习主要发展腰、背肌群和腹直肌力量。

（8）左右转体。两人背靠背分腿坐，双手侧平举互拉，连续向左右转体。该练习主要发展腹内、外斜肌和腰背肌力量。做动作时要求转体应稍用力，转体至极限时稍停。

（9）抱腰角力。两人面面相对，相互抱住对方腰，然后用力将对方抱离地面。

5. 发展力量素质的注意事项

力量素质发展水平是影响身体训练水平的关键因素。在实施发展力量素质过程中为取得事半功倍的效果，必须注意如下几点：

（1）要全面又有重点。

（2）练习时要使肌肉充分拉长和收缩，练习后要使肌肉充分放松。

（3）要全神贯注，念动一致，注意安全。

（二）发展速度素质

速度素质是指人体或人体某部位快速运动的能力，即人体或人体某一部位快速反应、快速完成动作、快速移动的能力。

对于速度素质的内涵过去存在着不同认识，不少人认为速度就是跑得快、游得快，是指“尽快向前运动的能力”。近几年人们的认识逐步趋向一致，即速度素质包括三个方面，分别是运动时人体对各种信号刺激的快速反应能力、快速完成动作的能力、快速通过一定距离的能力。

1. 常用的发展反应速度、动作速度的具体方法

（1）反应速度。

发展反应速度的具体办法有听信号或听口令起跑、加速跑、小步跑、高抬腿跑接加速跑、俯撑起跑、转身起跑、抢接球练习、利用电子反应器练习等。

（2）动作速度。

动作速度包括完成各种动作时需要的速度，如武术的冲拳、跳高的起跳等。

发展动作速度的具体办法有摆臂、原地快速高抬腿或支撑高抬腿、快速小步跑、快速小步跑接高抬腿跑、快速小步跑接加速跑等。

（3）位移速度。

一般以快速跑作为典型的发展位移速度的练习方法，如 50 米跑。

2. 发展速度素质的注意事项

（1）发展速度素质应注意年龄特征。研究表明，速度素质的发展水平在相当程度上受到人体生长发育规律的制约。在锻炼中必须考虑到这个因素，采用合理的措施，快速、稳定地发展速度素质。一般来说，7 ~ 13 岁的少年儿童处在速度素质的快速增长期（敏感期）。13 岁之前重点应放在单个动作速度和跑的频率的安排上。13 岁以后，在保持已经获得的单个动作速度和跑的频率的基础上，采用提高肌肉最大力量的方法增大步幅，从而提高移动速度。

（2）注意合理安排速度素质练习的顺序与时间。各种素质及运动能力之间具有相互联系、相互促进和制约的关系，在发展某一素质的同时都会或多或少、直接或间接地引起其他素质的变化。因此，发展速度素质时应从系统论的角度出发，处理好同其他素质的关系，合理安排练习的顺序，使得素质间互相促进和良性转移。

在速度练习中，常使用发展力量的手段促进速度的提高。但发展力量素质要求肌肉收缩用力大，尤其是静力性力量练习，由于动作缓慢，会降低神经过程和肌肉活动的灵活性。而发展速度素质要求神经过程的灵活性高，兴奋与抑制转换迅速，肌肉收缩轻松协调。因此，速度练习应放在力量练习之前进行，力量练习也应以动力性力量为主。在力量练习过程中，应交替安排一些轻松、快速的跑跳练习或一些协调性和柔韧性练习，这对发展速度素质十分必要。

（3）注意以发展力量和柔韧等素质促进速度素质提高。力量（特别是快速力量）和柔韧性是影响速度素质的重要因素。所以在发展速度素质中，首先要注意发展快速力量。如采用 40% ~60% 的值重量进行多次重复快速负重练习，使肌肉横断面和肌肉力量增大，并提高肌肉活动的灵活性；适当采用最大力量的 75% 以上的值重量进行收缩练习，提高肌肉的收缩功效。其次，通过各种手段提高柔韧素质。柔韧性提高后可以增加力的作用范围和时间，同时能使主动肌、对抗肌和协同肌之间的协调性得到改善，从而减少肌肉阻力和增大肌肉合力，最终导致运动速度的提高。

（4）发展速度素质应重视肌肉放松。肌肉的放松能力对速度素质的发挥有非常重要的作用。肌肉放松，张弛有度，能够减少肌肉本身的内阻力，增大肌肉合力，使血液循环通畅。当肌肉紧张度达到 60% ~80% 时，血液流动就会严重受阻，时间稍长，动作就会失去协调性，已有的快速能力也无从发挥；而肌肉放松时，肌肉中血液流动情况大为改善，比紧张时提高 15 ~16 倍，能给参与活动的肌肉输送更多的氧，并能节省能量物质，使能量物质得到充分合理利用，还可增加肌肉收缩前的初长度，从而提高速度素质。

（三）发展耐力素质

耐力素质是指机体维持长时间工作或运动而不疲劳的能力，也是反映人体健康水平或体质强弱的一个重要标志。

耐力的内涵和分类比较庞杂。对于学生的一般体育锻炼，重点是发展肌肉耐力和全身耐力，促进心脏机能发展。所谓肌肉耐力，是指某一肌群持续一定时间或次数，并保持一定强度进行运动的能力。全身耐力，是指身体能够长时间持续一定强度的全身运动的能力。提高全身耐力可采用长距离走、跑，以及篮球、足球等持续时间长的运动。提高全身耐力就是在发达肌肉的同时，改善呼吸器官和循环系统的功能。运动员的肺活量要比一般人大得多，就是由于运动使胸部、腹部及膈肌的肌肉发达，增强了肺的功能。长期坚持锻炼还可使心肌发达、厚而强，血容量增加，心功能提高。

1. 常用发展耐力素质的方法

发展肌肉耐力练习的内容与力量练习大致相同，只是负荷的强度较小，练习持续的时间要长，重复次数要多些。具体练习应针对个人的特点、要求，选择不同的练习、持续时间（或重复距离、次数）以及强度。发展一般耐力练习更强调全身各器官都被动员，运动的时间要求更长，强度相对更低。

（1）1 分钟立卧撑。由直立姿势开始，下蹲两手撑地，伸直腿成俯撑，然后收腿成俯撑，然后收腿成蹲撑，再还原成站立，每次做 1 分钟。要求动作规范，必须站起来才算完成一次练习。

（2）重复上坡跑。在 15 度的斜坡道或 15 ~ 20 度的山坡上进行上坡跑，跑距 250 米或更多些，重复 5 次或更多些，间歇 5 分钟左右，强度为 60% ~70% 最大心率时的强度。也可根据教学目的决定强度。

（3）连续半蹲跑。成半蹲姿势（大小腿呈 100 度角左右），向前跑 50 ~ 70 米，重复 5 ~ 7 次，每次间歇 3 ~ 5 分钟，强度为 60% ~ 65% 最大心率时的强度。不规定速度，走回来时尽量放松。

（4）沙滩跑。在沙滩上做快慢交替自由跑，速度变化和要求可因人而异，强度为 50% ~ 55% 最大心率时的强度。

（5）5 分钟运球跑。篮球场内，以单手或双手交替运球跑动 5 分钟，练习 3 ~ 5 次，每次间歇 2 分钟，强度为 45% ~60% 最大心率时的强度。要求不间断进行，或禁止原地运球。

（6）10 分钟带球跑。足球场内不限区域，中速带球运球跑 10 分钟，2 ~ 3 组，每组间歇 5 分钟，强度为 40% ~50% 最大心率时的强度。要求不间断跑动，不允许原地运球。

（7）跳绳。原地两臂正摇跳绳 3 分钟或在跑道上做跳绳跑 2 分钟，强度为 45% ~60% 最大心率时的强度。要求每次结束时，心率在 140 ~ 150 次/分钟，恢复至 120 次/分钟以下，再开始下一次练习。

（8）滑雪、滑冰、划船。有条件的可进行长时间滑雪、滑冰；划船需连续不间断地进行 20 分钟以上，强度在 50% ~60% 最大心率时的强度。

（9）足球。进行 30 分钟以上的足球游戏或比赛，如在足球场或手球场进行教学比赛或比赛性游戏。

（10）循环组合动作练习。选择 8 ~ 10 个内容，组成一套循环练习，反复循环进行 5 分钟以上，强度控制在 40% ~60% 最大心率时的强度。心率在活动结束时控制在 140 ~ 160 次/分钟，恢复到 120 次/分钟以下开始下一组练习。

（11）韵律活动及舞蹈。跳健美操、迪斯科舞蹈等，不间断地跳 5 分钟以上，强度为 40% ~60% 最大心率时的强度。心率控制在 160 次/分钟以下。

2. 发展耐力素质的注意事项

耐力素质的发展水平与其他素质一样，受到人体生长发育水平的影响。耐力素质练习应遵循人体生长发育的规律，如果练习中所采用的方式、强度和运动量与生长发育水平不相一致，非但不能收到良好练习效果，还会损害人体健康。根据学生的发育水平，合理地安排耐力练习，是发展耐力素质过程中一个非常重要的方面。一般来说，儿童少年时期正处于有氧耐力的敏感发展期，应以有氧耐力的练习为重点。男 14 ~ 16 岁、女 13 ~ 14 岁以后进入无氧耐力的敏感发展期，可进行适当的无氧耐力的练习。另外，耐力练习时的负荷安排也是一个重要因素，练习方法与手段的采用要根据不同对象的生理、心理特点，从实际出发。

（四）发展柔韧素质

柔韧素质是指人体关节活动幅度的大小以及跨过关节的韧带、肌腱、肌肉、皮肤及其他组织的弹性和伸展能力。

柔韧素质取决于两个方面的因素：一个是关节活动幅度的大小，一个是跨过关节的肌肉、肌腱、韧带等软组织的伸展性。关节的活动幅度主要取决于关节本身的解剖结构。跨过关节肌肉、肌腱等软组织的伸展性，可通过合理的锻炼得到提高。

1. 常用发展柔韧素质练习的方法

（1）主动或被动的静力拉伸方法。缓慢将肢体移动到一定位置，使肌肉、肌腱、韧带被拉长，让机体有一定的酸、胀、痛的感觉，在该位置或略有超过处停留一定时间。

这种方法可减少或消除动作幅度超过关节伸展能力的危险性，防止拉伤。由于拉伸缓慢，不会引发牵张反射。一般要求在酸、胀、痛的位置停留 6 ~ 8 秒，重复 6 ~ 8 次。

（2）主动或被动的动力性拉伸方法。有节奏的、速度较快的、幅度逐渐加大的多次重复一个拉伸动作。

在运用该方法时用力不宜过猛，幅度一定要由小到大，先做几次小幅度的预备拉长，然后加大幅度，避免拉伤。

主动的动力性拉伸方法是靠自己的力量拉伸，被动的动力性拉伸方法是靠同伴的帮助或负重借助外力的拉伸。

上述方法可单独采用亦可混合运用，练习时间根据需要确定。

2. 发展柔韧性素质可采用的手段

（1）在器械上的练习：利用肋木、平衡木、跳箱、把杆、单杠等。

（2）利用轻器械的练习：利用木棍、绳、橡皮筋等。

（3）利用外部的助力练习：同伴的助力、负重等。

（4）用自身所给的助力或自身体重的练习：如压腿时双手用力压的同时上体前压振；在吊环或单杠做悬垂等。

（5）发展各关节柔韧所采用的动作：压、踢、摆、搬、劈、绕环、前屈、后仰等。

3. 发展各关节柔韧性的练习方法、手段

发展柔韧素质主要是通过针对各关节的练习实现，下面就逐一进行介绍。

（1）肩关节。发展肩关节的柔韧练习主要有主动或被动地压肩、拉肩、吊肩、转肩等。如手扶肋木的体前屈压肩；背对肋木双手上握，身体向前拉肩；在单杠上做各种握法的悬垂，借助绳或木棍的转肩等练习。

（2）手腕关节。发展手关节柔韧性比较好的项目有篮球、排球、乒乓球、手球、网球等。这些项目对手腕的灵活性要求较高，既发展屈伸、内收外展，又发展旋转的能力。

（3）膝关节。膝关节的柔韧主要发展腿部后面肌群，包括股二头肌、半腱肌、半膜肌、小腿三头肌的伸展性；屈膝能力主要发展腿部前面肌群，包括股四头肌、缝匠肌、胫骨前肌、拇长伸肌的伸展性。

（4）髋关节。髋关节的柔韧主要发展屈、伸、外展、内收和旋内、旋外的能力。

膝关节、髋关节柔韧发展，常结合在一起练，称为腿部柔韧练习。经常采用的练习有主动或被动的压腿、踢腿、摆腿、劈腿等。

（5）踝关节。踝关节主要发展背屈、背伸、内翻、外翻的能力。

踝关节的柔韧发展练习主要有屈踝、伸踝，以及踝关节的内翻、外翻和绕环。

（6）脊柱。脊柱的柔韧包括颈椎、胸椎、腰椎的柔韧。颈椎柔韧主要采用头前后屈、左右侧屈、左右转动及绕环的练习。胸腰椎柔韧常结合在一起练习，主要采用下腰、甩腰、体前屈等。

4. 发展柔韧素质的注意事项

（1）循序渐进，持之以恒。柔韧素质的发展是需要有意志力的练习，练习中痛感强，练习效果见效慢，停止训练便有所消退，只有持之以恒才能见效。

初次练习时易见效，第二天再练习时会痛感加剧，且第一次练习获得的效果会全部消退，甚至低于第一次练习前的效果。这是由于肌肉和肌腱被拉长后，出现一系列生理生化变化，如肌梭、腱梭对拉伸的敏感性提高导致疼痛感觉加剧，同时肌肉结构上也会有微小变化，导致收缩力增加，不易被拉伸。此时应继续坚持柔韧性练习，使肌肉适应新的拉伸长度并恢复正常结构，降低肌梭、腱梭敏感性，以消除痛感。经过一个时期的练习，肌肉对该拉伸长度已经适应，应进一步拉伸肌肉、牵拉肌腱，提高柔韧性，使肌肉、韧带不断从不适应到适应。

由于肌肉、韧带等的伸展性并不是一时一刻就能得到提高的，所以柔韧性练习应做到循序渐进，逐步提高要求，不能急于求成。根据停止柔韧练习一段时间，已获得的柔韧效果会有所消退的规律，柔韧性练习要做到系统化、经常化。

（2）柔韧素质的发展应与力量素质发展相适应。柔韧和肌肉力量是相辅相成的，力量练习是发展肌肉的收缩能力，柔韧练习能发展肌肉的伸展能力，力量结合柔韧的练习对提高肌肉质量最为有效，既能达到力量和柔韧的同时增长，又能保证关节灵活性的稳固。

柔韧的发展应是在肌力增长下的发展，在提高肌力的同时，决不能使肌肉体积过分增大而影响关节活动幅度。

（3）柔韧素质的发展要兼顾相互关联的身体各个部位。在有些动作中，柔韧性的表现不仅仅是在一个关节或某个身体部位，而是牵涉几个相互有关联的部位。如为发展腰部柔韧性采用“桥”的练习，就是由肩、脊柱、髋等部位的关节所决定的。因此，在练习过程中对这几个部位都应该进行发展，忽视某一部位的发展都有可能出现外伤。如果发现某一部位的柔韧性比较差，就应采取措施使其得到改善。另外，也可通过身体其他部位的有效发展使其得到补偿，这样做可以使各部位的柔韧性都得到发展。

（4）柔韧素质练习要注意外界温度与练习的时间。外界温度过高或过低，都会影响到肌肉的状态，影响到肌肉的伸展性。一般地说，当外界温度在18℃左右时，有利于柔韧的发展，因为肌肉在这个温度下伸展能力较强。温度过高或过低，肌肉紧张或无力都会影响其伸展能力。

一天之内在任何时间都可以进行柔韧性练习，只是效果不同。早晨柔韧性会明显地降低，所以早晨可做一些强度不大的“拉锁带”的练习。10 ~ 18 时人体能表现出良好的柔韧性，可进行一些强度较大的柔韧性练习。

（5）柔韧性练习之后应结合放松练习。每个伸展练习之后，应做相反方向的练习，促进被拉伸的肌肉的血液循环，有助于伸展肌群的放松和恢复。如压腿之后做几次屈膝练习，体前屈练习之后做几次挺腹挺髋动作，下完腰后做几次体前屈或团身抱膝动作等。

（6）柔韧练习时要防止受伤。柔韧练习主要是运用各种方法拉长人体肌肉、韧带的长度，如不注重科学的方法，非常容易出现肌肉拉伤现象。因此，在进行柔韧练习前，可做一些热身活动，减少肌肉的黏滞性。在做柔韧练习的过程中，不易用力过猛。特别是在被动练习时，施加的外力要循序渐进，防止损伤。

（五）发展灵敏素质

灵敏素质是指人体在各种突发变换的条件下，快速、协调、敏捷、准确地完成动作的能力。它是人的运动技能、神经反应和各种身体素质的综合表现。

灵敏素质之所以是运动技能、神经反应和各种身体素质的综合表现，是因为它在不同程度上体现了力量、速度、耐力、柔韧等素质。通过力量（特别是爆发力量），控制身体的加速或减速；通过速度（特别是爆发速度），控制身体移动、躲闪、变换方向的快慢；通过柔韧保证力量、速度的发挥；通过耐力保证持久的工作能力。这些素质的综合运用才能保证动作的熟练程度。神经反应决定了反应速度的快慢、判断是否准确、应答动作是否及时。反应迅速、判断准确、及时作出应答动作是灵敏素质的先决条件，各素质协同配合是完成应答动作的基础。应答动作的熟练程度直接体现了灵敏素质的高低。所以说，灵敏素质是运动技能、神经反应和各种素质的综合表现。

1. 发展灵敏素质的常用方法

（1）在跑、跳中做迅速改变方向的各种跑、躲闪、突然起动以及各种快速急停和迅速转身等练习。

（2）做多种调整身体方位的练习。

（3）做专门设计的复杂多变的综合练习，如“之字跑”“躲闪跑”“穿梭跑”和“立卧撑”四项组成的综合性练习。

(4) 以非常规姿势完成的练习，如侧向或倒退跳等。

(5) 限制完成动作的空间练习，如在缩小的球类运动场地进行练习。

(6) 改变完成运动的速度或速率的练习，如变换动作频率或逐步增加动作的频率。

(7) 做各种变换方向的追逐性游戏和对各种信号作出应答反应的游戏等。

发展灵敏素质是提高运动能力的一个重要的方面。在发展灵敏素质过程中，应该注意到提高力量、速度、耐力、柔韧等素质是发展灵敏素质的基础。体操、武术、技巧、滑冰、滑雪、球类等运动项目都是发展灵敏素质的有效项目。发展灵敏素质的途径主要包括徒手练习、器械练习、组合练习和游戏等。

2. 发展灵敏素质的注意事项

由于灵敏素质是人体综合能力的表现，发展灵敏素质还必须从培养人的各种能力入手，在练习中广泛采用发展其他身体素质的方法发展灵敏素质，并培养掌握动作的能力、反应能力、平衡能力等。

抓住发展灵敏素质的最佳时期。灵敏素质是在中枢神经系统的指挥下，各种能力的综合表现。少年儿童神经系统是人体发育最早、最快的系统。少年儿童具有较快的反应能力，在动作速度，平衡能力、节奏感等方面都具有很大的发展潜力，为发展灵敏素质提供了有利的条件，因此应抓住时机进行灵敏素质练习。在进行灵敏素质练习时，体育教师应采用各种有效的方法与手段，消除学生紧张的心理状态和恐惧心理。心理紧张，运动器官也必然紧张，会导致反应迟钝，动作的协调性下降，影响练习的效果。

第三节　体育运动性病症、常见损伤的预防与处置

一、运动性病症

运动中出现的异样身体感觉，有的是正常现象，有的则是属于运动性病理状态。运动性病理状态往往由准备活动不充分、运动方法不正确、锻炼水平不高或运动负荷超出肌体承受能力等原因所致。由于这种现象具有突发性特点，因此有必要运用医学知识，甚至采取力所能及的医疗手段进行自我诊断并及时加以处理，以避免不必要的精神紧张或防止更严重的身体损伤。

（一）延迟性肌肉酸痛

1. 原因和症状

延迟性肌肉酸痛是运动时肌肉活动量过大引起局部肌纤维及结缔组织的细微损伤，以及部分肌纤维的痉挛所致。这种酸痛不是发生在运动结束后的即刻，而是发生在运动结束后1～2天，因此称为延迟性肌肉酸痛。这种酸痛现象只是局部肌纤维的细微损伤和痉挛，不影响整块肌肉的运动功能，酸痛后经过肌肉内部对细微损伤的修复，肌肉组织会变得更加强壮，以后同样负荷将不易再发生酸痛。

延迟性肌肉酸痛一般在运动后的24小时之内出现肌肉僵硬、酸痛和自觉酸痛部位肿胀、有压痛，多发生于双下肢主要伸、屈肌群，且肌肉远端和肌肉—肌腱移行处症状一般较重。

严重者肌肉会发生疼痛，以肌腹为主。24 ~48 小时之内酸痛达到高峰，之后可自行缓解，5 ~ 7 天消失。

2. 处置

当已经出现肌肉酸痛后，可采用以下几种方法减轻和缓解。

（1）热敷。对酸痛的局部肌肉进行热敷，促进血液循环及代谢过程，有助于损伤组织的修复及痉挛的缓解。

（2）伸展练习。对酸痛局部进行静力牵张练习，保持伸展状态 2 分钟，休息 1 分钟，重复进行，有助于缓解痉挛。

（3）按摩使肌肉放松，促进血液循环，缓解肌肉痉挛，加快损伤修复。

（4）口服维生素 C。维生素 C 可促进结缔组织的胶原合成，有助于损伤的结缔组织的修复。

（5）针灸、电疗等。这类方法也有一定作用。

3. 预防

锻炼时，要充分做好准备活动，把握运动强度及运动负荷的递进性原则，根据自身的身体状况安排锻炼负荷，尽量避免局部肌肉负担过重。锻炼后，要对主要的工作肌肉进行推拿、按摩。

（二）运动性腹痛

运动性腹痛是指在运动过程中或运动结束后产生的腹部疼痛，是体育锻炼中常见的一种非创伤性运动疾病。在中长距离跑、竞走和自行车等项目中，运动性腹痛发生较多，随着运动的调整或停止，症状可以逐步缓解并消失。

1. 病因和症状

（1）胃肠痉挛。运动前饮食过量、空腹锻炼、饮食距离运动时间过近或吃了不易消化及容易产生气体的食物都可能引起胃肠痉挛。其主要症状是钝痛、胀痛和阵发性绞痛。要防止发生胃肠痉挛，应该在饮食后 1 ~2 小时才可以参加较剧烈的活动，应该选用对胃肠刺激较轻的食物和饮料。

（2）肝脾区疼痛。肝痛在右肋处，脾痛在左肋处。一般是由于准备活动不足，运动开始强度较大，运动者心肌力量较差，引起下腔静脉血向心回流受阻，发生肝脾瘀血，牵扯肝脾被膜而产生疼痛或胀痛。

（3）腹直肌痉挛。由于大量排汗丧失盐分，水盐代谢失调，加上疲劳，引起腹直肌的痉挛。

（4）腹部慢性疾病。慢性肝炎、阑尾炎、溃疡病及肠道寄生虫等腹部慢性病患者参加剧烈活动时，由于病变牵拉、振动或供血情况变化等刺激而产生疼痛。

2. 预防与处理

运动前应该做好准备活动，运动过程中注意运用深呼吸的方法和节奏。患有各种腹部慢性疾病的患者应该彻底治愈疾病，或在医生、教师的指导下循序渐进地进行锻炼活动。发生腹痛时可以按压疼痛部位，加深呼吸。在运动过程中可降低速度，调整运动强度，以减轻疼痛，或使疼痛消失。如果疼痛仍然不减轻，反而加重，则应该停止运动，可以服用十滴水或普鲁苯辛。如果仍然不见效，则应该请医生进行诊断治疗。

（三）运动性贫血

血液中的红细胞数与血红蛋白低于正常值，称为贫血。因运动引起的这种血红蛋白量减少，称为运动性贫血。

运动性贫血的指数，通常以每100毫升血液中的血红蛋白含量计量，男性的血红蛋白量低于12克，女性低于10.5克。一般情况下，女性发病率高于男性。贫血可以引起多种不良的生理反应，甚至危及健康。所以有贫血症的人常常恐惧体育锻炼，特别是长跑锻炼。

1. 病因和症状

运动性贫血发病的主要原因如下：

（1）运动时肌肉对蛋白质和铁的需求量增加，一旦需求得不到满足即可引起运动性贫血。

（2）运动时脾脏释放的溶血卵磷脂能使得红细胞的脆性增加，加上剧烈运动时血流加速，容易引起红细胞破裂，致使红细胞的新生与衰亡之间的平衡遭到破坏，从而导致运动性贫血。

运动性贫血发病缓慢，表现症状有头晕、恶心、呕吐、气喘、体力下降，以及运动后心悸、心率加快、脸色苍白等。

2. 处置

如果运动中（后）出现头晕、无力、恶心等现象，应该适当减少运动量，必要时暂停运动，并补充富含蛋白质和铁的食物。口服硫酸亚铁对缺铁性贫血的治疗有明显效果。

3. 预防

遵循循序渐进和个别对待原则，调整膳食。如运动时经常有头晕现象，应及时诊断医治，以利于正常参加体育锻炼。

（四）运动性昏迷

1. 原因和症状

剧烈运动或长时间运动，或疾跑后立即站立不动，或者长时间下蹲后骤然站起，使大量血液滞留下肢，回心血量减少，心输出量也随之减少，使脑部突然缺血，易发生运动性昏迷。其症状为失去知觉，突然昏倒。昏倒前，感到全身软弱、头昏、耳鸣、眼前发黑。昏倒后，面色苍白、手足发凉、脉搏慢而弱、血压降低、呼吸缓慢。

2. 处置

发生运动性昏迷后，应立即使患者平卧，足略高于头部，并由小腿向大腿心脏方向进行按摩或拍击。同时用手指点压人中、合谷等穴位，必要时给氨水闻嗅。如有呕吐，应将患者头偏向一侧。如停止呼吸，应立即进行人工呼吸。轻度休克者，由同伴搀扶慢慢走一段时间，帮助进行深呼吸，症状即可消失。

3. 预防

平时要坚持体育锻炼，增强体质，不断提高健康水平。久蹲后不能骤然起立，不要带病

或在饥饿情况下参加运动，疾跑后不要立即停下来。只要遵循上述要求，运动性昏迷是可以避免的。

（五）运动中暑

1. 原因及症状

中暑是发生在炎热季节的一种急性病。在高温环境中，长时间体育锻炼容易发生中暑。尤其在温度高，通风不良，头部缺乏保护，被烈日直接照射的情况下，最容易发病。其主要症状是早期有头晕、头痛、呕吐等现象，逐步发展为体温升高、皮肤灼热干燥，严重时可以出现精神失常、虚脱、痉挛、心律失常、血压下降，甚至昏迷，危及生命。

2. 处置

发生运动中暑，先将患者扶到阴凉通风处休息，同时采取降温消暑手段，如解开衣服、额部冷敷降温、喝清凉饮料，并补充生理盐水或葡萄糖生理盐水等。

3. 预防

在高温炎热季节锻炼时，应适当减少运动量和锻炼时间。避免在烈日下长时间锻炼。夏天在室外锻炼时，应该戴白色凉帽，穿宽敞薄衣；在室内锻炼时，应保持良好通风并喝低糖含盐的饮料。

（六）肌肉痉挛

1. 原因和症状

肌肉痉挛俗称抽筋，是肌肉不自主地突然性强直收缩，并变得异常坚硬。运动中最容易发生痉挛的肌肉是小腿腓肠肌，其次是足底的屈拇肌和屈趾肌等。

在剧烈运动中，由于肌肉快速连续性收缩，导致肌肉收缩与放松的协调交替破坏，特别局部肌肉处在疲劳时，很容易发生肌肉痉挛。肌肉受到寒冷的刺激，或因情绪过于紧张、准备活动不够、肌肉猛力收缩或收缩与放松不协调的时候，都可以导致肌肉痉挛。肌肉痉挛时，肌肉突然变得坚硬，疼痛难忍，而且不易缓解。

2. 处置

发生痉挛时，要对痉挛部位的肌肉做牵引。例如腓肠肌痉挛时，即伸直膝关节，并配合按摩、揉捏、叩打以及按压委中、承山、涌泉穴等，以促进痉挛缓解和消失。

3. 预防

运动前做好准备活动，对容易发生痉挛的肌肉事先进行按摩。夏季进行长时间运动时，要注意补充盐分；冬季锻炼时，要注意保暖。游泳下水前应先用冷水淋浴，游泳时间不宜过长。疲劳或者饥饿时不要进行剧烈运动。

二、运动损伤

（一）运动损伤的概念

人体在进行体育运动过程中所发生的损伤，称为运动损伤。运动损伤不同于一般的工作或日常生活中的损伤，多与体育运动项目及技战术动作特点密切相关。为此，有些运动损伤便以其运动项目冠名，如网球肘、足球踝、跳跃膝等。运动损伤也常与运动训练水平、运动环境与条件等因素有关。研究、总结运动损伤发生的原因、规律、治疗效果、康复时间等问题，不仅可以有效地防治运动损伤，而且也为改善运动条件、改进教学和训练方法、提高运动成绩提供了科学依据和实践指导。

（二）运动损伤的分类

1. 按受伤组织结构分类

按受伤组织结构，运动损伤分皮肤损伤、肌肉及肌腱损伤、关节软骨损伤、骨及骨骺损伤、滑囊损伤、神经损伤、血管损伤、内脏器官损伤等。

2. 按伤后皮肤、黏膜是否完整分类

按伤后皮肤、黏膜是否宽整，运动损伤分开放性损伤、闭合性损伤。

（1）开放性损伤：伤后皮肤或黏膜的完整性遭到破坏，受伤组织有裂口与体表相通，如擦伤、刺伤、切伤、撕裂伤及开放性骨折等。

（2）闭合性损伤：伤后皮肤或黏膜仍保持完整，受伤组织无裂口与体表相通，如挫伤、关节韧带伤、肌肉拉伤、闭合性骨折等。

3. 按损伤后运动能力的丧失程度分类

按损伤后运动能力的丧失程度，运动损伤分轻度伤、中度伤、重度伤。

（1）轻度伤：受伤后仍能进行体育活动或训练。

（2）中度伤：受伤后需要进行门诊治疗，短时间内不能按体育教学要求从事体育活动或需停止患部练习或减少患部活动。

（3）重度伤：受伤后需住院治疗，完全不能从事体育活动或训练。

有很多损伤并不妨碍日常生活，平时无症状或症状不明显，但运动时症状出现或加重，会影响康复和运动成绩。

4. 按损伤的病程分类

按损伤的病程。运动损伤分急性损伤和慢性损伤。

（1）急性损伤：直接或间接力量一次作用而致伤，伤后症状迅速出现，病程一般较短。

（2）慢性损伤：按病因又可分为陈旧伤和过劳损伤两类。陈旧伤是急性损伤后因处理不当而致反复发作的损伤。过劳损伤是由于局部运动负荷量安排不当，长期负担过重，超出了组织所能承受的能力，局部过劳致伤，症状出现缓慢，病程较长。

5. 按运动技术与训练的关系分类

按运动技术与训练的关系。运动损伤分运动技术伤和非运动技术伤。

（1）运动技术伤：与运动项目、技战术动作密切相关的损伤，如网球肘、投掷肘、跳跃膝等，多为局部组织过劳伤。此类损伤也有少数急性伤，如投掷骨折，体操、技巧运动中的跟腱断裂等。

（2）非运动技术伤：多为运动中意外伤，如挫伤、骨折、擦伤、韧带扭伤等。

（三）运动损伤的直接原因

造成运动损伤的原因较多，归纳起来可分为以下 9 个方面：

1. 思想上不够重视

运动损伤的发生，常与体育教师、教练员和体育锻炼者对预防运动损伤的意义认识不足、思想上麻痹大意及缺乏预防知识有关。他们多存在着某些片面认识，平时不重视安全，在体育教学、运动训练和比赛中没有积极采取有效的预防措施，发生运动损伤后不认真分析原因，吸取教训，以致伤害事故不断发生。

2. 缺乏合理的准备活动

准备活动的目的是进一步提高中枢神经系统的兴奋性，增强各器官系统的功能，使人体从相对的静止状态过渡到紧张的活动状态。据国内有关调查资料分析，缺乏准备活动或准备活动不合理是造成运动损伤的首位或第二位的原因。例如，不做准备活动或准备活动不充分；准备活动与正式运动的内容结合得不好或缺乏专项准备活动；准备活动的量过大；准备活动的强度安排不当；准备活动距正式运动的时间过久。

3. 技术动作的错误

技术动作的错误指运动时违反了人体结构功能的特点及运动力学原理。这是初参加运动训练的人或学习新动作时发生损伤的主要原因。例如，做前滚翻时，因头部不正而引起颈部扭伤；排球传接球时，因手形不正确而引起手指扭挫伤；投掷时，在上臂外展 90 度屈肘 90 度（甚至肘低于肩）的错误姿势下出手，引起肩臂肌肉拉伤，甚至发生肱骨投掷骨折等。

4. 运动负荷（尤其是局部负担量）过大

安排运动负荷时，没有充分考虑到锻炼者的生理特点，运动负荷超过了锻炼者可以承受的生理负担量，尤其是局部负担过大，引起微细损伤的积累而发生劳损。这是专项训练中造成运动损伤的主要原因。

在大、中学校的体育课或学校体育代表队的训练中，也同样存在着局部负担量是否过大的问题。如果一节体育课的几项内容搭配不合理，它们都对人体某一部位有较大的负担量时，或在运动训练时急于求成，训练方法单一，都会引起局部负担量过大而造成损伤。

5. 身体功能和心理状态不良

在睡眠或休息不好、患病受伤、伤病初愈阶段或疲劳时，肌肉力量、动作的准确性和身体的协调性显著下降，警觉性和注意力减退，反应较迟钝。此时参加剧烈运动或练习较难的动作，就可能发生损伤。

锻炼者的心理状态与运动损伤的发生有着一定的关系。如心情不好、情绪低落或急躁、缺乏锻炼的积极性或急于求成、胆怯、犹豫等，都可成为导致运动损伤的原因。某些青少年缺乏锻炼的知识和经验，好奇心强，不顾主观和客观条件，盲目地或冒失地参加运动，也容易发生运动损伤。

6. 组织方法不当

教学训练中，不遵守循序渐进、系统性和个别对待的原则，以及比赛的年龄分组规则；在组织方法方面，如学生过多，教师又缺乏正确的示范和耐心细致的指导，缺乏保护和自我保护，组织性纪律性较差，以及比赛日程安排不当，比赛场地和时间任意更改，允许有病或身体不合格的人参加比赛等。以上这些都可成为受伤的原因。

7. 动作粗野或违反规则

在比赛中不遵守比赛规则，或在教学训练中相互逗闹、动作粗野、故意犯规等。这些是篮球、足球等运动中发生损伤的重要原因。

8. 场地设备的缺陷

运动场地不平，有小碎石或杂物；跑道太硬或太滑；沙坑没掘松或有小石头，坑沿高出地面，踏跳板与地面不平齐；器械维护不良或年久失修，表面不光滑或有裂缝；器械安装不牢固或安放位置不妥当，器械的高低、大小或重量不符合锻炼者的年龄、性别特点，缺乏必要的防护用具（如护腕、护踝、护腰等）；运动时的服装和鞋袜不符合运动卫生要求等。

9. 不良气象的影响

气温过高易引起疲劳和中暑，气温过低易发生冻伤，或因肌肉僵硬、身体协调性降低而引起肌肉韧带损伤；潮湿高热易引起大量出汗，发生肌肉痉挛或虚脱；光线不足、能见度差影响视力，使兴奋性降低和反应迟钝而导致受伤。

（四）运动损伤的预防

1. 加强思想教育

平时要注意加强防伤观念的教育，在教学、训练和比赛中认真贯彻“预防为主”的方针。加强对学生、运动员进行组织性、纪律性教育，培养他们良好的体育道德风尚。

2. 合理安排运动负荷

运动负荷安排不足，不能达到促进人体运动能力提高的目的。运动负荷安排过大，超出了人体所能承受的负荷，不仅使运动系统的局部负荷过重，还会导致中枢神经系统疲劳，致使全身机能下降，协调能力降低，注意力、警觉反应都减弱，易发生损伤。运动系统的劳损，大多由于长期局部负荷过大所致。为了减少这些损伤，教师、教练员应严格遵守运动训练原则，根据年龄、性别、健康状况、训练水平和各项运动项目的特点，个别对待，循序渐进，合理安排运动负荷。

3. 认真做好准备活动

在教学、训练和比赛前，应充分做好准备活动。准备活动的目的是提高中枢神经系统的兴奋性，特别是克服自主神经的惰性。通过全身各关节、肌肉的活动加速血液循环，使肌肉组织得到充分的血液供应，以利增强肌肉的力量和弹性，并恢复技术动作的条件反射联系，为正式活动做好充分的准备。

建议准备活动结束与正式活动的间隔时间，以 1 ~ 4 分钟为宜。至于准备活动的时间与负荷，一般以身体感到发热，微微出汗为好。在准备活动中进行适当的肌肉力量练习（针对易伤的肌肉），对于提高肌肉温度、改善肌肉功能很有益处。此外，在准备活动中加入一些肌肉伸展性的练习，对预防肌肉拉伤有积极效果。

4. 合理安排教学、训练和比赛

教师要认真钻研教材，充分备课，应对教学、训练中的重点、难点，对容易发生损伤的动作做到心中有数，事先采取相应的预防措施，并对学生做好预防损伤的教育。

注意学生全面身体训练，促进其身体素质并全面发展。

加强基本技术的教学训练。教师在教学中要对新技术动作进行认真讲解、正确示范，使每个学生对技术动作都有一个完整概念，便于他们学习掌握。

教学、训练中要遵循循序渐进和个别对待的原则。学习技术动作应从易到难，由简单到复杂，自分解动作到整体动作来进行。一次课中，难度高、费力大的动作教学应安排在课的前面或当中进行。在教学训练中，应注意结合学生的性别、健康状况、训练水平等特点，区别对待。

5. 加强易伤部位的练习

加强对易伤部位和相对薄弱部位的练习，提高其机能，是预防运动损伤的积极措施。

6. 加强医务监督工作

对学生或经常参加体育活动的人，均应定期进行体格检查。参加重大比赛的前后，要进行身体补充检查或复查，以观察体育锻炼、比赛前后的身体机能变化。对体检不合格者，则不允许参加比赛。伤病初愈的人参加体育或训练，应取得医生的许可，并做好自我监督。

（五）开放性软组织损伤的处理

开放性软组织损伤是指受伤部位皮肤或黏膜破裂，伤口与外界相通，常有组织液渗出或有血液自创口流出。这类损伤的处理原则是及时止血和处理创口，预防感染，先止血然后再处理伤口。

体育运动中常见的开放性软组织损伤有擦伤、切割伤、刺伤和撕裂伤。

1. 擦伤

擦伤是皮肤受到外力摩擦，皮肤组织被擦破出血或有组织液渗出。创口较浅、面积小的擦伤，可用生理盐水洗净创口，创口周围用75%的酒精消毒，局部擦红汞或紫药水，一般无需包扎，让其暴露在空气中待干后即可，也可敷以无菌纱布。关节附近的擦伤，一般不用暴露疗法，因为干裂易影响关节运动，一旦发生感染也易波及关节。因此，关节附近的擦伤经消毒处理后，多采用消炎软膏或多种抗菌软膏搽抹，并用无菌敷料覆盖包扎。创口中若有煤渣、细沙、泥土等异物，要用生理盐水冲洗干净，必要时可用已消毒的硬毛刷子将异物刷净，创口可用双氧水（过氧化氢）或创口周围用75%酒精消毒，然后用凡士林纱条覆盖创口并包扎。若创口较深、污染较重时，应注射破伤风抗毒血清（T. A. T），并给以抗生素治疗。

2. 撕裂伤

撕裂伤中，以头面部皮肤撕裂伤最为多见，如篮球运动中眉弓被对手肘碰撞而引起眉际皮肤撕裂等。若撕裂的创口较小，经消毒处理后，用黏膏或创可贴黏合即可。撕裂创口较大，则须止血，缝合创口。若伤情和污染较重或较深时，应注射破伤风抗毒血清，并给以抗生素治疗。

3. 刺伤和切割伤

田径运动中被钉鞋或标枪刺伤，冬季被滑冰刀划伤，处理方法基本上与撕裂伤相同。

（六）闭合性软组织损伤的病理与处理

闭合性软组织损伤是指局部皮肤或黏膜完整，无裂口与外界相通，损伤时的出血积聚在组织内。这种损伤在体育运动中最为多见。常见闭合性软组织损伤有挫伤、肌肉肌腱拉伤、关节韧带扭伤、滑囊炎、肌腱腱鞘炎等。各种闭合性软组织损伤的病理过程和处理原则有相似之处。软组织损伤的恢复缓慢，若处理不当，常会留下不同程度的功能障碍。为了做到处理正确，对其病理变化和修复过程应有一定了解。这种损伤的病理变化过程，可分为急性和慢性两大类。

1. 急性损伤

急性闭合性软组织损伤常因一次较大暴力作用所致，发病较急，病程较短，病理变化和临床症状及体征都较明显。当人体某部位受到一次较大暴力作用后，局部组织细胞遭到破坏，发生组织撕裂或断裂，组织内的小血管也因此破裂、出血，出现组织内血肿。出血停止后，即出现反应性炎症。此时，血管壁的通透性增高，血液中的液体、蛋白质和白细胞等透过血管壁形成渗出液。同时，伤后淋巴管发生损伤性阻塞，淋巴循环发生障碍，渗出液不能由淋巴管及时运走，除出现局部血肿外，还形成水肿。这种肿胀产生压迫和牵扯性刺激，使局部疼痛加剧。反映在外表上，则出现损伤早期的局部红、肿、热、痛及功能障碍等一系列急性炎症的症状。

伤后 4 ~6 小时，血肿和渗出开始凝结，形成凝块。伤后 24 小时左右，创口周围开始形成主要由新生的毛细血管和成纤维细胞所组成的肉芽组织，逐渐地深入到凝块中并开始将其吸收。同时，渗出的白细胞逐渐将坏死组织清除，邻近健康细胞发生分裂，产生新的细胞和组织以代替那些缺损的细胞和组织，使受到破坏的组织得以逐渐修复。

损伤组织的愈合是通过组织再生实现的。再生的组织在结构和功能上都与原来的组织完全相同，称为完全再生。若缺损的组织不能完全由结构和功能相同的组织修补，而由肉芽组织代替，最后形成瘢痕，则称不完全再生或称瘢痕修复。

损伤组织能否完全再生，首先取决于组织本身再生能力的强弱和损伤的严重程度。人体内各种组织的再生能力差异较大，如结缔组织、小血管及骨的再生能力较强，软骨的再生能力最差。此外，组织再生的强弱，还与伤员的全身或局部血液供应有关。全身或局部血液供应较好则组织再生能力就较强，反之则再生能力就较差。

治疗过程中采用各种合理的治疗措施，以改善伤员的全身和局部状况，可以提高损伤组织的再生能力，有利于组织的完全再生，减少粘连与瘢痕的形成。如果伤后处理不当，血肿和渗出液不能迅速地吸收，则可能发生粘连或瘢痕形成过多的情况，不仅不能保持原组织的功能，而且可产生瘢痕收缩，引起不同程度的功能障碍。轻者出现酸胀麻痛或无力等后遗症状；重者则出现关节僵直，运动功能明显受限。

2. 慢性损伤

慢性损伤或因急性损伤处理不当导致，或因局部长期负荷过度引起组织劳损，即由微细的小损伤逐渐积累而成。劳损发病缓慢，症状渐起，病理变化过程大体上可分为 3 个阶段：

（1）早期。由于局部长期负荷过度，引起神经调节功能障碍，组织内部合成与分解失去平衡，但在组织形态上尚无明显变化。此期的伤员多无不良感觉，或仅有局部酸胀感，因

而常被忽视。然若能及时改进教学训练方法或改善局部状况，损伤可以很快康复。

（2）中期。组织长时间遭到破坏，组织细胞营养失调，发生变性和增生。此期伤员有局部酸胀、疼痛，但准备活动后症状常可消失，运动结束后症状又出现。外表检查时，可发现伤部组织弹性较差，有硬结或发硬、变厚等状况。

（3）晚期。局部小血管发生类脂样变，管腔变窄，影响血液循环，造成局部缺血。若血管损害较重或产生血栓，血流被阻断，可引起局部组织坏死。此期伤员的疼痛加重，局部温度下降，有发凉感。

3. 急性软组织损伤处理原则

（1）早期。早期是指伤后24～48小时内。此期病理变化的主要特点是组织撕裂或断裂后出现血肿和水肿，发生反应性炎症。临床上表现为损伤局部的红肿、热、痛和功能障碍。因此，该期的处理原则是制动、止血、防肿、镇痛剂减轻炎症。处理方法可根据具体情况选用一种或数种并用。

冷敷、加压包扎并抬高伤肢。这种方法应在伤后立刻使用，具有制动、止血、止痛、防止或减轻肿胀的作用。冷敷一般使用氯气乙烷或冰袋，也可用冷水浸泡。然后用一定厚度的棉花或海绵置于伤部，立即用绷带稍加压力进行包扎。24小时后拆除包扎固定，根据伤情再作进一步处理。

外敷新伤药常可达到消肿、止痛和减轻炎症的效果。此外，若伤后疼痛较剧烈可服用止痛剂。如局部红肿显著，可同时服用清热、活血、化瘀的中药。

（2）中期。中期是指损伤发生24～48小时以后。此期病理变化和修复过程的主要特点是肉芽组织已经形成，血凝块正在被吸收，坏死组织逐渐被清除，组织正在修复。临床上，急性炎症已逐渐消退，但仍有瘀血和肿胀。因此，该期的处理原则上主要是改善局部的血液和淋巴循环，促进组织的新陈代谢，加速瘀血和渗出液的吸收及坏死组织的清除，促进再生修复，防止粘连形成。治疗方法有理疗、按摩、针灸、痛点药物注射、外贴或外敷活血、化瘀、新生的中草药等，可以选用几种方法进行综合治疗。热疗和按摩在此期的治疗中极为重要。按摩手法应从轻到重，从损伤周围到损伤局部。损伤局部的前几次按摩必须较轻，以防发生骨化性肌炎。

（3）晚期。损伤组织已基本修复，但可能有瘢痕和粘连形成。临床上，肿胀和疼痛已经消失，但功能尚未完全恢复，锻炼时仍感到微痛，酸胀和无力，个别严重者出现伤部僵硬或运动功能受限等。该期的处理原则是恢复和增强肌肉、关节的功能。若有瘢痕和粘连应设法软化和分离，以促进功能的恢复。治疗方法以按摩、理疗和功能锻炼为主，配合支持带固定及中草药的熏洗等。

上述三期的辨证施治适用于较严重的急性闭合性软组织损伤。倘若损伤较轻，病程短、修复快，可把中、后期的治疗方法合并使用，把活血生新的功能恢复结合起来。

4. 慢性软组织损伤处理原则

慢性软组织损伤的处理原则主要是改善伤部的血液循环，促进组织的新陈代谢，合理安排局部的负担量。治疗方法与急性损伤的中、后期大致相同，应将功能康复锻炼和治疗紧密地结合起来。

技术技能篇

任何一项体育运动的产生都有其历史渊源与文化背景，并随着人类文明的进步与日益增长的文化生活需要，在不同的历史条件下自我完善，不断发展、成熟。为了满足学生需要，目前开展体育运动项目的高等学校越来越多。各具特色的体育运动项目为大学生健康教育提供了丰富多彩的选择。我们希望新时代的大学生们不仅会这些运动项目，而且能从文化层面了解它们，科学地看待它们。

第三章 球类运动

第一节　篮　球

一、篮球运动概述

（一）篮球游戏的起源

1891年冬，在美国的马赛诸塞州教师詹姆士·奈史密斯博士运用桃篮和足球设计了一项学生可以在室内进行的体育活动，即篮球游戏。篮球运动产生后，先是在美国学校中逐步开展起来。1892—1897年的5年间，篮球先后传入墨西哥、法国、英国、中国、巴西和捷克斯洛伐克等国。1904年在美国圣路易斯举行的第三届奥运会上，美国青年会男子篮球队首次进行了表演。从此，篮球运动逐步在中美洲、亚洲、欧洲和大洋洲开展起来。

（二）篮球运动的发展

1932年在瑞士的日内瓦由葡萄牙、罗马尼亚、瑞士、意大利、希腊、拉脱维亚、捷克斯洛伐克、阿根廷欧美八国召开会议，成立了“国际业余篮球联合会”，简称“国际篮联”。1936年在德国柏林举行的第十一届奥运会上，男子篮球被列为正式比赛项目，从此登上国际体坛。

（三）篮球运动的完善

1950年和1953年，第一届世界男、女篮球锦标赛分别举行。以美国巨人运动员张伯伦，苏联运动员克鲁明和谢苗诺娃为代表的身高两米以上队员，显示出难以抗争的威力，身高开始成为现代篮球比赛中决定胜负的重要因素之一。

20世纪90年代以后，现代篮球运动进入黄金时期。1990年，“国际业余篮球联合会”更名为“国际篮球联合会”，并取消了对职业篮球运动员参加国际比赛的限制。1992年第二十五届奥运会男篮冠军——美国“梦之队”的超级巨星乔丹、约翰逊等高超的现代篮球表演，寓竞技、智谋、技艺于一体，将篮球运动表现得更加充实完美、简练实用，这标志着篮球运动整体内容结构、优秀运动员队伍综合智能结构、运动员掌握和运用篮球技术和战术的能力结构，以及教练员科学化训练、管理、指挥的综合能力发生了质的变化。为了适应篮球运动技术和战术迅猛发展、对抗强度加大和商业化、职业化需求，篮球比赛规则又进行了多次修改。

（四）我国篮球运动的发展历程

1. 业余篮球运动时期

篮球运动于1895年经美国国际基督教青年会介绍传入我国天津。1910年，篮球被列为中华民国第一届全国运动会表演项目。1914年，篮球被列为中华民国第二届全国运动会正式比赛项目。1921年，中国篮球队在上海举行的第五届远东运动会上获得冠军。1936年，女子篮球在中华民国第四届全国运动会上被列为正式比赛项目。同年，中国参加了第十一届奥运会的篮球比赛，董守义、宋君复、舒鸿、李清安参加了第一次国际篮球裁判会，舒鸿担任奥运会篮球比赛决赛美国队对加拿大的裁判工作，并受到好评。1948年，中国篮球队参加了在伦敦举行的第十四届奥运会篮球比赛，在23个参赛国家中获得第18名。

2. 专业篮球运动发展时期

1975年我国男子篮球队参加了第八届亚洲男子篮球锦标赛，并获得了冠军。在1977年第九届亚洲男子篮球锦标赛上，我国男篮再次获得了冠军。1978年，我国男篮参加了第八届世界男子篮球锦标赛，进一步拓展了视野，了解到了现代篮球运动的发展趋势，并在实战中见识了世界男篮强队各种风格和流派的打法。

1983年，我国女子篮球队在第九届世界女子篮球锦标赛中获得了第2名，又在翌年的第二十三届奥运会上获得第3名。1992年第二十五届奥运会和1994年第十二届世界篮球锦标赛上我国女篮均获得亚军。2004年第二十八届雅典奥运会、2008年第二十九届北京奥运会，中国男篮都获得第8名的好成绩。

3. 职业篮球运动变革时期

1995年6月，中国篮球协会（Chinese Basketball Association）在北京成立，简称中国篮协（CBA）。它是中华全国体育总会领导下的协会之一，是中国篮球运动的全国性群众组织。中国篮协的主要机构有篮球运动管理中心、男子教练委员会、女子教练委员会、科学研究委员会、青少年教练委员会和竞赛裁判委员会等。1995年10月推出的《中国篮球协会运动员转会暂行条例》和《俱乐部暂行管理条例》，拉开了中国篮球运动职业化改革的序幕；同年12月，跨年度的全国男篮12只甲级队主客场联赛正式推出。

几年的时间里，中国篮协对中国篮球运动的竞赛体制进行了一系列改革，试图尽快建立公平竞争机制，完善职业篮球俱乐部管理制度，提高运动员和运动队的竞技水平。2001年我国篮球运动员王治郅首次进入美国职业篮球联赛（NBA）职业俱乐部小牛队，成为进入NBA的亚洲男子篮球运动员第一人。2002年，姚明成为NBA选秀状元，入选火箭队；巴特尔加盟NBA马刺队。2005年，易建联加盟NBA雄鹿队。2009年，孙悦入选NBA湖人队。

（五）篮球运动的主要赛事

（1）奥运会篮球赛。奥运会是由国际奥委会主办的最重要的国际综合性运动会，每4年举办一次，包括男子篮球和女子篮球比赛。1936年，在第十一届柏林奥运会上，男子篮球被列为奥运会的正式比赛项目。而女子篮球直到1976年的第二十一届蒙特利尔奥运会上才成为正式的比赛项目。

（2）篮球世界杯。世界篮球锦标赛是国际篮球联合会举办的国际性的篮球赛事，男子从 1950 年开始，女子从 1953 年开始，男、女比赛分别举行。历届比赛因故间隔时间不同，一般是 4 年一届。从 1986 年起，男子和女子的比赛在同一年进行，4 年一届。北京时间 2012 年 1 月 28 日，国际篮联正式对外宣布，每 4 年举行的世界男、女篮锦标赛更名为篮球世界杯（Basketball World Cup）。

（3）亚运会篮球赛。亚运会是由亚洲运动会联合会主办的综合性运动会，每 4 年举办一次。篮球赛是其中一项重要赛事。

（4）亚洲篮球锦标赛。亚洲篮球锦标赛（之前称为亚洲篮球联盟锦标赛），亚洲篮球总会主办，是每两年举办一次的亚洲地区最高水平的篮球比赛，也是篮球世界杯亚洲球队席位的争夺战。

（5）中国全运会篮球赛。中国全运会是由中华人民共和国全国综合性运动会，篮球是主要竞赛项目之一，每 4 年举办一次，始于 1959 年。参加该项篮球赛的主要是全国各省、市、自治区和解放军篮球代表队。

（6）中国篮球职业联赛。中国男子篮球职业联赛（China Basketball Association），简称中职篮（CBA），是由中国篮球协会主办的跨年度主客场制篮球联赛，也是中国最高等级的篮球联赛。

（7）中国大学生篮球联赛（China University Basketball Association），简称 CUBA。参加 CUBA 的运动员必须是未在中国职业篮球联赛中注册的在校正式大学生。

二、 篮球基本技术

（一）持球

持球基本姿势是要求队员持球于腹部或体侧，两腿稍屈，身体略前倾，保持行动的机动性。

持球方法：通常两手持球于两侧上方，两手拇指相对成八字形，手指展开拿球，手心不触球。

1. 体侧持球（图 3-1-1）

以右侧为例，左脚稍在前，身体略右转。右手持球后上方，左手持球前下方，两手拇指间隔相对成 L 形，持球于身体右侧。

2. 腹前持球

右脚稍在前，两手持球侧上方，两手拇指相对成八字形，持球于腹前。

（二）传球技术

传球是队员之间有目的的转移球和组织战术配合的纽带。准确、及时、隐蔽、多变的传球能直接助攻得分，也能加强队友之间的联系，是全队整体技术、战术发挥的保证，体现了篮球意识与智慧。

图　3-1-1

1. 双手胸前传球（图 3-1-2）

持球基本姿势开始，蹬、伸、拨将球传出。

一腿后蹬上步，两臂向传球方向前伸，同时手腕后屈，出手时手腕带动手指由内向外侧下方拨球，使球稍向后旋转，以利于球飞行的稳定性。

提示：手臂前伸与手腕后屈的协调，伸臂与拨腕指的衔接。

图 3-1-2

2. 双手头上传球

双手持球，手腕稍后屈举球于头后上方。小臂以肘关节为支点向前挥摆，同时腕指向内向前拨，将球传出（图 3-1-3）。

图 3-1-3

提示：摆臂与拨腕指的衔接。

3. 单手肩上传球

持球基本姿势开始，蹬腿、挥臂、拨腕指将球传出。

以右手为例，向传球方向上左步，双手举球于右肩上，蹬腿、挺髋、展胸，
举球于头后侧上方，继续蹬腿，大臂带动小臂前挥，拨腕指将球传出（图 3-1-4）。

提示：展体挥臂和蹬腿与身体中心前移的协调连贯。

4. 单手体侧传球

持球基本姿势开始，弧线引球，臂前摆制动，拨腕指将球传出。

持球经身体侧后方弧线向外伸展手臂，以肩为轴向前摆臂，当手臂侧伸较充分时，及时扣、拨腕指将球传出（图 3-1-5）。

提示：体侧弧线引球，摆臂制动与拨腕的衔接。

图　3-1-4

图　3-1-5

5. 单手胸前传球（图 3-1-6）

旋转伸臂，拨腕指将球传出。

旋转同时前伸手臂，使传球手屈腕置于球的后方，另一手扶球侧下方，出手时手腕带动手指前外侧下方拨球。

提示：转臂、伸臂同时进行，伸、拨连贯。

6. 单手背后传球

快速引球至体侧右臂下方，传球臂肘稍上抬，大臂带动小臂摆动，当球位于体后时及时拨腕指将球传出（图 3-1-7）。

提示：摆臂与拨腕的时机。

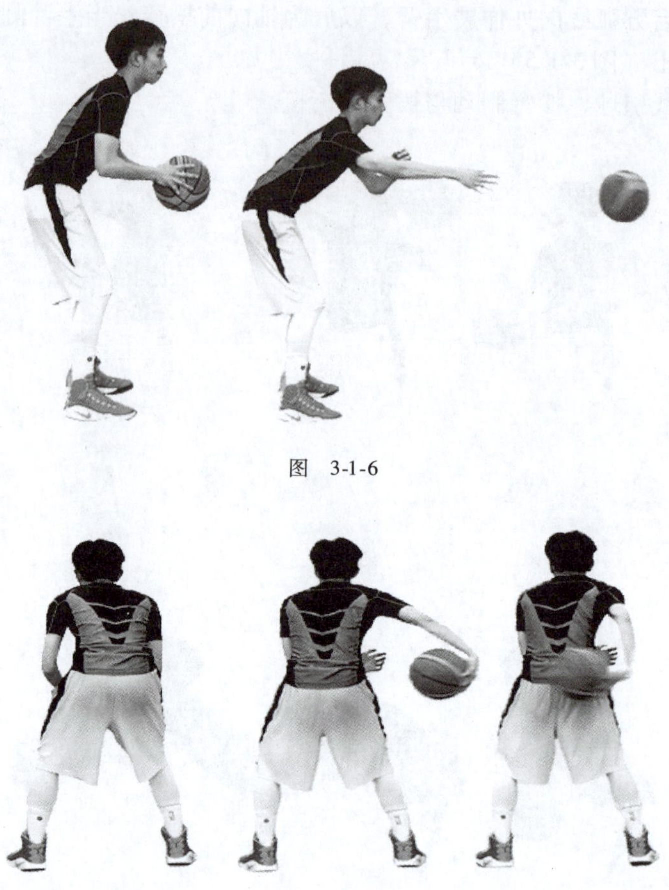

图 3-1-6

图 3-1-7

7. 低手传球（图 3-1-8）

低手传球有单手和双手两种方式。

图 3-1-8

传球前将球持于腹前或腰侧，当同伴近身跑动要求时，手腕上挑使球柔和离手。或单手托球稍前伸，手腕上挑使球柔和离手。

提示： 托球与拨腕出手的连贯。

（三）运球技术

1. 体前变向运球

体前变向不换手运球［图 3-1-9a)］：左脚向左前方上步，右手向左侧佯装运球（或运球）。左脚制动蹬回。右脚向右横跨，同时右手向右变向运球。左脚向右前方上步，右手运球于身体右侧。

a)　　b)

图　3-1-9

体前变向换手运球［图 3-1-9b)］：右脚向右前方上步，右手向右侧佯装运球（或运球）。右脚制动蹬回。左脚向左横跨，同时右手向左变向运球。右脚向左前方上步，右手运球于身体左侧。

提示： 脚步动作必须和身体姿势结合，并与运球和节奏协调配合。

2. 后转身变向运球

左手左后转身变向运球（图 3-1-10）：右脚向左前上步制动，同时左手运球于身体左侧。球弹起时以右脚为轴向左后转身，左手控球随身体转动，并将球拍在身体的右侧前方（右手做后转身变向运球动作相反）。

图　3-1-10

提示： 上步运球，球起转身，手包在球的离心力方向。脚步动作和身体姿态与运球协调配合。

3. 背后变向运球

左侧背后变向运球（图 3-1-11）：右脚向右前上步，同时右手拉运球至身体左后方。左脚蹬，右脚向右前上步，同时右手将球经身后运向左前方，左手接控球（右侧背后变向运球动作相反）。

图 3-1-11

提示：脚步动作和身体姿态与运球协调配合。

4. 胯下变向运球

胯下变向运球（图 3-1-12）：第一拍，右手运球在身体右侧，左脚向右前上步；第二拍，右手胯下变向运球换手，左手控球，随球弹起，收身上提重心，两脚平行；第三拍，右脚向左前上步突破，或向右上步，左手再胯下运球。

图 3-1-12

提示：脚步动作和身体姿态与运球协调配合。

（四）投篮技术

1. 原地投篮（罚球技术）（图 3-1-13）

以持球基本姿势开始，右手投篮队员右脚稍上前下蹲举球至头侧上方。蹬腿，伸臂举球，在将达到最高点时伸臂、拨腕指连贯将球投出。球稍向后旋转。

提示：手臂伸与手腕拨的连贯协调。许多投篮技术问题源于伸、拨衔接时稍有脱节。

2. 原地跳投（图 3-1-14）

以持球基本姿势开始，右手投篮队员右脚稍上前。起跳同时举球至头前的侧上方。在将达到最高点时，伸臂、拨腕指连贯将球投出。球稍向后旋转。

提示：举球起跳动作连贯，伸臂、拨腕指衔接协调。

图　3-1-13

图　3-1-14

3. 跳步急停跳投（图 3-1-15）

行进中收身跳起拿球，两脚稍前伸落地制动缓冲。起跳同时举球至头前的侧上方。在将达到最高点时，伸臂、拨腕指连贯将球投出。球稍向后旋转。

图　3-1-15

提示：收身跳停步与起跳投篮的衔接。好的衔接能起到助跳作用。举球同时起跳。

4. 跨步急停跳投（图 3-1-16）

行进中进攻方向的内侧脚，大跨步（稍撑）拿球制动，或直接跃步前跨拿球。后退膝内扣并步转体。起跳同时举球至头前的侧上方。在将达到最高点时，伸臂、拨腕指连贯将球投出。球稍向后旋转。实际应用中，在进攻方向的内侧腿正作为支撑腿时，可采用垫跳，脚分先后两拍着地。

图 3-1-16

提示：前跨支撑缓冲与转体并步的协调连贯。

5. 后转身跳投（图 3-1-17）

以右手投篮为例：以左脚为轴向左转身为前转身，以右脚为轴向右转身为后转身。

后转身技术动作：右脚后撤或横跨步拿球，以右腿为轴右后转身，左脚并步下蹲。起跳同时举球至头前的侧上方。在将达到最高点时，伸臂、拨腕指连贯将球投出。

图 3-1-17

前转身技术动作与后转身技术动作的主要区别是以左脚为轴向左转身。

提示：跨步、拿球、转身的连贯衔接。

6. 行进间上篮（跑篮）（图 3-1-18）

大跨右步拿球，小跨左步起跳，腾空后左手离球侧前伸，右手托举球，在最高点时拨腕指出手。

提示：举球与起跳的协调，摆臂举球应起到助跳作用。

图　3-1-18

（五）持球突破

1. 同侧步持球突破（图 3-1-19）

以左脚做中枢脚为例：左晃或投篮假动作，右脚向右前方上步，拍球在身体右侧。左脚上步时，身体向右稍转，左肩前探，右手运球加速向前。

图　3-1-19

提示：跨右步同时右手拍球在身体右侧，上步与身体姿态的结合。

2. 交叉步持球突破（图 3-1-20）

以左脚做中枢脚为例：右晃或投篮假动作，右脚向左前方上步，左手拍球在身体左侧。上左步时，身体向左稍转，右肩前探，左手运球加速向前。

提示：跨右步交叉同时左手拍球在身体左侧，上步与身体姿态的结合。

3. 前转身持球突破（图 3-1-21）

背对进攻方向，以左脚做中枢脚为例：右脚向右跨步，身体右晃，重心落在右脚上。右脚蹬回，重心落在左脚，以左脚为轴左转身，右脚向右前方上步放球在身体右侧，左肩前探，右手运球加速向前。

提示：转身与身体前探结合，脚步动作、身体姿势与运球协调配合。

图 3-1-20

图 3-1-21

4. 后转身持球突破（图 3-1-22）

背对进攻方向，以左脚做中枢脚为例：身体左晃，重心落在左脚上。左脚蹬回，右脚后撤跨步，同时身体后靠右转，右肩前探，在身体左侧拍球。左手控球，左腿上步加速向前。

图 3-1-22

提示：右脚后撤跨步与转身时身体后靠与前探结合，脚步动作、身体姿态与运球协调配合。

三、基础战术配合

篮球基础战术配合是指队员在进攻或防守时两三人之间有组织、有目的的协同行动，可分为进攻基础配合和防守基础配合。它是全队战术的基础，能否熟练掌握直接关系到全队战术的质量。

（一）进攻战术配合

1. 传切配合

传切配合包括摆脱切入和助攻传球的配合。在配合过程中，切入队员的动作要突然，要及时地利用速度和假动作摆脱防守。传球队员则要有攻击性，能够利用投篮和突破动作吸引防守队员的注意力，以便及时、准确地用不同的传球方式从防守空隙中将球传给切入的同伴。

2. 策应配合

策应配合是无球队员通过对球的接应，同伴间重新调整进攻策略，创造进攻机会的一种配合方式。从策应的位置上可分为内策应和外策应。策应前，要注意以假动作摆脱防守抢占有利位置。接球后，要以身体保护好球，高大队员也可将球置于头顶或体侧。当同伴获得较好的进攻机会时，要及时传球给他。策应队员自己也可做虚晃、转身、投篮等假动作，吸引防守或伺机进攻，增加策应的变化和威胁。

3. 突分配合

进攻队员持球或运球突破，遇到对方协防时及时将球传给跑空位接应的同伴。这种突破中传球和跑位接应的配合叫突分配合。突破队员在突破过程中，要随时注意观察攻守队员的位置变化，做好投篮或分球的两种准备。其他进攻队员则要在持球同伴突破的一刹那，及时摆脱防守，占据有利位置，以便接球投篮。

4. 掩护配合

掩护是进攻队员利用合理的技术动作，用身体挡住防守同伴的队员，使同伴摆脱防守的一种有效的进攻配合。根据掩护者挡住不同位置，掩护分为前掩护、侧掩护、后掩护。根据被掩护者的状况，分为有球掩护和无球掩护。进攻队员也可以将防守自己的队员带入掩护位置，借助站在原地的同伴的身体做掩护以摆脱对手。掩护时要突然跑到被掩护者的对手的移动路线上，离该对手 90 厘米左右，面向对手两脚自然开立，重心下降，两腿微屈，双臂收拢于胸前或护于裆下以保护自己。

5. 挡拆配合

挡拆配合是在掩护配合因防守的交换而无所作为的状况下发展起来的。挡拆配合是利用掩护时对手交换防守的时机，迅速拆开和抢占有利位置配合。有球挡拆和无球挡拆配合是目前基层和高水平篮球比赛中最常见的基本战术配合。挡拆配合时被掩护的队员要迅速移动，与掩护拆分队员形成传球角度。掩护队员要注意拆分时机。

6. 快攻配合

快攻配合是以最快的速度、最短的时间由防守转入进攻，在人数上造成以多打少的优势或在人数相等以及人数少于对方的情况下，趁对方立足未稳，果断而合理地进行快速进攻的配合。快速是当前篮球运动的一个显著特点，快攻的主要特点是：参与人数多，一传距离增长、方式增多，常有两人以上进行机动接应，传球次数减少，反击速度加快，以有层次的分散快下为主，三线推进为辅，结束时加强跟进和运用中距离跳投。

（二）防守战术配合

1. 穿过配合

对手运用掩护配合时，可采用穿过配合及时防守住自己的对手。穿过配合最重要的一点是，当两个做掩护配合的进攻队员交错时，防守掩护者的队员要主动后撤一步，让同伴能及时从中穿过，继续防住他的对手。

2. 绕过配合

对手运用掩护配合时，也可采用绕过配合及时防守住自己的对手。绕过配合最重要的一点是，当两个做掩护配合的进攻队员交错时，防守掩护者的队员要主动斜上步干扰，让同伴能及时从身后绕过，继续防住他的对手。

3. 交换防守配合

在防守配合中，如果能够熟练自如地运用换防，不仅能及时破坏进攻配合，弥补防守漏洞，而且在判断好了对方掩护进攻意图时还能抢断球。但要注意，在对方横向移动时，应多运用换防；当对方纵向移动运用后掩护时，则应尽量少换防或不换防。换防的关键是两个防守队员的默契，在对方掩护时防守掩护者的队员要及时通知同伴，并紧跟自己对手，当对方切入时突然换防。

4. 夹击与补防配合

（1）补防。当防守队员失去位置，进攻队员持球突破，有直接得分可能时，邻近的防守队员必须立即放弃自己的对手进行补防。补防时，动作要迅速、果断。其他防守队员注意观察突破队员的分球意图，以便及时抢占有利位置争取断球。

（2）夹击。当对方向边角运球或在边角停球时，邻近的防守队员突然上前封堵传球角度，限制持球队员的正常传球和活动范围，其他队员积极补防并组织断球，造成对方失误或违例的一种协作防守方式。

5. 防守快攻配合

防守快攻的打法根据赛场不同情况有针对性实施，在此不一一介绍。但须注意几点：首先，进攻战术配合要考虑攻守平衡，减少失误，提高进攻的成功率。其次，要积极拼抢前场篮板球和篮板球后的就地封、堵和退防。最后，积极追防和掌握必要的以少防多的配合方法。

四、 竞赛规则简介

1. 比赛

每场比赛由两个队参加，每队出场 5 名队员，在第四节或任何一个决胜期（如果需要）

的比赛时间结束时得分较多的队是比赛的胜者。

2. 场地尺寸和器材

国际篮协的正式比赛场地尺寸为长28米，宽15米。从界线的内沿测量（界线属界外，掷界外球仅踩线并不违例）。

篮圈的顶沿应水平，距地面3.05米。球的周长不得小于74.9厘米，不得大于78厘米。球的质量不得轻于567克，不得重于650克。

3. 球队

每个队不超过12名合格参赛的球员。

4. 比赛通则

比赛应由4节组成，每节10分钟，在第一节和第二节之间，第三节和第四节之间，以及每一个决胜期之前应有2分钟的休息时间。第二、三节之间休息10或15分钟。

如果在第四节比赛时间终了时比分相等，为打破平局，需要增加一个或多个5分钟的决胜期继续比赛。在所有的决胜期中，球队应朝向第四节中相同球篮继续比赛。

在2003年国际篮联引入的球权交替拥有是指，只在第一、三节或决胜期（如需要）进行跳球，在第二、四节比赛开始或比赛中发生跳球时以掷界外球开始比赛，掷界外球的为第一次跳球时未获球权的队，下一次为对方队，相互交替球权拥有。

5. 暂停与替换

（1）暂停。每队上半时（第一、二节）准予2次要登记暂停，下半时（三、四节）准予3次要登记暂停，每一决胜期准予1次要登记暂停，暂停时间为1分钟。上下半时的2次或3次暂停可在任何一节（同一半时之间）使用。

暂停机会始于球成死球且比赛计时钟停止（违例、犯规、对方投篮得分）时，结束于裁判员持球进入圆圈执行跳球，掷界外球队员可处理球，裁判员持球或不持球进入罚球区执行罚球时。

暂停必须由教练员或助理教练员亲自到记录台，以通用的手势明确地提出请求。

（2）替换。在一次替换机会中一个队可以替换队员，替换人数不限。替换机会开始于球成死球且计时钟停止时，包括发生犯规、对方发生违例、对方有替换机会、跳球、暂停；在第四节或任何决胜期的最后2分钟中，对方投中后，裁判中断比赛等。替换结束于裁判员持球进入罚球区执行罚球、掷界外球队员可处理球时。

一位替补队员有权要求替换。他应亲自到记录台用手势请求替换，然后坐在换人的凳子上直到替换机会开始。替换应以最快的速度完成。

6. 违例

违例是违犯规则。其罚则是将球判给对方队员在违例的就近点从界外掷球入界，直接位于篮板后面的地方除外。

（1）队员出界和球出界。当队员身体的任何部分接触界线上、界线上方、界线外的地面或除队员以外的任何物体时，即是队员出界。

当球触及了在界外的队员或任何其他人员，界线上、界线上方或界线外的地面或任何物体，篮板支撑架，篮板背面篮板上方和篮板后面的任何物体时，即为界外球。

发生以上违例的罚则是球队失去球权，由对方在距违例地点最近的界线外掷界外球。如双方同时使球出界，应由掷界外球开始比赛，掷界外球的为第一次跳球时未获球权的队，下一次为对方队，相互交替球权拥有。

（2）带球走。当队员在球场上持一个活球，其一脚或双脚超出本规则所述的限制向任一方向非法移动，即为带球走。

判定带球走的关键是确定中枢脚：

①双脚着地接住球的队员可以用任意一脚作为中枢脚。

②在移动或运球中接到球后，双脚同时着地，可用任何一脚作为中枢脚；两脚同时着地，则先着地的脚为中枢脚。

③队员在移动中或运球结束时，接球，单脚着地，队员可跳起这只脚并双脚同时着地，则两只脚都不是中枢脚。

注意：当一名队员持球跌倒在地面上，或躺或坐在地面上获得控制球是合法的；如果该队员持球滑动、滚动，或试图站起则为违例。

带球走违例的罚则是球队失去球权，由对方在距违例地点最近的界线外掷界外球。

（3）非法运球。队员控制球后将球掷、拍或滚在地面上，并球接触另一队员之前再次触及球为运球开始。队员运球后，用双手同时触球或使球在一手或两手中停留的瞬间即运球结束。

队员第一次运球结束后不得再次运球（除非他失去了对球的控制），否则即为非法运球。非法运球者将失去球权。

下列情况不是运球：连续投篮、漏篮、拦截对方传球、拍击另一队员控制的球、在抢球中空中连续挑拨球。

（4）关于时间违例。

3 秒违例：某队在场上控制活球且比赛计时钟正在运行时，该队队员不得停留在对方队的限制区内超过持续的 3 秒钟。

5 秒违例：掷界外球队员可处理球时 5 秒之内未将球掷出；罚球队员可处理球时 5 秒之内未将球投出；一名被严密防守的队员在 5 秒钟之内未传球、投篮或运球。

8 秒违例：一名队员在他的后场获得控制活球时，他的队必须在 8 秒中使球进入它的前场。某队前场包括对方球篮、篮板的界内部分，以及由对方球篮后面的端线、两条边线和距对方球篮最近的中线边沿所限定的球场部分。

注意：球场中线属于后场。

24 秒违例：每当一名队员在场上获得控制一个活球时，他的队应在 24 秒钟内尝试投篮。

（5）球回后场。某队在前场控制球时，不得使球回到后场。判断回后场的条件如下：某队在前场控制活球，控制球的队员在前场最后一个使球进入后场，控制球的队员在后场第一个接触到球。

上述 3 个条件必须同时满足，方为球回后场违例。

发生球回后场违例的罚则是球队失去球权，由对方在中场边线外掷界外球。

(6) 干涉得分和对球干扰。下列情况被视为在投篮中发生了干涉得分或对球干扰：当球在下落飞行并完全在篮圈水平面之上时队员触及球；当球碰击篮板后并完全在篮圈水平面之上时队员触击球；当球与篮圈接触时队员触及篮球或篮板；队员从下方伸手穿过球篮并触及球；当球在球篮中时防守队员触及球或球篮；防守队员使得篮板或篮圈摇动，根据裁判员的判定，这种手段已妨碍球进入球篮。

宣判违例程序：举掌鸣哨→指出违例性质→指出进攻方向。

7. 犯规

犯规是对规则的违反，包括与对方队员的身体接触和违反体育道德的举止。

队员不准通过伸展手、臂、肘、肩、髋、膝或脚，或将自己的身体弯曲成“反常的”姿势（超出自身圆柱体范围）拉、阻挡、推撞、绊对方队员以阻挡其行进，也不准使用任何粗野或猛烈的动作。

侵人犯规有以下几种：

(1) 阻挡：阻止持球或不持球的对方队员行进和非法的身体接触。

(2) 撞人：持球或不持球队员推动或移动到对方队员躯干上的身体接触。

(3) 背后非法防守：防守队员从对方队员的背后与其发生的身体接触。

(4) 拉人：干扰对方队员移动自由而发生的身体接触。

(5) 推人：用身体的任何部位强行移动或试图移动已经、没有控制球的对方队员时发生的身体接触。

(6) 非法掩护：试图非法拖延或阻止非持球的对方队员到达希望到达的场上位置。

(7) 非法用手：发生在防守队员处于防守状态时，用手去接触对方队员阻碍其行进。

第二节　排　球

一、排球运动概述

排球比赛是两队各6人，每球得分制，25分为一局，正式比赛采用五局三胜制，一般基层比赛采用三局两胜制。排球运动1895年起源于美国，创始人是威廉·摩根，迄今已有一百多年的历史。排球从开始仅仅是少数人的一种游戏、娱乐的手段，发展到今天已成为遍及世界五大洲、为广大群众喜闻乐见的体育运动项目之一。

（一）排球运动起源

排球运动在美国问世后，由美国的传教士和驻外国的军官、士兵带到了世界各地。由于排球运动传入的时间及采用的规则不同，世界各地排球运动的形式也不同。

美国是排球的故乡，因此六人制排球传入美洲时间较早，1900年首先传入加拿大，1905年传入古巴。排球传入亚洲也比较早，约在1900年，先后传入印度、中国、日本等。排球传入亚洲后，采用的规则与美国排球规则有很多的不同之处，经历了十六人制、十二人制、九人制、六人制的演变过程。排球传入欧洲较晚，1917年最早出现在法国，传入时是六人制，竞技性已成熟，所以发展较快。

第二次世界大战后的1946年8月26日，法国、捷克斯洛伐克、波兰3国排球的代表在布拉格召开会议，倡议成立国际排球联合会。1947年4月14日，国际排球联合会在法国巴黎成立，选举法国的保尔·黎伯为第一任主席，指定巴黎为总部所在地。

国际排联的成立后组织了一系列的世界大赛。1949年在捷克斯洛伐克首都布拉格举行第一届世界男子排球锦标赛；1952年在莫斯科举行第一届世界女子排球锦标赛。1964年排球被国际奥委会批准为正式比赛项目，当年在日本东京男、女排球进入第十八届奥运会；1965年在华沙举行第一届世界杯男子排球赛；1973年在乌拉圭举行第一届世界杯女子排球赛。目前世界性的排球大赛有世界排球锦标赛、世界杯排球赛、奥运会排球赛，这些比赛已经形成传统，每四年举行一次，延续至今。

（二）排球运动的发展

20世纪50年代，苏联男排凭借身高体壮、弹跳力好，成为各队学习的榜样。在1956年的世界锦标赛上，前捷克斯洛伐克男排以细腻技术动作和变化扣球，打破了苏联男排一统天下的格局。20世纪60年代，日本女排创造了“勾手飘球”、“前臂垫球”和“测滚翻防守”技术。20世纪70年代，男排发展和运用了“短平快”“位置差”“空间差”等打法，中国男排创新了“盖帽”式拦网、“平拉开”扣球技术和“前飞”“背飞”“夹塞”等战术。波兰男排以攻守全面、战术多变的特点连获两次世界冠军。中国女排创造了“串平”战术。古巴女排以惊人的弹跳力多次获得世界冠军，被称为“黑色橡胶”。20世纪80年代，中国女排以技术全面、攻守兼备、高快结合、快速多变的战术称雄世界，荣获“五连冠”，开创了现代排球运动的新纪元。目前，世界排球正朝着全面、高度、快速、多变、创新的方向发展。

（三）排球运动在我国

排球运动是1905年传入我国，首先在广州、香港的几所中学开展，当时是聚在一起进行排球活动。1913年我国首次参加了在菲律宾举行的第一届远东运动会排球比赛，这是我国排球第一场正式国际比赛。1914年中华民国第二届全国运动会，男子排球列为正式比赛项目。女子排球开展较晚，1930年中华民国第四届全国运动会上被列为正式比赛项目。1951年5月4日在北京举行了全国排球比赛大会，这是新中国成立后的第一次全国性排球比赛。通过这次比赛，正式组建国家男、女排球队，同年正式采用六人制排球。1953年中国排球协会成立，张之槐任主席。1954年1月11日，国际排球联接纳我国排协为正式会员。

1956年，教育部下达了《一般高等学校体育课试行教学大纲》《中等学校体育教学大纲（草案）》和《师范学校体育教学大纲（草案）》，均把六人制排球列为必修教材。目前，高等院校中普遍开设排球选项课，是以学生为主体，兴趣为动力，活动为形式，科学为指导，健康为宗旨，满足学生兴趣、要求、意向，促进学生全面发展的体育教学形式。

二、排球基本技术

排球基本技术包括准备姿势和移动、传球、垫球、发球、扣球、拦球、拦网。对于初学者来说，应首先学习准备姿势和移动，熟练掌握各种移动步法。然后学习传球、垫球技术，再学习发球技术。学习了传、垫、发球技术后，就可以进行简单的比赛。在此基础上学习扣球、拦网技术，便可组织简单的攻击和防守练习。

（一）准备姿势和移动技术

准备姿势和移动是排球基本技术之一，是完成发球、垫球、扣球和封网等各项击球技术的前提和基础。准备姿势的作用是为及时地移动和完成击球动作做好准备。移动的作用是为了及时接近球，调整人与球的位置关系，便于完成击球动作。

1. 准备姿势（图 3-2-1）

以半蹲准备姿势为例，两脚左右开立略比肩宽，一脚在前，两脚尖稍内收，两膝弯曲成半蹲。脚跟稍提起，身体重心稍前倾，两臂放松，自然弯曲，双手置于腹前。身体适当放松，两眼注视来球，两脚始终保持微动。

图　3-2-1

2. 移动

移动是队员根据来球的方向、速度、力量等所采用的各种脚步动作的统称。常用的移动步法有：

（1）并步和滑步（图 3-2-2）。并步是近球一侧的脚向来球方向跨出一步，另一侧脚迅速有力地蹬地，并迅速并上做好接球的准备姿势；连续的并步为滑步。当来球距离身体一步左右时可采用并步移动。当来球与身体的距离较远，用并步无法接近来球时，可采用滑步。

图　3-2-2

（2）跨步和跨跳步（图 3-2-3）。跨步动作用于来球较低的情况，向移动方向跨出一大步，深屈膝，上体前倾跨步可向前、向侧或向侧前方。跨步过程中有跳跃腾空，即为跨跳步。

（3）交叉步（图 3-2-4）。向右侧交叉步移动时，上体稍向右转，左脚从右脚前向右交叉迈出一步，然后右脚再向右侧方向跨出一大步，同时重心移至右脚，身体转向来球方向，保持击球前的姿势。交叉前主要用于体侧 2 ~ 3 米的来球，或二传手和拦网者在网前移动及防守两侧来球时。

图 3-2-3

图 3-2-4

（4）跑步。跑步时一脚蹬地起动，另一脚迅速向前跟上，两脚交替进行，两臂配合摆动。不要过早做击球动作的准备，以免影响跑步速度。球在侧方或后方时，应边转身观察球边跑。跑步移动经常与交叉步、跨步等结合起来用。

（二）发球

发球是比赛的开始，也是进攻的开始。有攻击性的发球可以直接得分或破坏敌方的战术组织。排球发球技术分为正面下手发球、侧面下手发球、正面上手发球、正面上手飘球、勾手飘球、勾手大力发球、上手大力发球、高吊球、跳发球、砍式发球等。无论哪种发球技术，动作都包括准备姿势、抛球、挥臂击球 3 个环节。

1. 正面下手发球（图 3-2-5）

（1）准备姿势。面对球网，两脚前后开立，左脚在前（以右手发球为例），两膝稍弯曲，上体稍前倾，重心偏后脚，左手持球于腹前。

（2）抛球。左手将球轻轻抛起在体前右侧，离手高约 20 厘米。在抛球之前，右臂伸直，以肩为轴向后摆动。

（3）击球。借右脚蹬地力量，身体重心随着右手向前摆动击球而移至前脚上。在腹前用全手掌或掌根击球后下方，随着击球动作重心前移，迅速入场。

图 3-2-5

2. 侧面下手发球（图 3-2-6）

（1）准备姿势。左肩对球网（以右手击球为例），两脚左右开立，约与肩同宽，两膝微屈，上体稍前倾，重心落在两脚之间，左手持球于腹前。

（2）抛球。左手持球平稳抛至胸前，距身体约一臂距离，离手高度约 20 厘米。

（3）击球。在抛球的同时，右臂摆至右侧后方，利用右脚蹬地、转体的力量，带动右臂向前上方摆动，重心随之移向左腿，在腹前用全掌或掌根击球后下方。击球后顺势使重心前移，迅速入场。

图 3-2-6

3. 正面上手发球（图 3-2-7）

（1）准备姿势。面对球网，两脚自然开立，左脚在前，左手持球于体前。

（2）抛球。左手将球抛至右肩前上方，高度适中。

（3）挥臂击球。在抛球的同时，右臂屈肘抬起并后引，肘关节与肩部齐平，手掌自然张开，呈勺形，上体稍向右侧转动，抬头、挺胸、展腹，身体重心移至左脚。击球时，五指自然分开，利用蹬地、转体、收腹，带动手臂加速挥动，击球点在右肩前上方，以全手掌击球的后中下部。手臂要充分伸直，手掌和手腕要迅速明显做推压动作，使球向前呈上旋飞行。击球后，随着重心前移，迅速入场。

图 3-2-7

4. 正面上手飘球（图 3-2-8）

（1）准备姿势。面对球网，两脚自然开立，左脚在前，左手持球于体前。

（2）抛球。左手将球抛至右肩前上方，高度适中。

（3）挥臂击球。在抛球的同时，右臂屈肘抬起并后引，肘关节与肩部齐平，上体稍向右侧转动，抬头，挺胸，展腹，身体重心移至左脚。击球时，手掌、手腕保持紧张，五指并拢，自后向前做直线运动，手腕稍向后仰，用掌根平面击球体中下部，用力突然短促，击球通过球重心，使球不旋转，击球后手臂有突停动作，然后随球前移，迅速进场。

图 3-2-8

（三）垫球

垫球是比赛中运用最多的击球动作，可分为正面双手垫球、侧面垫球、背垫、挡球，以及滚翻、前扑和鱼跃等动作垫球。

1. 正面双手垫球（图 3-2-9）

正面双手垫球是各种垫球技术的基础，适合接各种发球、扣球和拦回球。目前常用的垫球手型有两种：一种是叠指法（图 3-2-10），两手手指上下重叠，掌根紧靠，合掌互握，两拇指朝前相对平行靠压在上面；另一种是抱拳法（图 3-2-11），两于抱拳互握，两拇指平行朝前，两掌根和两前臂外旋紧靠，手腕下压，使前臂形成一个垫击平面（图 3-2-12）。

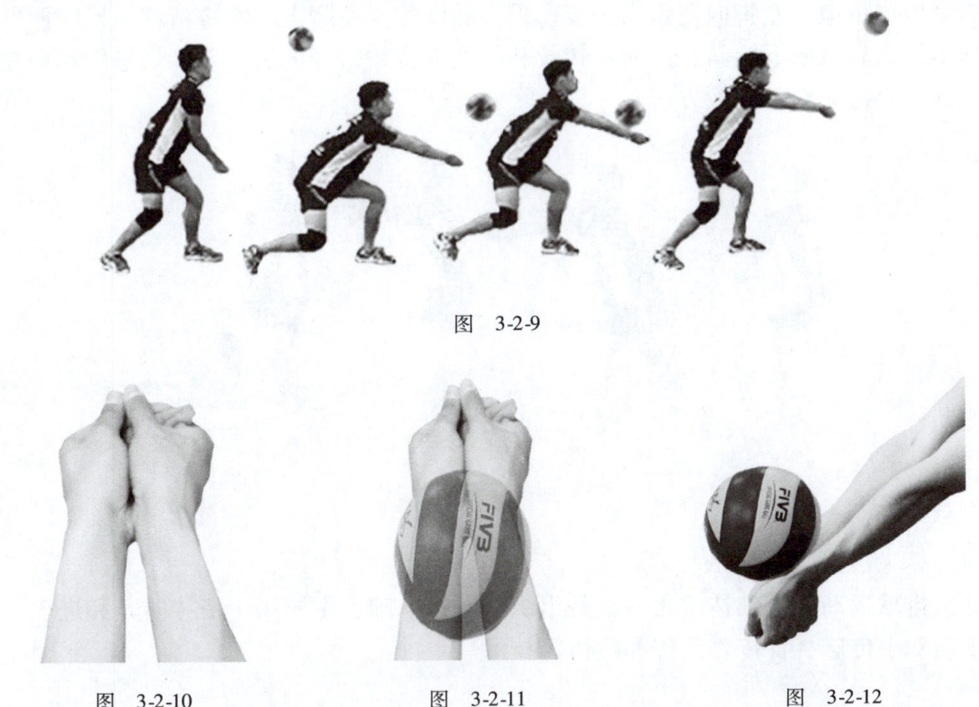

图　3-2-9

图　3-2-10

图　3-2-11

图　3-2-12

（1）准备姿势。看清来球的落点后，迅速移动到位，对准来球，成半蹲准备姿势站立。

（2）击球手型。一种是两手手指重叠，掌根紧靠，合掌互握，两拇指朝前；另一种是两手腕部紧靠，两手自然放松。两臂自然伸直，小臂稍外展靠拢，手腕下压，手腕关节以上的前臂形成一个垫击的平面。

（3）击球动作。身体对准来球后，手臂迅速插入球下。击球时，蹬腿提腰，重心随之前移，同时靠两臂相夹、含胸收肩、压腕抬臂等动作的密切配合将球准确地垫在小臂上。在垫击的一瞬间，两臂要保持平稳固定。击球时，身体和两臂要有自然的随球伴送动作，以便控制球的落点和方向。

（4）击球点和前臂触球的部位。正面双手垫球的击球点一般保持在腰腹前的一臂距离，用前臂腕关节以上 10 厘米左右桡骨内侧平面触球为宜。

（5）击球用力。如来球的力量小或垫击的球距离远，垫击必须加上抬臂动作，给球以反击力；如来球的力量大或垫出的球距离近，则只需轻轻一垫，靠反弹力垫起：如来球力量很大，为了缓冲来球的力量，手臂还需顺势后撤，加上含胸收腹的协调力，使球得到缓冲后垫出。一般来说，垫球的用力大小与来球的力量成反比，与垫出球的距离成正比。

（6）手臂角度。要根据来球的角度和要求垫出的方向，运用入射角近似于反射角的原理，调整手臂与地面的角度和左右转动手臂平面控制垫球方向。来球弧度较平要求垫出的球弧度平时，手臂角度应大；反之，应小。

2. 侧面垫球（图 3-2-13）

来球飞向体侧，来不及移动对准来球时，可用双臂在体侧进行垫击。当球向左侧飞来，右脚前脚掌内侧蹬地，左脚向左跨出一步，重心随即移至左脚上，左膝弯曲，同时两臂夹紧向左侧伸出，右肩微向下倾斜，以向右转腰和收两前臂垫击球的后下部。切忌随球向左侧摆臂击球，这样会造成球飞向侧方。

图　3-2-13

（四）传球（图 3-2-14）

传球是排球运动的基础技术之一，是组织战术的基础，主要用于衔接防守和进攻。传球主要有正面双手传球、背传、侧传和跳传等技术。

图　3-2-14

1. 正面双手上手传球

（1）准备姿势。看清来球后，迅速移动到球的落点上对正来球。采用稍蹲姿势，身体站稳，上体适当挺起看球，双手自然抬起，放松置于脸前。

（2）迎球。当来球接近额前时，开始蹬地、伸膝，伸臂、两手微张，从脸前向前上方迎球。

（3）击球。击球点在额前上方约一球距离处。

（4）手型（图 3-2-15）。当手触球时，两手应自然张开成半球形，使手指与球吻合。手腕稍后仰，以拇指、食指和中指托住球的后下部，手指手腕保持适当的紧张，以承担球的压力。两拇指相对，成内八字形或一字形，两手间要有一定距离，以便扩大控制球的面积，但又不能过大而漏球。用拇指内侧、食指全部、中指的二三指节触球，无名指和小指在球两侧辅助控制传球方向。

（5）用力。传球用力是多种力量合成，如伸臂力量、手指手腕的反弹力、伸腿蹬地的力量、主动屈指屈腕的力量以及球的弹力等。而正面双手传球主要靠伸臂的力量，配合蹬地的力量，通过球压在手上使手指手腕所产生的反弹力将球传出，用力要协调一致。传球距离较近时，用手指、手腕的弹力较多；传球距离较远时，必须更多地使用蹬地展体力量，才能把球控制好。

2. 背传（图 3-2-16）

向后上方传球，称为背传。

图　3-2-15

图　3-2-16

（1）准备姿势。上体比正传时稍直立，身体重心稳定在两脚之间，不要前倾，双手自然抬起，放松置于脸前。

（2）迎球。靠抬上臂、挺胸和上体后仰的动作。击球点保持在额上方，以便观察和向后方用力。

（3）触球。手腕适当后仰，掌心向上击球的下部，手指手腕要适当放松，手形与正传相同，只是拇指成反八字形。

（4）用力。靠蹬腿、展腹、抬臂、伸肘，通过手指手腕的弹力把球向后上方传出。手腕也要始终保持后仰，不能用主动屈指、屈腕的动作传球。

3. 侧传

身体侧对传球目标，在不转动身体的情况下，靠双臂向侧方传球的动作称为侧传。侧传击球点应偏向传出方向一侧。迎球时，通过下肢蹬地使身体重心向上伸展，上体和双臂向传球方向一侧伸展，异侧手臂动作的幅度要大些，伸展的速度也应快些，以双臂和上体侧屈的协调动作将球传出。

4. 跳传

跳起在空中传球叫跳传。跳传的起跳最好是向上垂直起跳，要掌握好起跳时间，起跳过早或过晚都会影响传球的质量。根据一传球的高低，及时起跳，手放在脸前，当身体上

升到最高点时靠伸臂动作和手指手腕的弹击力量将球传出。由于在空中无支撑点，用不上蹬地力量，只有靠伸臂动作将球传出，因此必须在身体下降前传球出手，才能控制传球力量。

（五）扣球（图3-2-17）

扣球是排球的基本技术之一，是得分和得发球权的主要手段，也是排球技术中攻击性最强的一项技术，在比赛中占有十分重要的地位。扣球技术分为正面扣球、调整扣球、扣快球、吊球和自我掩护扣球等。

图 3-2-17

1. 正面扣球

（1）准备姿势。扣球助跑前采用稍蹲姿势，两臂自然下垂，站在距网3米左右的位置观察来球，做好向各个方向助跑起跳的准备。

（2）助跑。助跑的作用是为了接近球，选择适宜的起跳地点，同时也起到增加弹跳高度的作用。助跑的步数要根据球的远近和个人的习惯采用一步、两步、三步或多步法。以两步助跑为例：助跑时，左脚先向前迈出一步，接着右脚再迅速跨出一大步，左脚及时并上，踏在右脚之前，两脚尖稍向右转，并以右脚的脚跟先着地过渡到全脚掌着地（也有用前脚掌先着地），两臂由体前经体侧摆至体后上方，上体前倾，接着重心前移并降低重心，两膝弯曲并内扣，准备起跳。第一步是决定助跑的方向；第二步起到调整作用，使起跳的位置正确。起跳后保持好正确的击球点。

（3）起跳。起跳的目的不仅在于获得高度，还为了掌握扣球的时机和选择适当的击球位置。

（4）空中击球。击球是扣球技术的关键环节。起跳后，挺胸展腹，上体稍向右转，右臂向后上方抬起。起跳后，挺胸展腹，上体稍向右转，右臂向后方抬起。身体呈反弓形，利用含胸收腹，带动肩、肘、腕各关节鞭甩动作向前上方挥动，使全身的协调用力集中于手上，以加大击球力量。击球时，五指微张呈勺形，并保持紧张，掌包满球，击球的后中部，同时主动用力屈腕屈指向前推压，使扣出的球加速上旋（图3-2-18）。

（5）落地。落地时，应力争双脚尽快同时着地。以前脚掌先着地再过渡到全脚掌着地。同时顺势屈膝、收腹，以缓冲下落力量，并立即做好下一个动作的准备。

图 3-2-18

2. 吊球

吊球也是扣球的一种变化，多在近网时运用，在比赛中与大力扣球结合使用可收到较好的效果。吊球时应先做扣球动作，再突然改为吊球，绝不能过早暴露吊球意图。吊球时手臂伸直至头部前上方最高点，以灵活的手指和手腕动作，用指尖快速击球的后部（如高点吊球可击后上部），使球越过拦网手落到对方空当。切忌触球后携带、触球后改变方向、触球点低于网口。

（六）拦网

拦网是排球运动基本技术之一，指队员在球网上空拦阻对方击来的球，是防守反击的第一道防线，有单人拦网和集体拦网两种。

1. 单人拦网（图 3-2-19）

图 3-2-19

（1）准备姿势。目的是为了便于起跳和迅速向两侧移动。面对球网，两脚平行开立，约与肩同宽，距网 30 ~ 40 厘米，两膝稍屈，两臂在胸前自然屈肘。

（2）移动。为了及时对正扣球，可根据各种情况采用并步、交叉步、滑步等移动步法，迅速取好起跳点，准备起跳。

（3）起跳。原地起跳时，重心降低，两膝弯曲，用力蹬地，使身体垂直起跳。

（4）空中击球。起跳时，两手从额前贴近并平行球网向网上沿的前上方伸出，两臂伸直，两肩尽量上提。拦网时，两臂尽力过网伸向对方上空，两手接近球，并自然张开。当手触球时，两手要突然紧张，手腕用力下压盖住球的前上方。手腕主动用力盖帽捂球，使球反弹角度小，对方不易防守。为了防止打手出界，2、4 号位队员的外侧手掌心要向内转（图 3-2-20）。

图 3-2-20

2. 集体拦网

集体拦网是指两人及以上的协同拦网。

拦网时选择拦网的部位。注意拦网后的落地，屈膝缓冲，双脚落地。如未拦到球，则在下落时就要随球转头，并以转头方向相反的一只脚先落地，随即转身面向后场，准备接应来球或做下一个动作的准备。

三、 排球基本战术

排球基本战术是指队员在比赛中，根据排球的规则要求和排球运动规律，以及双方当时的情况，合理运用技术，所采用的有意识、有目的、有组织的个人和集体配合行动，包括阵容配备、位置交换、信号联系、“自由人”的运用、进攻战术、防守战术。

（一）阵容配备

在排球比赛中常用的阵容配备有“四二”配备和“五一”配备。

1. “四二”配备（图 3-2-21）

“四二”配备，即 4 名进攻队员和 2 名二传队员。4 名进攻队员中有 2 名是主攻队员，2 名是副攻队员。他们都分别站在对角位置上。这种配备方法主要在初学和一般水平队中采用较多。

2. “五一”配备（图 3-2-22）

“五一”配备，即 5 名进攻队员和 1 名二传队员。特点是加强进攻和拦网的力量，并使二传队员能够更好地控制比赛进行。因为全队进攻队员只需适应一名二传队员传球，容易形成默契的配合，便于组织快速多变的战术，有利于统一指挥，但对二传的要求较高。如在二传队员的对角位置上配备一名有进攻能力的接应二传队员，可弥补二传队员来不及移动传球的漏洞。

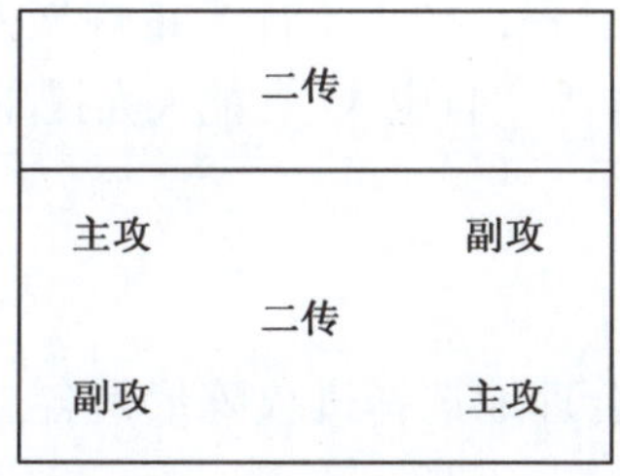

图　3-2-21

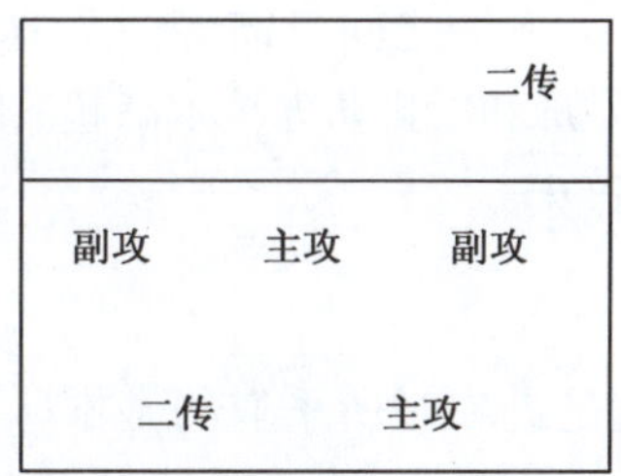

图 3-2-22

（二）位置交换

为了最大限度发挥每个队员的特长，调动一切积极因素，加强攻防力量，以及避免由于队员身体、技术发展不平衡所带来的缺陷，比赛中在规则允许的条件下，可以采用交换位置的方法。当发球队员发球后，双方队员可以在本场区任意交换位置。

1. 位置交换的几种情况

（1）前排队员之间的换位。

为了加强进攻力量，发挥每个队员的进攻特点，可把强攻能力强的队员换到便于扣球的位置上。如右手扣球队员换到 4 号位，左手扣球队员换到 2 号位，善于扣快球的队员换到 3 号位。为了加强拦网，把身材高大、弹跳力好、拦网技术好的队员换到 3 号位。运用交叉、夹塞、围绕等换位进攻战术，进行自然换位，以便组织第一回合的进攻。

（2）后排队员之间的换位。

为了加强后排防守，发挥个人防守专长，可把队员互换到各自擅长的防守区域，采用专位防守。如两侧防守能力较强的队员，在采用“边跟进”防守时，可放在 6 号位防守；采用“心跟进”防守时，可放在 1 号位或 5 号位防守。

2. 位置交换时的注意事项

（1）发球击球前，应按规则的要求站位，防止“位置错误”犯规。

（2）当发球队员击球后，即开始换位，应力求迅速换到预定位置，以便准备下一个动作。

（3）接发球时，应首先准备接起对方的发球，然后再进行换位，以免造成接发球失误。

（4）当球判为死球时，应立即各返其位，尤其在对方掌握发球权时更应迅速返回原位，尽早做好接发球的准备。

（三）信号联系

排球运动是一个集体项目，在实现快速多变的进攻战术时，必须通过信号联系才能统一行动。没有完善的信号联系，就难以实现进攻战术的变化，所以信号联系在排球战术运用中起着重要的作用。一个队的信号联系要根据本队的情况，由教练员和运动员共同协商确定。联系信号力求简单、精练、清晰，使本队队员明了。信号联系有以下几种：语言联系、手势联系、落点联系、综合练习。

（四）“自由人”的运用

合理地选择并运用“自由人”是战术运用的一个方面。“自由人”是为加强接发球和后排防守而设置的，上下场之间只需经过发球比赛过程，换人不计为正规换人次数，且次数不限。因此，选择接发球和后排防守技术高超的队员作为“自由人”，能大大提高全队的防守水平。

（五）进攻战术

1. 进攻阵形

进攻阵形，就是进攻时所采取的基本队形。合理地选择进攻阵形是各进攻战术变化的基础，常用的有“中一二”“边一二”“插上”等。

（1）“中一二”阵形（图3-2-23）。由一名队员在前排中间位置做二传，其他队员参与进攻的阵形，称作“中一二”进攻阵形。“中一二”进攻阵形是最基本的进攻阵形，特点是二传队员在中间，一传容易到位，战术可简可繁，适合不同技术水平的球队。技术水平较低的队可组织前排2、4号位扣一般高球，技术水平较高的队可组织各种战术进攻乃至立体进攻。其站位及变化如下。

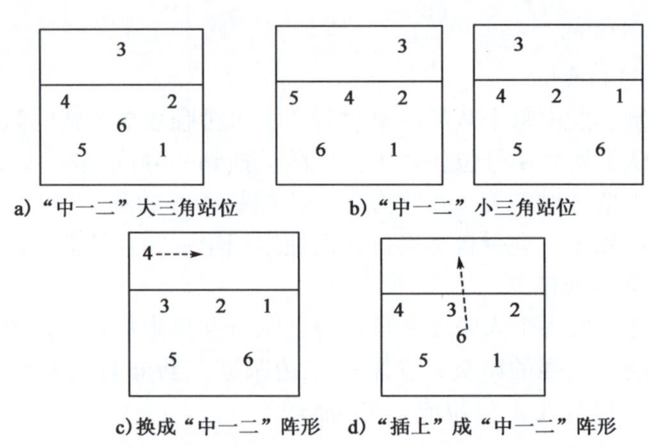

图 3-2-23

（2）“边一二”阵形（图3-2-24）。由一名队员在前排2号位做二传，其他队员参与进攻的阵形，称作“边一二”进攻阵形。“边一二”进攻阵形也是基本的进攻阵形，特点是二传队员在边上，对一传的要求稍高，但战术变化比“中一二”进攻阵形多，战术可简可繁，同样适合不同水平的队。

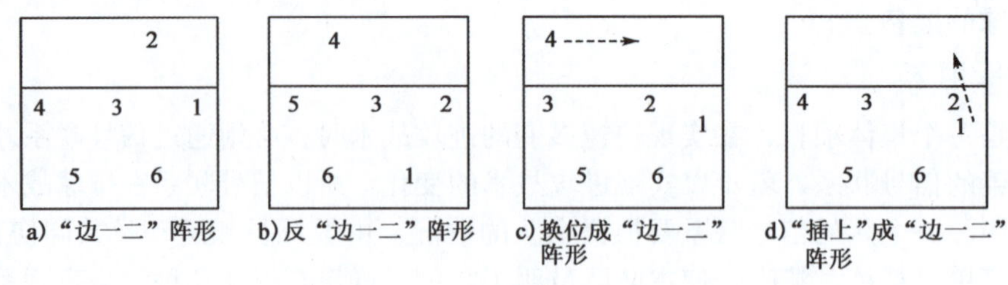

图 3-2-24

2. 采用“中、边一二”进攻阵形时应注意以下几点

（1）采用“中一二”进攻阵形时，二传队员的站位应稍靠近2号位，避免与6号位队

员重叠，以免阻挡视线影响6号位队员接发球。

(2) 采用“边一二”进攻阵形时，二传队员的站位不宜太靠近边线，以免运用“拉开”“围绕”等快攻战术时因距离远而影响战术质量。

(3) 采用换位成反“边一二 ”阵形时，4号位的二传队员既要靠网站，又要靠边线站，以免造成与3号位队员位置错误或影响3、4号位队员的接发球。

(4) 插上队员应站在同列队员的侧后方，选择最短的插上距离、最佳的插上时机，并要及时后撤参与防守。

3. 进攻打法

进攻打法是指二传队员与扣球队员之间所组成的各种配合。每一种进攻阵形中都可以灵活地运用多种进攻打法，以达到避开拦网、突破防线、争取主动的战术目的。进攻打法可分为强攻、快攻等。

(1) 强攻（图3-2-25）。在4号位或2号位组织比较集中的不拉开的高球进攻，或在3号位扣一般高球。这种打法易掌握，也易被拦，适合初学者和水平较低的队运用。

(2) 快攻（图3-2-26）。二传队员将球或快或平传给扣球队员，扣球队员快速挥臂击球，称为快球进攻。快球进攻是我国的传统打法。其特点是速度快、突然性大、掩护作用强，有利于争取时间、空间和组织多变的战术。

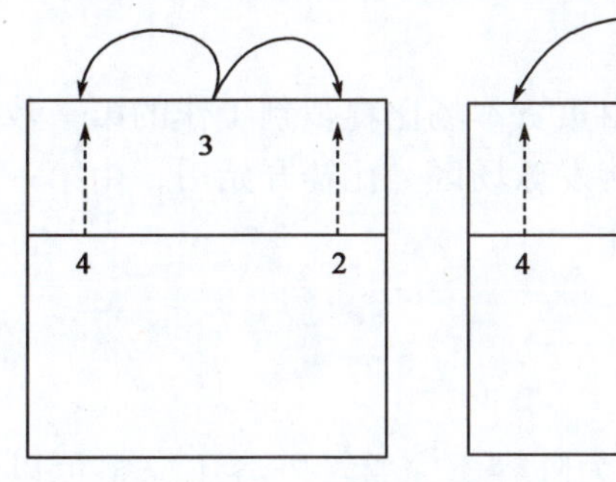

图 3-2-25

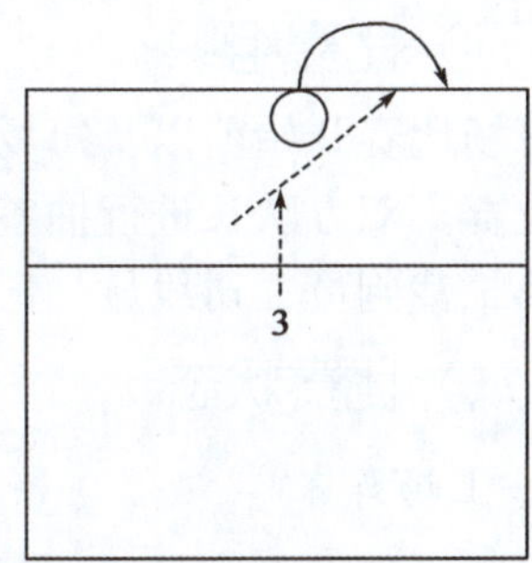

图 3-2-26

（六）防守战术

1. 接发球

接发球是进攻的基础，由守转攻的转折点。如果没有可靠的一传做保证，就难以组成有效的进攻战术，甚至还会造成直接失分。

接发球的基本要求：正确判断，合理取位，分工与配合，接发球的保护。

2. 接扣球

接扣球防守包括拦网、后排防守两个环节。其中拦网是第一道防线。有效的拦网不仅可以遏制对方的进攻能力，减轻后排的压力，还能提高防起率，为反攻创造机会。

3. 接拦回球

随着排球运动的发展，运动员的身高、拦网高度和技巧的提高，扣球被直接拦死或拦回的比例逐渐增大，故接拦回球的能力对比赛胜负的影响越来越大。

四、排球竞赛规则

（一）比赛用球

球用皮革制造，圆周为65～67厘米，重260～280克，气压为0.30～0.325千克/平方厘米。

（二）比赛球网

球网设置于中线上空，长为9.50～10米，宽为1米。正式比赛，男子网高2.43米，女子网高2.24米。

（三）比赛区域

比赛的区域包括比赛场区和无障碍区。比赛场区为长18米、宽9米的长方形地面。比赛场区四周的没有障碍物的区域为无障碍区。

（四）比赛空间

在比赛空间中，最重要的是过网区和非过网区两个概念。过网区的范围是上至天花板，下至球网上沿，左右两侧至两根标志杆以及它们向上延长至天花板的延长线以内的一个空间。非过网区是指过网区之外的空间。

（五）比赛组织

每场比赛开始前以及每场比赛的决胜局开始前，由负责本场比赛裁判工作的第一裁判员主持比赛。双方队长进行抽签，胜方首先选择发球、接发球场区。比赛开始后，由第一裁判员、第二裁判员、司线员、记录员负责比赛的裁判工作。

（六）比赛状态

1. 上场阵容

每队必须有6名队员上场比赛。不足6人的情况为阵容不完整。阵容不完整可以进行正常替换补足，不能正常替换补足的给予阵容不完整的判罚。

2. 比赛结果的认定

（1）胜一球。发球方得一分，继续发球；接发球方得一分，同时获得发球权。

（2）胜一局。非决胜局，先得25分，并且同时超出对方2分者获胜；24:24时，继续比赛，直到某队领先2分时，该队获胜。决胜局先得15分者获胜。14:14时，直到某队超出2分时，该队获胜。

（3）胜一场。比赛采用五局三胜制。

（4）弃权的处理。弃权方以比分为0:3负，每局比分为0:25。

（5）阵容不完整的处理。已经结束的比局、比分有效。不完整方输掉该局或者该场比赛，对方为满分。

3. 发球

第一局和决胜局由抽签选定发球权的队首先发球。队员发球的次序按位置表上顺序进行。发球必须由位于后排右侧位置的队员在发球区内用一只手或者手臂的任何部分将球击出。

4. 击球

击球指发球和拦网之外的击球。击球时，球可以接触身体的任何部位。全队不超过 3 次击球，个人不超过 2 次击球（拦网除外）；队员不得持球、连击，不得在比赛场地之内借助同伴或任何物体进行击球。

5. 拦网

拦网犯规的情形有：

（1）在对方进攻性击球前或击球时，在对方空间完成拦网。

（2）在对发球进行拦网。

（3）后排队员或自由防守队员完成拦网。

（4）从标志杆以外伸入对方空间进行拦网。

（5）拦网出界。

6. 比赛中的暂停、换人、交换场地、局间休息

（1）每队每局比赛最多可以请求 2 次暂停，每次暂停时间为 30 秒；国际排联和正式比赛第 1 ~4 局中每局另外有两次时间各为 60 秒的技术暂停，即每当领先队达到 8 分和 16 分时自动暂停；第五局（决胜局）没有技术暂停，每队可以请求时间各 30 秒钟的两次正常暂停。

（2）每队每局比赛最多可以请求 6 人次的换人。

（3）每局比赛（决胜局除外）结束后，双方要交换场区；所有局间休息为 3 分钟；决胜局中某队获得 8 分时，双方要交换场地，不休息，队员保持交换前的位置继续比赛。

7. 自由防守队员行为

自由防守队员可以替换在后排的任何一名队员；作为受限制的后排队员，不可以在任何位置上完成球整体高于球网上沿的进攻性击球；不能发球、拦网和试图拦网。

8. 不良行为及其处罚

（1）轻微不良行为。对轻微不良行为不给予处罚，但可以通过场上队长进行口头警告；向相关队的队员出示黄牌，虽然没有处罚，但要登记在记录表上，警告该队其行为已经接近被处罚的程度。

（2）给予判罚的不良行为。

粗鲁行为：违背道德准则或文明举止。

冒犯行为：诽谤或侮辱的言语或形态。

侵犯行为：人身攻击、侵犯或威吓行为。

根据以上的情况第一裁判员给予判罚失一球、判罚出场或取消比赛资格的不同等级的判罚，并将判罚登记在记录表上。

五、排球运动的其他形式

（一）沙滩排球

沙滩排球诞生在美国西部的南加利福尼亚海岸。早在 1940 年这里就开始举行沙滩排球

比赛。最初仅仅是以一种闲暇游戏形式出现。后来吸引了越来越多的参加者，使沙滩排球活动得到了迅速的发展。

球的外壳是用不吸水的材料制成，适合室外环境。球的颜色一般为蓝、黄、白 3 色，也可由橙色、粉红色等其他 3 种浅色组成。不同颜色构成的花球，主要是提高观赏性。

（二）软式排球

软式排球是一项新兴的体育项目，20 世纪 80 年代末诞生在日本山犁县主要以中、老年和儿童为对象。软式排球具有重量轻、体积大、制造材料柔软、不伤手指等特点。目前，高校开展软式排球的比赛规则、方法与六人制排球相同。

（三）气排球

气排球运动是由我国铁路职工首创并发展成为正式群众竞赛项目的。这是一项针对老年人的特点而开展的健身娱乐运动项目。它是在气球的基础上，充分融合了排球的特点，具有明确广泛的健身娱乐目的。气排球具有体软、重量轻、不易伤手指的特点。老年人进行气排球运动既有完全性强的特点，又具有趣味性。

气排球是由柔软材料制成，重量 150 ~ 170 克，周长 76 ~ 78 厘米，气压为 0. 16 ~ 0. 17 千克/平方厘米，颜色为黄、白色或彩色。

第三节　足　　球

一、　足球运动概述

（一）古老的中国足球

西汉学者刘向在其所著的《别录》一书中记述：蹴鞠“起战国时期”，大约是 2500 年前。1953 年，考古工作者在西安半坡发现了新石器时代人类的村落遗址，使用的石器中有不少的石球，可能是作为游戏的用具，从地点和时间来看都与黄帝部落居住的地区和纪年相吻合。踢石球是最古老的蹴鞠游戏，并一直在民间流传 ，直到明清时期。根据多方面的考证，2004 年 2 月 4 日国际足联在伦敦对外宣布：足球最早起源于中国，中国古代的蹴鞠就是足球的起源。2004 年 7 月 15 日，在北京第三届中国国际足球博览会开幕式上，国际足联和亚洲足联一致认同：中国是足球的故乡，中国淄博市是足球最早的发源地。国际足联主席布拉特在致辞中说：“中国足球有着优秀的发展传统，山东淄博的蹴鞠对足球运动的发展起着极大的贡献，感谢中国将这项运动带给了世界，世界因为有了足球而变得更精彩！”

（二）现代足球运动

1. 现代足球运动的起源

据法国的相关文字记载，足球是在 11 世纪由诺曼底人带到英国的。另外，还有学者推断，在历史发展的某个阶段，中国、日本、希腊、意大利、古罗马、英国、法国等国家基本上都有人从事一种球类运动，这种球类运动被认为是与原始的足球有着某种必然的联系。因此，有一种假说认为，足球运动很可能是多元化的起源。

2. 现代足球运动的诞生、传播与发展

1857 年，英国成立了第一个足球俱乐部——谢菲尔德足球俱乐部。此后，英国各地区相继成立了足球俱乐部。由于比赛不断增多，迫切需要成立一个全国性的足球组织，统一全国的比赛规则，组织全国的足球比赛。1863 年 10 月 26 日，英国成立了世界上第一个国家级足球运动组织英格兰足球协会。国际上把这一天视为现代足球运动的诞生日。同年 12 月 8 日，英格兰足球协会修改了 1848 年由剑桥大学制定的世界上第一部文字形式的足球规则，出台了全国统一的比赛规则。英格兰足球协会于 1872 年开始举办优胜杯赛，从而使现代足球运动流行于英国。

现代足球运动在英国兴起后，通过海员、士兵、商人、工程师、牧师等传播到欧洲大陆和世界各地。到 19 世纪末，新西兰、阿根廷、智利等国相继成立了足球协会。1904 年 5 月 21 日，法国、比利时、西班牙、荷兰、丹麦、瑞典和瑞士的足协代表在巴黎成立了国际足球协会联合会，简称国际足联，法文缩写为 FIFA，以协调各国足球运动的开展，组织世界各国的足球竞赛活动。

1885 年，英国首创了职业足球俱乐部，随后欧洲各国先后成立了职业足球俱乐部。20 世纪初，英国足协制定了一套完整的职业足球运动员注册和转会制度。继英国之后，欧洲和南美的一些国家在 20 世纪中叶大部分都实现了足球职业化，有关职业化的章程也逐渐完善。20 世纪 70 年代末至 80 年代初，“足球热”浪潮冲击下，全球掀起了足球职业化的浪潮。

3. 现代女子足球运动

1890 年，英国开始创建女子足球队，并有了女子足球比赛。到了 19 世纪末，女子足球俱乐部在英国迅速出现。20 世纪初，女子足球运动逐渐发展到欧美许多国家。

从 20 世纪 50 年代起，女子足球运动开始流行与世界各大洲。欧美国家逐步承认女子足球运动的合法地位。一些爱好者还自发地组织了各种非正式的世界女子足球比赛。

20 世纪 70 年代初，女子足球运动正式得到国际足联的认可，世界女子足球运动开始步入正轨。80 年代，国际足联开始尝试举办国际女子足球比赛。90 年代初，国际足联成立了女子足球委员会，并与 1991 年在中国广州举办了第一届世界女子足球锦标赛，并确定该赛事每 4 年举办一次。1996 年，在第二十六届奥运会上首次设立了女子足球比赛。

（三）职业足球与足球产业

1. 职业足球俱乐部

足球俱乐部发展至今已经有 100 多年的历史。目前世界上已有上万个俱乐部。足球俱乐部有业余和职业两种。业余足球俱乐部主要是从事休闲、娱乐、健身等活动。职业足球俱乐部是职业足球的主要组织形式，是在业余足球俱乐部的基础上发展形成的具有独立法人资格的经济实体，有独立的管理机构和管理制度，严格按照市场经济规律进行足球运动，走自主经营、自负盈亏、自我约束的发展道路。

2. 职业足球联赛

足球产业中最重要的内容是足球竞赛的经营，在世界各国影响最大、水平最高的是职业足球联赛。职业足球俱乐部是以经营高水平足球队为核心内容的产业，其核心产品是高水平的竞技表演。世界各国的职业联赛都是在各国的足球协会领导下进行的。足协的最高权力属于全体会议，负责足协的规则以及有关管理制度的制定。

目前世界上职业联赛开展最好的是欧洲，而在欧洲开展得水平最高的联赛是英格兰足球超级联赛、意大利足球甲级联赛、西班牙足球甲级联赛、德国足球甲级联赛、法国足球甲级联赛（号称欧洲五大联赛）。五大联赛中汇集了全世界的足球精英，向全世界奉献出最高水准的职业联赛。参加欧洲五大联赛的球队在 20 只左右。联赛时间是跨年度的，一般从当年的八九月开始，到下一年的 5 月结束，比赛采用双循环主客场每周一赛制。

近年来，英国、意大利、德国、西班牙等国家的一些老牌职业足球俱乐部都进行了股份制改造，如曼联、拉齐奥等俱乐部的股票上市等。这是俱乐部从竞赛表演经营向资本经营转换的成功，是职业足球俱乐部经过上百年历史发展总结出的成功经验，也是社会经济发展和企业文明进步的必然结果。

3. 足球产业

足球产业是指以满足人们多样化的足球需求而进行的一切生产性和经营性活动的集合，是市场经济的必然产物，是足球运动发展到一定规模和层次所产生的结果，是伴随职业化而应运而生的。足球产业是围绕足球运动所进行的经济活动，包括足球比赛的商务运作，足球队伍的投入与产出，足球运动无形资产的开发，足球用品的生产销售，以及与之相关的餐饮、运输、广告等方面的经营。

二、 基本技术

（一）踢球

1. 脚背正面踢球（图 3-3-1）

踢定位球时，直线助跑，最后一步稍大，支撑脚积极地以脚跟着地，踏在球的侧后方 10～15 厘米处，膝关节微屈，足尖正对出球方向。以膝关节为轴，大腿带动小腿屈膝积极向前摆动，当膝盖摆至接近球的垂直上方时，小腿做爆发式的前摆，使膝盖处在球的正上方时用脚背正面击球的后中部。击球时脚面绷直，踝关节紧张，上体稍前倾，两臂配合协调摆动。

图 3-3-1

2. 脚背内侧踢球（图 3-3-2）

踢定位球时，斜线助跑，助跑方向与出球方向约呈 45°，支撑脚外侧积极着地，踏在球的右侧方 25～30 厘米处，膝关节微屈，足尖指向出球方向。身体稍向支撑脚一侧倾斜并转

向出球方向，大腿带动小腿积极前摆，当膝盖摆到接近球内侧垂直方向时，小腿加速前摆，同时足尖稍外转，脚面绷直，脚趾扣紧，足尖指向斜下方，以脚背内侧击球的后中部。踢球后，踢球腿随球继续前摆，两臂随踢球动作自然摆动。

图 3-3-2

3. 脚背外侧踢球

踢定位球时，正面直线助跑，最后一步稍大，支撑脚积极而迅速地以脚跟着地，踏在球的侧后方 10 ~ 15 厘米处，膝关节微屈，足尖正对出球方向。以髋关节为轴，大腿带动小腿屈膝积极向前摆动，当膝盖摆到接近球的垂直上方时，小腿加速前摆，同时足尖内转，脚面绷直，脚趾扣紧，足尖指向斜下方，用脚背外侧击球的后中部。踢球后，踢球腿随球向前继续摆动，两臂配合踢球动作协调摆动。

（二）停球

停球是有意识地用身体合理部位把各种来球停接在自己的控制范围，以便能更好地衔接传球、运球或射门。停球也称接球，是对球控制能力的一项很重要的基本技术。

1. 脚内侧停球

（1）脚内侧停地滚球。身体正对来球方向，支撑脚脚尖与来球的方向一致，膝微屈，停球腿提起屈膝外转并向前迎，足尖稍翘起，使足内侧对准来球。当脚与球接触的刹那开始后撤，以缓冲来球的力量，把球停留在便于衔接下一个动作的控制范围内（图 3-3-3）。

图 3-3-3

（2）停反弹球。脚内侧对准球反弹方向，当球刚弹离地面时用脚内侧推压球的中上部，将球停留在便于衔接的下一个动作的控制范围内。

（3）停空中球（图3-3-4）。

正面停空中球：看准来球的弧度和高度，以支撑腿维持身体平衡，停球腿屈膝高抬，以脚内侧对准来球方向，用迎撤的停球动作将球停在体前。

图 3-3-4

侧身停空中球：来球一般较高，停球时身体侧对来球方向。一腿支撑维持身体平衡，一腿屈膝高抬使脚内侧部位对准来球，腿抬的高度与触球时球的高度一致，运用切挡的停球动作改变来球方向，使球缓冲落地。

2. 脚外侧停球

（1）停地滚球。停球脚稍提起，膝关节和脚内转，用脚背外侧对正来球，在支撑腿的前侧方接触球的侧后方（偏支撑脚一侧），脚与球接触的刹那向外侧轻拨，将球停在侧方或侧前方。

（2）停反弹球。面对来球，支撑腿的膝关节微屈，停球脚在支撑脚前方稍提起，脚内翻，使小腿与地面呈一定角度，踝关节放松，当球刚反弹离地时用脚背外侧触球的侧上部，将球停在体侧。

3. 脚背正面停空中球

停球前，身体面对来球，支撑腿微屈维持身体平衡，停球腿屈膝抬起，小腿前伸主动迎球，用脚背正面接触球的底部，当脚背触球前的一刹那，小腿下撤以缓冲来球的力量，同时膝关节和踝关节放松，将球停留在体前适当的位置。

4. 大腿停球（图3-3-5）

（1）停高球。判断好来球的落点，面对来球，停球腿大腿抬起，以大腿中部对准球的落点，在大腿与球接触的刹那，肌肉适当放松并迅速撤引，使球落在与下一个动作衔接所需要的位置。

（2）停平直球。面对来球，对准来球的飞行路线，停球腿屈膝前迎，用大腿中部触球，在触球的刹那后撤，使球落在与下一个动作衔接所需要的位置。

5. 胸部停球（图3-3-6）

（1）挺胸停球。身体正对来球，两脚前后开立，两膝微屈，上体后仰，重心落在两脚之间，两臂自然张开，微收腹。当球运行到胸部接触的刹那间，两脚蹬地，胸部上挺、憋气，使球触胸后向前上方弹起，改变运行方向，然后落于体前。

图 3-3-5

图 3-3-6

（2）收胸停球。身体正对来球，两脚前后开立，两臂自然张开，重心前移，挺胸迎球。当球运行至胸部接触前的刹那，重心迅速后移，收胸、收腹以缓冲来球力量，将球停于体前。

（三）运球

运球是用脚连续控制球的技术。

1. 脚内侧运球（图 3-3-7）

支撑脚向前跨，踏在球的侧前方，膝关节稍弯曲，上体前倾向里转。随着身体向前移动，运球脚提起，在落地之前用脚内侧推球的后中部。在改变方向运球时，经常是用两只脚交替拨球。

图 3-3-7

2. 脚背外侧运球（图 3-3-8）

支撑脚保持在球的侧后方，运球脚抬起时，脚跟抬起，足尖稍内转，在迈步前伸落地前，用脚背外侧推拨球。向前跑动时身体自然放松，上体稍前倾，两臂自然摆动。

图 3-3-8

（四）头顶球

1. 原地向前顶球（图 3-3-9）

两脚用力蹬地，两腿用力伸直，上体由后向前快速摆动，借助腰腹及颈部力量，用前额将球顶出。

图 3-3-9

2. 原地向侧顶球

顶球前，腿向顶球方向的同侧前跨一步，两膝微屈，身体重心放在后腿上，上体和头稍向异侧倾斜并转体约 45 度，两眼注视来球，两臂自然张开。顶球时后腿蹬地，上体和头向出球方向迅速扭转，屈体甩头，在与出球方向同侧肩的前上方用额骨侧面将球顶出。

3. 跳起向前顶球

当跳到最高点并在来球接近身体垂直线时，收腹、摆头，用前额将球顶出。

4. 跳起向侧顶球

起跳动作与前额正面跳起顶球的动作相同。在跳起上升的过程中，上体侧屈，侧对来球，在跳到最高点顶球时急速转体甩头，用额骨侧面将球顶出。顶球后，两膝微屈缓冲落地。

三、 组合技术

（一）传、接球的组合练习

三人一组站成三角形，每人之间相距 8 ~ 10 米，用不同脚法做传接球练习。开始时可按顺或逆时针方向传球，待熟练后可变为跑动中或增加传球距离，结合接球部位进行练习。

提示：传球准确、及时，接球、传球动作衔接紧密。

（二）传、射的组合练习

二人一组相距 6 ~ 8 米从中圈开始做前进与后退一脚传球练习。当传到罚球区附近时，前进者向后退者两侧传地滚球或过顶高空球，后退者转身冲上停控球、射门。拾球后回到中圈二人交换，继续练习。

提示：传球准确、及时，停球、射门动作衔接连贯。

（三）传、接、射门的组合练习

在球门一侧供球者用脚背内侧传过顶球至禁区附近，练习者迎上接球后，随即向作墙者作“二过一”射门。

提示：各环节衔接紧密，不断改换方向和调整射门角度。

（四）传、运、接、射的组合练习

若干人成一路纵队，从距球门 20 米处做运球射门练习，或做传、运、接、射的组合练习。

提示：开始时在球场中间，后逐渐向两侧推移，不断改变射门角度。

（五）传、过、运、接、射的组合练习

传球人用脚背内侧传球给站在中圈前面的接球人，接球人接球后用脚内侧传地滚球，或用脚背传空中球给作墙者，作墙者直接回传，传球者停、控、拨球越过作墙者后射门。另一组练习方法同样，做一定时间各组相互轮换。

（六）争抢、运球、射门的组合练习

人数相等的两组，分别站在中圈的两侧，传球人站在中圈内。当传球人向球门方向直传地滚或手抛高球时，各组第一名立即起动追抢，抢到球者快速运球射门，没有抢到者还可以设法抢球，直到射门完成为止。

四、 竞赛规则与裁判法

（一）主裁判应吹哨

（1）比赛开始（长音嘹响）；

（2）令比赛停止（比如场上换人等情况）；
（3）进球（长音响亮，略带拖拉）；
（4）判点球（短速洪亮）；
（5）比赛结束（一短一长）。

（二）应判直接任意球

（1）踢或企图踢对方球员；
（2）绊摔或企图绊摔对方球员；
（3）跳向对方球员（目的不在于球的情况）；
（4）猛烈并带有危险性地冲撞对方球员；
（5）从背后冲撞对方球员；
（6）打或企图打对方球员；
（7）拉扯对方球员；
（8）推对方球员；
（9）手球。

（三）应判间接任意球

（1）危险动作（如抬脚过高等）；
（2）目的不在踢球，球又不在其控制范围内的合理冲撞；
（3）不是踢球而是故意堵挡对方球员；
（4）冲撞守门员；
（5）守门员违例。

（四）主裁判比赛中所需用的手势

（1）判直接任意球时：单臂向前，指向罚球方向；
（2）判间接任意球时：单臂上举，掌心向罚球方向；
（3）判罚角球时：单臂斜上举，指向发角球点；
（4）发球门球时：单臂斜指向球门前；
（5）表示继续进行比赛时：两臂斜下伸，掌心向前，并连续摆动几下；
（6）罚点球：单臂前挺，手指向罚球点。

（五）边裁的旗势

（1）掷界外球：侧上举；
（2）球门球：前挺并指向球门；
（3）角球：斜下举，指向发角球点；
（4）场上换人：双手把旗举过头上方；
（5）犯规：左右摆旗（这需要赛前与主裁有协定）；
（6）越位：①斜上举，远处球员越位；②平举，中间球员越位；③斜下举，近处球员越位。

第四节　乒　乓　球

一、乒乓球运动概述

（一）乒乓球运动的起源

乒乓球运动起源于19世纪80年代的英国。19世纪后期，网球在当时欧美上层社会中十分流行，约在1880年引入室内，即称为“室内网球”。后又因此项运动均在桌上进行，起名为“桌上网球”（table tennis），传入日本时称为“桌球”。中国开展乒乓球最早的是上海，称为“台球”。乒乓球一名起源自1900年，因其打击时发出“Ping Pong”的声音而得名，我国以乒乓球作为这一运动项目的官方名称。

起初，英国的一些大学生在室内以餐桌为球台，用书或两把高背椅子挂上一根线当作球网，采用软木或橡胶做成的球，以羔皮纸贴在长柄椭圆形空心球拍上，在台子上打来打去，

最初这种游戏叫弗利姆－弗拉姆（Flim－Flam），又称“高西玛”（Goossime）。当时这项简单的运动并没有统一规则，有10分、20分为一局的，也有50分或100分为一局的。发球时，可将球直接发到对方台面，亦可把球先发到本方台面再跳至对方台面。后来一名叫海亚特的美国人发明了一种玩具空心球叫“赛璐路”。大约在1890年，英国人詹姆斯·吉步去美国旅行时，见到此玩具球，带回英国取代了原来的实心球。1891年，英格兰人查尔斯·巴克斯特把乒乓球作为商业专利申请了许可证。

（二）乒乓球运动发展

1926年12月，国际乒乓球联合会在英国伦敦正式成立，并同时在伦敦举行了第一届世界乒乓球锦标赛（以下简称“世乒赛”）。世乒赛是国际乒乓球联合会主办的一项最高水平的世界乒乓球大赛，它的发展历史反映了世界乒乓球运动的发展概况，主要有以下几个阶段：

1926—1951年，是欧洲乒乓球运动的鼎盛时期。国际乒乓球联合会在这25年间共举办了18届世界乒乓球锦标赛，其中17次在欧洲举办。比赛期间，除美国选手取得8项冠军和第十一届女单决赛没能确定的冠军外，其余109项均为欧洲选手所得。随着乒乓球运动技术、器材、规则的日趋完善，欧洲运动员创造的削球打法成为当时乒乓球运动发展的重要技术创新。

1952—1959年，是日本乒乓球鼎盛时期。这个阶段是日本运动员采用的中远台单面长抽打法最辉煌的时期。日本运动员凭借海绵拍力量大、速度快以及自身脚步移动灵活的特点，结合中远台长抽打法，在连续7届世乒赛中共获得全部49枚金牌中的24枚，成为最大赢家。

1960—1969年，是中国直拍近台快攻打法崛起阶段。在这一时期，中国的近台快攻打法在世界乒坛开始崭露头角。1959年中国运动员容国团在第二十五届世界乒乓球锦标赛男单比赛中夺得了男子单打世界冠军。在这期间国际乒联共举办了5届世锦赛，中国运动员参加了其中的3届，获得了21枚金牌中的11枚。这些优秀的战绩显示出中国近台快攻打法的

技术优势。这种打法充分发挥出海绵拍速度快、力量足的特点，同时又很好地解决了反手位的不足，顺应了乒乓球运动的发展趋势。

1971—1979 年，是欧洲队复兴和亚洲发展阶段。欧洲在相继败于日本的长抽打法和中国近台快攻之后，经过反复摸索，兼取了中国快攻和日本弧圈球打法的优势，创造出弧圈球与快攻相结合的新打法，闯出了一条新路。第三十一届世乒赛，瑞典 19 岁小将本格森接连战胜中国和日本的诸多强手，一举夺得男单冠军。第三十二届世乒赛，瑞典男队夺走了由亚洲保持 20 年之久的团体冠军。第三十五届世界乒乓球锦标赛，匈牙利队从中国男队手中又夺回了斯韦思林杯，南斯拉夫男队重新夺得男双冠军。欧洲乒乓球运动的复兴，也促进了中国、日本、朝鲜及世界各国乒乓球运动的发展。这一时期，世界乒坛力量对比发生了变化，欧亚进入激烈互相争夺阶段。

1980 年以后，世界乒乓球形成欧亚对抗、中国领跑世界的局面。1981 年在南斯拉夫诺维萨德举行的第三十六届世界乒乓球锦标赛上，我国选手获得了全部 7 项冠军。1988 年，乒乓球被列入奥林匹克运动会正式比赛项目，大大推动了世界乒乓球运动进一步发展。世界各乒乓球强国更加重视乒乓球运动的普及和提高。

在 1995 年天津第四十三届世乒赛上，中国队夺得全部比赛的 7 项冠军。在第四十四届世乒赛上，中国男女队再次保持荣誉，夺得 6 金。1999 年第四十五届世乒赛和以后的第四十八、四十九、五十届世乒赛上，中国队包揽全部冠军。目前，乒乓球运动被世界公认为是中国的“国球”。中国乒乓球队近 50 年来在世界三大赛事中共为祖国夺取了 100 多个世界冠军，并且囊括 5 次奥运会的全部金牌，创造了世界体坛罕见的长盛不衰的历史。

（三）乒乓球运动在中国

1904 年上海一家文具店老板王道午从日本买回 1 套乒乓球器材，乒乓球运动传入中国。1925 年，上海举行了各种乒乓球比赛。1927 年，中国乒乓球员赴日进行访问比赛，同时参加了在上海举行的第八届远东运动会中日乒乓球表演赛。

1949 年新中国成立以后，我国乒乓球运动有了巨大的发展。1953 年，我国乒乓球队参加第二十届世界乒乓球锦标赛，男队为第一级第十名，女队为第二级第三名。1959 年，容国团夺得新中国第一个世界冠军。1961 年，北京承办了新中国成立以来第一个国际赛事——第二十六届世乒赛。1972 年，毛泽东用小球推动大球，“乒乓外交”促使中美关系解冻。1971 年中国队重新参加世界比赛，从第三十一届至第三十五届世乒赛我国男队共取得 6 项半冠军（混双算半项）。1981 年第 36 届世乒赛中，中国乒乓球队共取得 7 项冠军、5 项第二、3 项第三的成绩。1983 年和 1985 年举行的第三十七届和第三十八届世乒赛中，中国乒乓球队连续取得 6 项冠军。

乒乓球比赛于 1988 年在韩国首尔举行的第二十四届奥运会上被列为正式比赛项目，中国在全部 4 项中取得男子双打金牌和女子单打金、银、铜牌。在第四十二届世乒赛上，中国队获得了男双的金、银、铜牌及混双金牌。2000 年至今，中国队在世界乒坛上继续保持领先地位，包揽了第四十六 ~ 第五十三届世乒赛男女单打、双打、团体、混双所有项目的冠军。2000 年悉尼奥运会、2004 年雅典奥运会、2008 年北京奥运会（北京大学乒乓球馆）、2012 年伦敦奥运会、2016 年里约热内卢奥运会上中国队包揽所有项目的金牌，中国成为名副其实的乒乓球强国。

二、 乒乓球基本技术

（一）握拍法

握拍法即指单手持球拍的方法。世界上流行着直式和横式两种握拍方法，各有千秋，实践时应因人而异，扬长避短（以右手为例）。

1. 直式握拍法（图 3-4-1）

拇指第一指节和食指第二指节握拍，拍柄压住虎口（两指间距离适中），中指、无名指和小指自然弯曲斜形重叠，中指第一指节顶住球拍的后上部，使球拍保持平稳。

2. 横式握拍法（图 3-4-2）

中指、无名指和小指自然地握住拍柄，拇指在球拍正面，轻贴在中指的旁边，食指自然伸直斜放于球拍的背面，虎口轻微贴拍，击球时拇指和食指帮助手腕调节拍形和加力挥拍。正手攻球时，食指向上移动；反手攻球时，拇指向球拍中部移动，帮助手腕下压，加大击球力量。

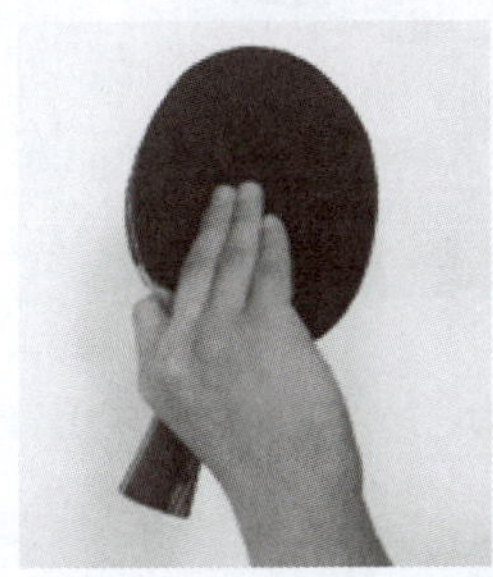

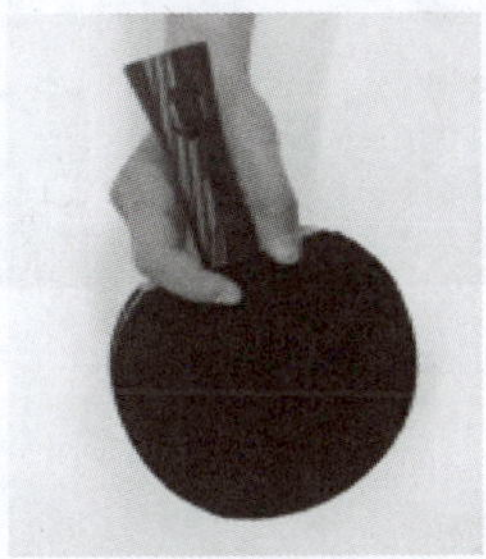

图　3-4-1

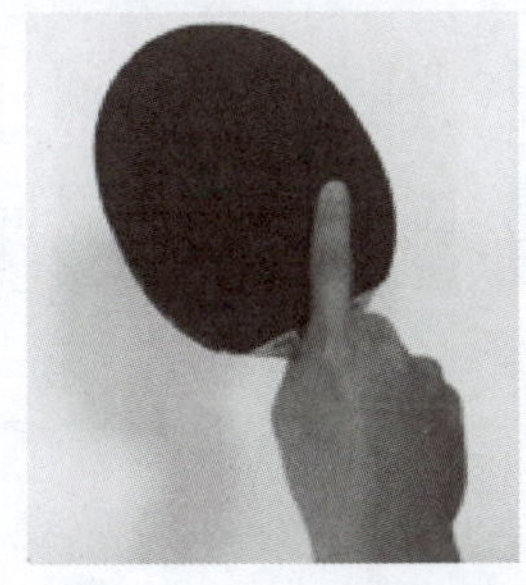

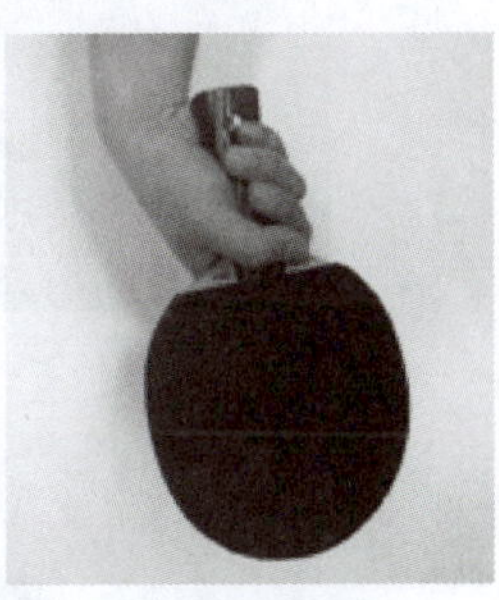

图　3-4-2

（二）准备姿势

击球前后，身体保持的合理姿势即为准备姿势。合理恰当的准备姿势有助于判断来球，及时移动到位，运用各种基本技术完成击球动作。

两脚开立约与肩宽，两膝微屈稍内扣以前脚掌内侧着地，身体重心在两脚中间。上体微前倾，下颌微收，两眼注视来球。持拍手臂自然弯曲，手腕放松，球拍自然后仰置于腹前，左手自然弯曲，抬起高于台面。

（三）发球

乒乓球比赛是从发球和接发球开始的，两者的好坏能直接得分或失分，必须要重视（下面以右手为例）。

（1）正手平击发球（图 3-4-3）。持球手向上将球轻抛起，同时持拍手向后引拍。球从高点下降低于球网，持拍手以肘部为轴心，前臂向右前方横摆击球。向前挥拍时，拍面前倾，击球中上部。击球后第一落点在本方球台的中部。

（2）正手发下旋球（图 3-4-4）。拍面稍后仰，引拍至身体右后上方。当球下降至低于球网时，前臂迅速向前下方用力摩擦球，触球的中下部。第一落点在本方球台端线附近。

（3）正手发左侧下旋球（图 3-4-5）。站位左半台，抛球，（横握拍持拍手迅速向右上方引拍，身体随即向右转，手臂自右上方向左下方挥摆，球拍从球的右侧中下部向左侧面摩擦。若（直握拍）发左侧下旋球时，手臂自右上方向左前下方挥摆，拍从球的右侧中部向左侧下部摩擦，第一落点在本方端线附近。

图 3-4-3

图 3-4-4

（四）接发球

视对方发球站位而定的接发球，站位要恰当，判断来球的旋转性能、飞行弧度、落点要准确，移动回击手法要适当。

图 3-4-5

（1）接平击发球。站位靠近球台，借助来球的反弹力，用推挡、反手直拍横打、反手拨球、正手近台快攻等动作，在来球的上升期或高点期击球，以向前用力为主略向上。

（2）接下旋球。发过来的球球速较慢，触拍后向下反弹，可搓撞球回接。注意拍面后仰以增加向前上方的发力，击球时间为下降前期。也可以用拉球回接，击球时间为下降前期，多向上用力，增加摩擦球的动作。

（3）接左（右）侧上旋球。一般采用推挡、攻球回击最好。接球时拍面角度要稍前倾，拍面朝向左（右）偏斜以抵消来球的左（右）侧旋。加大向前下方的用力，防止球触拍时向自己的右（左）上方反弹。

（4）接左（右）侧下旋球。一般采用搓球，接球时拍面角度要稍后仰，拍面朝向左（右）偏斜以抵消来球的左（右）侧旋。稍向上方用力，防止球触拍时向自己的右（左）下方反弹。

（五）攻球

攻球从大的动作结构来讲，可分为正手攻球和反手攻球两大类。攻球杀伤力强，是快速进攻最重要的一项技术，是解决战斗的关键技术。

（1）正手近台快攻（图 3-4-6）

站位近台，前臂与地面略平，以前臂发力为主，拍面前倾，在来球的上升期触球中上部，以向前上方发力为主。前臂挥动要快，用力适当。球击出后，还原要迅速，放松准备下一板击球。

（2）反手拨球（图 3-4-7）

站位近台，右脚稍前，持拍手自然弯曲置于腹前偏左，重心偏于左脚，顺来球线路向后引拍。当球从台上弹起，持拍手由左后向右前上加速挥拍，前臂发力为主，手腕外转，拍面前倾，重心移至右脚，在来球的上升期击球的中上部。

图 3-4-6

图 3-4-7

（3）反手直拍横打（直板）（图3-4-8）

上体重心放低，左脚前，右脚后，前臂端起，自然放松。腰部左转，带动手臂引拍，前臂以及手腕内收。击球时，向右转腰，带动手臂自然迎前，在来球的上升期向前上方击球。击球瞬间，前臂以及手腕向外展，触球中上部。

攻球的重难点是挥拍发力和正确恰当的击球点。

图 3-4-8

（六）搓球（图3-4-9）

搓球是近台还击下旋球的一种基本技术，特点是站位近、动作小、回球多在台内进行。

它是初学削球者必须掌握的入门技术。

近台站位，右脚稍前，持拍手臂自然弯曲。击球时，用前臂和手腕向前下方用力，拍面后仰，在下降期击球中下部。

搓球的重难点是前臂和手腕的挥拍路线和用力方法。

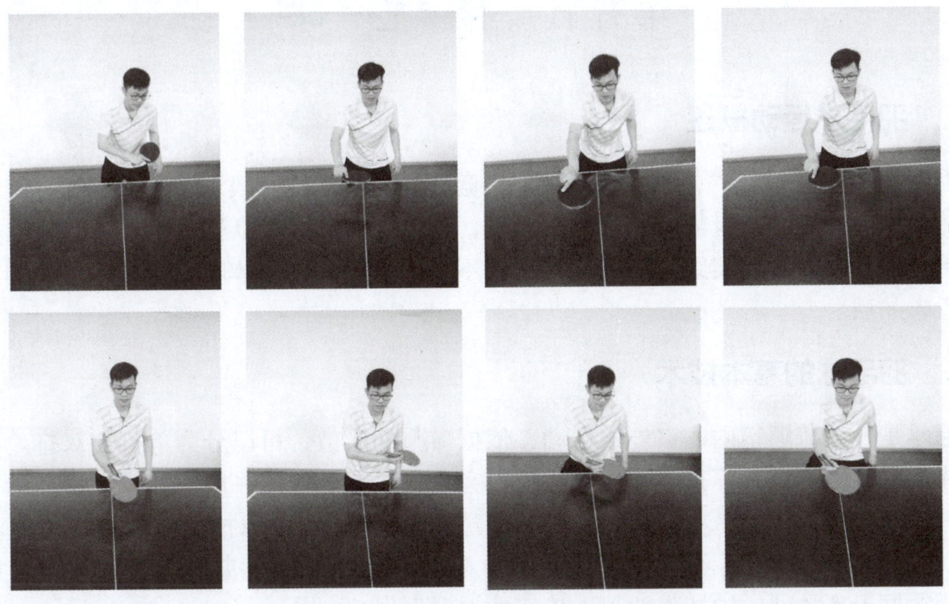

图　3-4-9

（七）弧圈球（横板、直板）（图 3-4-10）

弧圈球是一种攻击力强、威力大的乒乓球进攻技术，几乎已经成为现代一流职业运动员必备的打法。

图　3-4-10

左脚在前，右脚在后，身体向右扭转，右肩略低于左肩。拉加转球，手臂自然下垂，在来球的下降期，拍面稍前倾，摩擦球的中部偏上位置，发力向上为主略带向前，以转腰带动肩、上臂、前臂和手腕发力将球击发。

第五节　羽　毛　球

一、 羽毛球运动概述

羽毛球运动起源于日本，诞生于英国，集竞技性、观赏性、娱乐性、便捷性、健身性于一体。随着羽毛球运动在世界范围的广泛推广，羽毛球运动的大众性也越来越凸显出来，拥有了成千上万的爱好者和实践者。羽毛球运动不仅锻炼了人们的体魄，还磨炼了人们的拼搏精神和意志品质。

二、 羽毛球的基本技术

羽毛球是一项兼顾室内、室外的运动，依据参与的人数，可以分为单打和双打。羽毛球运动对选手的体格要求并不很高，但却比较讲究耐力。羽毛球拍一般由拍头、拍杆、拍柄及拍框与拍杆的接头构成。一支球拍的长度不超过 68 厘米，其中球拍柄与球拍杆长度不超过 41 厘米，拍框长度为 28 厘米，宽为 23 厘米。随着科学技术的发展，羽毛球拍向着重量越来越轻、拍框越来越硬、拍杆弹性越来越好的方向发展。

羽毛球技术主要包括握拍、挥拍、发球、击球。

（一）握拍

1. 正手握拍法（图 3-5-1）

正手握拍法也称为基础握拍法（以下以右手握拍为例）。

右手虎口对准拍柄窄面内侧斜棱边上，掌心与拍柄间留有空隙，拇指和食指的内侧轻靠在拍柄两侧的宽面上，食指与拇指相对。握拍时手放松，且手腕与前臂保持一定夹角（130～140 度）。食指与中指稍分开，中指、无名指和小指自然弯曲握住拍柄。

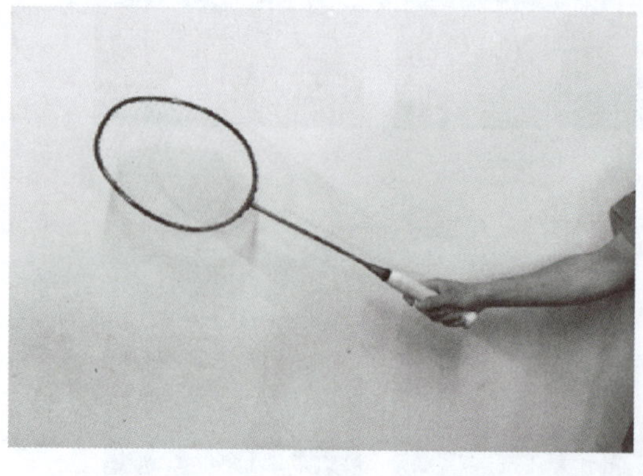
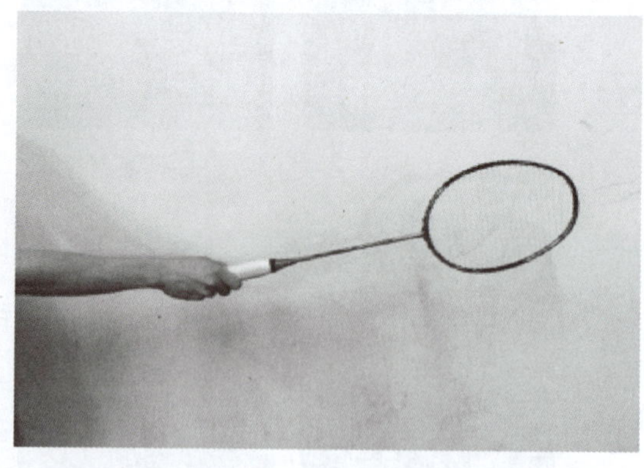

图 3-5-1

2. 反手握拍法（图 3-5-2）

在正手握拍的基础上，拇指上提，食指回扣，用拇指顶压拍柄，拍柄稍外旋。拇指顶压拍柄时，根据个人及实战要求，可用正面压，或内侧贴压，或压在斜面上，或压在宽面上。

图 3-5-2

3. 钳式握拍法（图 3-5-3）

（1）正手握拍。食指、中指、无名指和小拇指并拢于球拍柄下侧，拇指位于另一侧，拍头略下沉。

（2）反手握拍。食指、中指、无名指和小拇指并拢于球拍柄上侧，拇指位于拍柄下侧接面处，拍头略下沉。

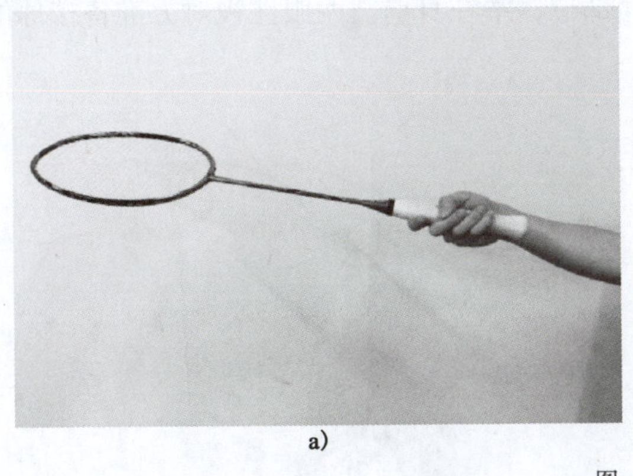

a)

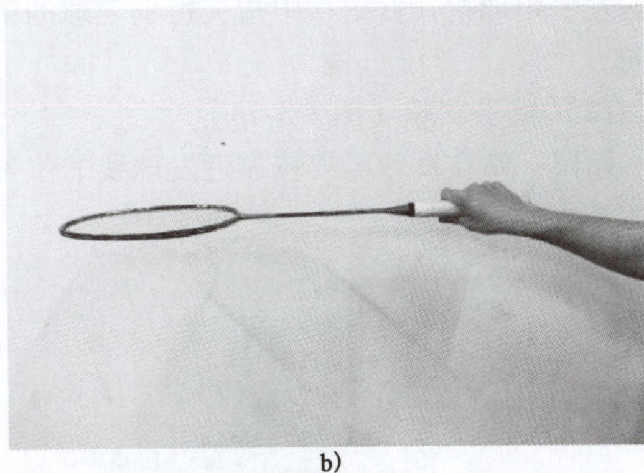

b)

图 3-5-3

（二）挥拍

正确的挥拍动作是速度加力量的完美结合，既可以节省体力，又能够充分发挥身体的潜能。羽毛球挥拍对速度要求极高，挥拍速度越快，产生的力量就越大。

1. 内旋挥拍击球

所谓内旋挥拍击球，就是手腕外伸后展带动球拍把手掌举起，然后顺时针旋转击球。内旋挥拍击球可分为内旋击头顶球和正手内旋挑球，适用于正手范围击球，其中内旋击球极具杀伤力。

2. 外旋挥拍击球

外旋挥拍击球指前臂向外转动带动球拍做逆时针旋转击球，适用于反手范围击球。

3. 过顶挥拍击球

过顶挥拍也叫摆臂挥拍，用于接发高球。这种挥拍动作主要靠肩臂部力量，因此预先要加强肩部肌肉力量练习。

（三）发球

发球是组织进攻的开始，质量的高低关系着比赛的主动与被动、赢球得分或失去发球权。按照发球方式，发球分为正手发球和反手发球；按照球在空中飞行的弧线，又可分为发网前球、发平高球和发高远球。其中，发高远球一般采用正手，其余发球方法正反手均可用。但无论采用何种发球方式，都要在把握发球时机的同时，注意发球动作的隐蔽性、突变性和落点的多样性等。

1. 发球站位与姿势

（1）正手发球（图 3-5-4）。

站位：单打时，一般站在发球区内离前发球线 1 米左右的中线附近。双打时可站前一些。

姿势：左脚在前（脚尖对网），右脚在后（脚尖斜向侧方），两脚距离与肩同宽，上身自然伸直，身体重心放在右脚上，呈左肩斜对球网之势。右手握拍向右后侧举起，肘部稍屈。左手用拇指、食指、中指夹持羽毛球的中间部位，举在身前。两眼注视对方准备接球的动向。

（2）反手发球（图 3-5-5）。

站位：站在发球区内较靠近发球线的位置上。

图 3-5-4

图 3-5-5

姿势：右脚在前，左脚在后，上身自然伸直，重心放在右脚上，右脚尖面对球网。左手以拇指、食指和中指捏住羽毛球置于腹前腰下。右手反手握拍，肘部略抬起使拍框下垂于左腰侧。两眼注视对方准备接球的动向。

2. 几种基本的发球方法

（1）正手发高远球。这是一种带有攻击性的发球，弧度较大，球速较快，直落对方底线。

（2）正手发网前球。正手握拍，以正拍面击球，使球轻轻擦网而过，落在对方前发球线附近。其特点是飞行弧度低，距离短，可以有效地扼制对方直接进行有力的进攻。

（3）反手发网前球。反手握拍，以反拍面击出与正手发网前短球飞行弧度一样的球。其作用与正手发网前球相同。

（四）击球

击球技术体现在击出球的速度变化控制、球的飞行弧度变化控制、球的落点变化控制等。击球技术可以分为三大类：按击球点分类，按击球球员在场上的位置分类，按球的飞行弧线分类。

1. 按击球点分类（图 3-5-6）

a) 正拍

b) 反拍

c) 头顶球

d) 上手球

e) 下手球

图　3-5-6

2. 按击球者在场上的位置分类

（1）前场球：前发球线附近至球网的区域。

（2）后场球：从底端端线至场内 1 米左右的区域。

（3）中场球：前、后区域之间的部分。

（4）左右场区：以发球区中线为界，分为左、右两个场区。

3. 按球的飞行弧线分类

（1）高远球：从场地一边的后场，以高远弧度击打到对方后场。

（2）平高球：从场地一边的后场，以较低的弧度击打到对方后场。

（3）平射球：从场地一边的后场，以较平的弧度击打到对方后场。

（4）平抽、挡球：击球点在击球者身体两侧或近身，把球以近乎与地面平行的弧度击打到对方场区。挥拍动作幅度较大称为抽球，挥拍动作幅度较小称为挡球。

（5）扣杀球：击球者从场地的中、后场使球快速向下近乎直线飞落至对方场区。

（6）吊球：击球者从场地的后场以较轻的力量把球以向下的弧度击落到对方近网区域。

（7）挑后场球：又叫挑高球，在中、前场把低于球网的球向上以较高的弧度击挑到对方的后场区域。

（8）放网球：把球从本方网前挑落至对方近网区域。

（9）扑球：在近网高处把球以高压向下击打到对方场区。

（10）勾对角球：在网前把球以对角路线击打到对方另一侧网前。

（11）搓球：用拍面切击球托，使球旋转并翻滚过网落入对方场区。

三、 羽毛球的练习方法

（一）挥拍练习

1. 内旋挥拍（图 3-5-7）

（1）通过上肢和髋关节的转动带动肘关节向前，肘关节正对球网。

（2）中心后仰的同时，前臂转动直至手心朝脸的位置。

（3）手臂拉伸，快速向前内旋至手背朝脸。手腕在击球过程中随手背弯曲，且球拍与前臂大约呈直角。

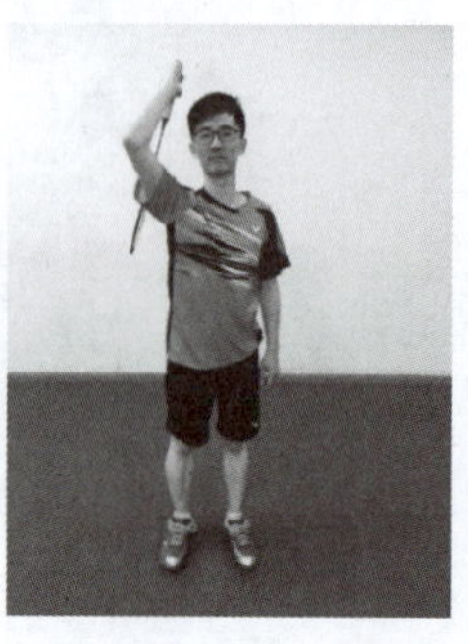  

图 3-5-7

2. 外旋挥拍（图 3-5-8）

（1）抬高肘关节，拍头指向地面，前臂先内旋。

（2）不做停顿，前臂反向外旋击球，肘部伸直。

图 3-5-8

3. 过顶击球挥拍（图 3-5-9）

（1）站好位置，看准来球做好击球准备。

（2）在击球过程中，球拍挥向相反方向，由左侧肩部引拍位置返回向右肩，髋部和肘关节向前。

（3）肘关节带动前臂快速有力地内旋将球击出。

（4）击球后，几乎伸直的肘关节继续带动前臂内旋，拍子继续挥完并慢慢停止于身体左侧。

图 3-5-9

（二）发球练习

1. 正手发高远球（图 3-5-10）

左手将球平稳抛落，右手向右下方做小回环挥引球拍，向左转身，重心移向左脚。在球下落至击球点时，右手手腕由伸展至收，并带动手指发力握紧球拍，在身体右侧与髋同高位置击中球。前臂继续随前，肘部弯曲并随惯性自然向左肩方向挥摆。

2. 正手发网前短球（图 3-5-11）

转肩，出脚，重心在后脚，拍头与肩同高，手臂弯曲，拇指和食指捏住球托，前臂内旋，重心移到前脚，松髋转腰。将球向右前方击出，击球瞬间拍面仰角要小，力量轻而巧，将球挑过网。

图 3-5-10

图 3-5-11

3. 反手发网前短球（图 3-5-12）

右脚在前，身体重心在前脚，右手持拍伸向左侧，肘部高抬，前臂提起，反手握拍且拍杆向下。左手持球于拍面前、腰线以下的位置，球托斜向拍面。球拍后引，前臂前挥，击球

图 3-5-12

瞬间握紧球拍，拇指用力顶推。球击出后，球拍有随球动作。

（三）击球练习

1. 前场击球

前场击球包括网前搓球、推球、勾对角球、扑球和挑高球等。处理网前球要求击球者握拍要活，手指、手腕要灵巧，击球动作要小，以便控制好球的落点。前场击球因球的飞行距离短、落地快，因此常使对手猝不及防，从而在攻防转换中可以掌握主动。

（1）放网前球。

正手放网前球（图 3-5-13）。钳式握拍，身体稍近网前，右腿在前，上肢直立，做好击球准备。右脚向前跨步，右臂逐渐抬起与肩同高，身体右倾，转动前臂，使拍面与地面平行，掌心向上，拍头指向球网，拍头下沉，手腕高于拍头。迅速抬平拍头，轻轻将球击出。

图　3-5-13

反手放网前球（图 3-5-14）。钳式握拍，身体凑近网前，上肢直立。向前跑动，右臂抬高于肩，身体左倾至反手姿势，使拍头与地面近乎平行，掌心向下，拍头指向球网。球在下降过程中，拍头下沉，手腕高于拍头，迅速抬平，轻轻将球击出。

图　3-5-14

（2）勾对角球。

正手勾对角球（图 3-5-15）。钳式握拍，身体凑近右网前，上肢直立。击球时，前臂快速内旋，挥拍击球托的右侧下部，使球横穿落入对方网前。击球瞬间手臂尽量伸直，拍头倾斜时击球，击球托的右侧下部，击球点越高越好。

反手勾对角线球（图 3-5-16）。反手钳式握拍，身体凑近右网前，上肢直立。当球飞过网时，球拍随小臂前伸平举。前移脚步，球拍随手臂下沉。外旋前臂击打球托的左侧后部，使球沿对角线飞越过网。

图 3-5-15

图 3-5-16

（3）搓球。

搓球是在网前用球拍切击球托，使球旋转翻滚过网的击球方法。其实，搓球是从放网前球技术的基础上发展起来的有较强进攻性的放网技术。它包括正手搓球和反手搓球。

正手搓球（图 3-5-17）。侧身，对右边网球，正手握拍，球拍随前臂伸向右前上方斜举。当球拍举至最高点时，前臂向外旋转将球拍切击球托或刺向来球，使球旋转翻滚过网。

图 3-5-17

反手搓球（图 3-5-18）。反手搓球主要靠前臂的前伸外旋和手腕由内收到外展的合力。在移动过程中提高手腕，拍头略微下沉，手腕高于拍头，右臂前伸向球刺去，使球侧旋或下旋滚动过网。

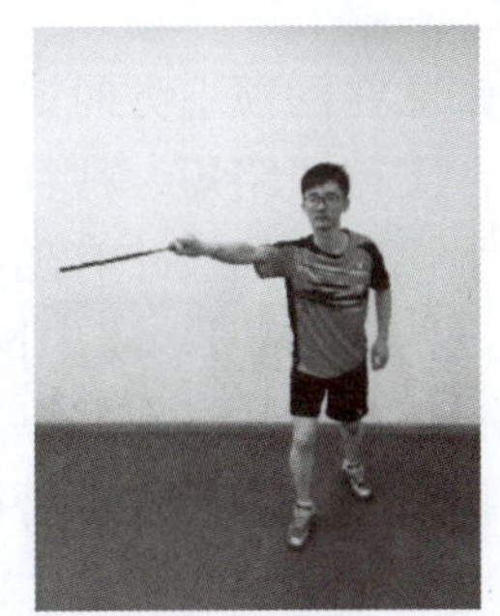

图　3-5-18

（4）推球。

推球是把对方击来的网前球用推击的方法向对方底线击出弧度较平、速度较快的球。推球平直快速，但落点不好控制。它包括正手推球和反手推球。

正手推球（图3-5-19）。凑近网前，右脚在前，球拍向右前方举。击球前，前臂迅速外旋，肘关节随手背弯曲，拍面正对来球。推球时手指控制拍面角度，使拍子急速由右方经前上至左挥动推球，拍子摆幅度要小，发力要短促快速。

图　3-5-19

反手推球（图3-5-20）。站在网前，反手握拍，前臂向前上方伸举，肘关节微屈，手腕外展，反拍面迎球。击球时，前臂前伸并带外旋，手腕由外展到伸直闪腕，拇指顶压，向前方挥拍推击球托侧后部，使球以较平弧线飞行。

图　3-5-20

（5）扑球。

扑球是当来球在网顶上方时，用正手或反手以最快的速度上网扑压来球的技术动作。扑球动作速度快，飞行线路短，往往使对手措手不及，是一种颇具威胁的进攻技术。扑球分为正手扑球和反手扑球，其线路有随身、直线及对角线三种。

正手扑球（图3-5-21）。凑向网前，右脚在前，上体直立。击球过程中，手腕用力使手背向下压，拍头正对击球者，并迅速伸展肘关节，手臂快速内旋，手腕向下发力将球向下扣向对方场地。扑球后，球拍随手臂回收，同时注意动作缓冲，控制重心，以免身体触网。

图 3-5-21

反手扑球（图3-5-22）。身体向右前倾，有爆发力地上网，上体直立。反手握拍举向左前上方，握拍变为拇指握拍法。在跑动跃起过程中，拍头高举过头，向左转动拍子，使拍面正对球网，肘关节向下，拍头向上，手腕向拇指方向用力，向前臂方向弯曲，并快速用力展腕向下扣球。

图 3-5-22

（6）挑球。

挑球是把对方击来的网前球挑高击回对方后场。这是一种处于较为被动的情况下而采取的击球方法，为重新调整战术赢得时间。挑球也分为正手网球挑球和反手网球挑球两种。

正手网球挑球（图3-5-23）。身体凑向网前，右脚在前，做好准备，拍头朝向球网。在跑动过程中，右脚向前跨步，握拍手臂轻轻外旋，向后方转动，使拍头指向边线，保持上体重心平稳。右脚落地后，用食指和手腕的力量向前挥拍，前臂继续外旋，手腕随手臂弯曲，击球时以肘关节为轴，前臂快速有力内旋，在膝盖右前方将球向前上方击出。

如果球拍向右前上方挥动，挑出的是直线高球；如果球拍向左前方挥动，则挑出的是对角高球。

图　3-5-23

反手网球挑球（图 3-5-24）。反手握拍举在胸前，击球前右臂往左后抬肘引拍头向上，指向身体左侧，右肘弯曲。右脚向网前跨出，重心在前，以肘关节为轴快速上举，前臂内旋，手腕由屈至伸快速经体前由下向上挥拍击球。

图　3-5-24

如果球拍左下方向左前上方挥动击球，挑出的是直线高球；如果球拍由左下方向右前上方挥动击球，挑出的是对角高球。

2. 中场击球

中场击球主要有中场接杀球和中场平抽快挡球两种。中场接杀球有接杀放网前球、接杀网球勾对角球、接杀挑后场高球和接杀平抽球等几种技术；而中场平抽快挡球主要运用于双打比赛中。接杀球属于防守技术，但只要反应快、技术娴熟、对回球的落点和线路控制得当，往往可以创造出由守转攻的战术条件。此处重点介绍常用于单打技术的接杀球和接杀平抽球。

（1）正手接杀球（图 3-5-25）。

正手握拍，用正拍面（在身体右侧）将对方杀球以放网小球回击到对方网前。屈膝平行站立，两脚稍宽于肩，眼睛注视来球，做好击球准备。右脚向侧前方跨出一步，放松握拍，用正拍面对准来球。前臂内旋，上肢倾向一侧，前臂上举，拍子轻轻触球。击球后，随拍动作向网前方向挥动，回收于体前。

（2）反手接杀球（图 3-5-26）。

反手握拍，用反拍面在身体左侧将对方杀球回击到对方网前。

屈膝并稍宽于肩站立，眼睛注视来球。左脚向左侧前方跨出一步，重心移向左脚，右臂向左侧伸出，放松握拍，反拍面对准来球。击球时，右脚在前，前臂外旋，上肢倾向一侧，前臂上抬，拍子轻轻触球。击球后，持拍手臂随惯性向前上方挥动，身体顺势转向面对球网。

图 3-5-25

图 3-5-26

（3）正手平抽球（图3-5-27）。

正手握拍，把在身体左右两侧、肩下腰上的来球以平抽的方式回击到对方半场。

两脚平行站立并稍宽于肩，右脚向前迈出一下步，身体稍向右倾，球拍上举，击球手与头持平，拍头向上，肘关节向下。肘关节外摆，前臂外旋，引拍至体后。击球时，迅速内旋前臂，肘关节展开并举到与肩平的位置高速平抽来球。

图 3-5-27

（4）反手平抽球（图 3-5-28）。

反手握拍，把在身体左右两侧、肩下腰上的来球以平抽的方式回击到对方半场。

右脚前交叉在身体侧前，重心位于左脚，右手反手握拍在身体左侧前方，当球过网时，肘部上举，前臂内旋，引拍至身体左侧。击球时，左脚蹬地，髋关节右转，带动前臂外旋至反手位击球。击球后，球拍随挥至身体右侧前方。

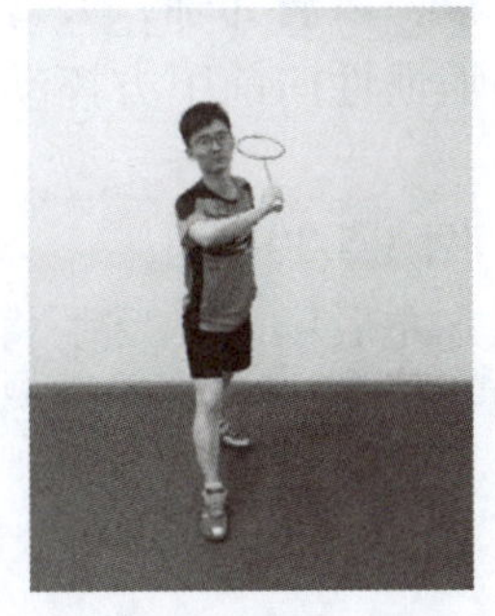

图　3-5-28

3. 后场击球

后场击球又称高手击球，即击球点高于头部的击球，一般用来在后场主动进攻或控制、调动对方，所以也称为后场主动进攻技术。它可分为正反手高远球、正手杀球、吊球和平高球四种。在羽毛球比赛中，后场击球技术是非常重要的技术。

（1）正手高远球（图 3-5-29）。

正手握拍，用正拍面击出的击球点在身体右侧上方的高远球，称为正手高远球。它又分为原地正手高远球和起跳正手高远球两种。初学者可从原地正手击高远球开始逐渐过渡到起跳正手高远球。

图　3-5-29

判断来球的方向和落点，然后向右后方转体侧身后退，使球处在自己头部前上方的位置，左肩对向球网，左脚在前，重心在右脚，左臂屈肘，左手自然高举，右手握拍将球拍举在右肩上方，手腕和拍面稍内旋，眼睛注视来球。击球时，肘关节上提，将球拍后引至头部，后脚蹬地，转体收腹，以肩为轴，大臂带动小臂快速向前上方用腕，在手臂伸直的最高点击球。击球后，球拍随惯性向前下方挥动并收拍至体前。与此同时，右脚向前迈出，身体重心由后脚移向前脚。

（2）反手高远球（图3-5-30）。

当对方将球击到本方左后场内，反手将球击回对方底线的高远球称为反手高远球。其目的是在被动的情况下，通过反手高远球过渡，在节省体力的同时帮助自己重新调整站位。

图 3-5-30

判断来球的方向和落点，然后迅速将身体转向左后方。移动步伐，右脚交叉跨到左侧底线，背对球网，身体重心在右脚上，使球处在右肩上方。击球时，大臂带动小臂，在肘关节上抬至与肩同高时再用小臂带动腕部，通过手腕的闪动，自下而上用臂将球击向对方后场。

最后用力时，要注意拇指的侧压与甩腕的配合以及两腿蹬地、转体等全身的协调用力。

（3）正手吊球（图3-5-31）。

击球准备和前期动作与正手高远球相同，但击球点比正手高远球稍前，拍面正面向内倾斜，手指手腕用力做快速切削下压动作。如果劈吊直线，则拍面对正前方向下方切削；如果劈吊斜线，则球拍切削球托的右侧并向左下方发力。

图 3-5-31

左臂在前并朝向来球方向，然后向右后方松髋转体，重心在右脚。球拍举向右肩上方，手腕、拍面稍内旋，眼睛注视来球。击球时，上臂后引，肘关节上提，将球拍后引，自然伸腕（拳心朝上），后脚踏地，转体收腹，以肩为轴，大臂带动小臂快速向前上方甩腕，在手臂伸直的最高点击球。击球后，随拍动作收拍至体前，身体重心由后脚移向前脚。

（4）反手吊球（图 3-5-32）。

击球前的动作与反手高远球相同，所不同之处在于击球时拍面的控制和力量的运用。吊直线时，用球拍反面切削球托的中后部，向对方右网前发力；吊斜线时，用球拍的反面切削球托的左侧，向对方左网前发力。

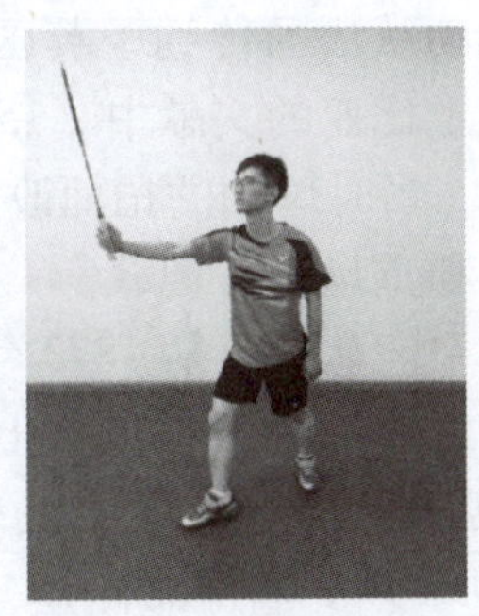

图　3-5-32

肘关节上举，前臂内旋，拍头向左髋下沉，手腕随手臂弯曲。肘关节不做停顿并有力快速展开，前臂外旋，在肘部上举与肩同高时，转为小臂带动腕部，通过手腕的闪动，自下而上甩臂将球击出。

（5）正手杀球（图 3-5-33）。

杀球是把对方来球在尽量高的击球点斜压下去。这种击球方法力量大、弧线直、落地快、威胁大，是进攻的重要技术。

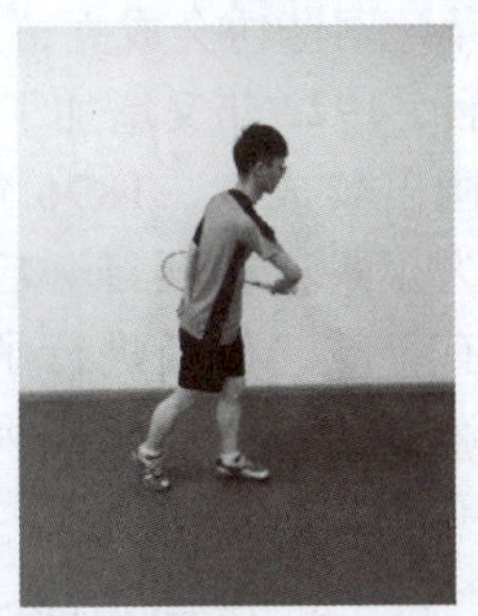

图　3-5-33

左手自然上举，抬头注视来球，右手持拍于体侧。屈膝下降重心，准备起跳。起跳时右臂后引，上体舒展。空中收腹，腰腹带动大臂，大臂带动小臂，小臂带动手腕，用力挥拍击球。杀球后，前臂随惯性前收。

第六节 网 球

一、 网球运动概述

（一）网球运动起源与发展

网球运动是世界上最流行的运动之一，起源可以追溯到 12 ~ 13 世纪法国传教士在教堂回廊里用手掌击球的游戏。这种游戏法语叫“jue de paume”，即以手掌击球的意思，是一种手部的运动。14 世纪中叶，法国的诗人把网球游戏介绍到法国宫廷，作为皇室贵族的消遣活动。同时，这种消遣活动从法国传到了英国。16 ~ 17 世纪，是法国和英国宫廷内从事网球活动的兴盛时期。在莎士比亚的文献中（1564—1616 年），记载法国王储送网球给英王亨利五世（1387—1422 年）。当时球拍的拍面改用羊皮或羊肠线；球有布面或皮面的，内部塞满毛发之类的东西，大小和重量没有记载。

现代网球运动的历史一般认为是从 1873 年开始的。近代网球的创始人温菲尔德将早期的网球打法加以改进，使之成为夏天在草坪上进行的一种体育活动，并取名“草地网球”。1875 年，全英网球运动俱乐部建立。这个俱乐部建造了世界上的第一个网球场地，并于 1877 年举办了全英草地网球男子单打锦标赛，即后来闻名于世的温布尔登网球赛。现代网球运动开展的初期，妇女常被排斥在外，理由是网球运动不适合于妇女。但是一些女选手不仅敢于冲破社会舆论和家庭的阻挠，而且技术水平有的还超过了男选手。在一些非正规的单打比赛中常常出现一边是男选手、另一边是女选手的情况。这迫使一些网球俱乐部不得不破除禁令，允许妇女参加这一运动。

1881 年，世界上出现了第一个全国性的网球协会，即美国全国草地网球协会。该会于当年 8 月 31 日至 9 月 3 日，在罗得岛纽波特港举行第一届美国草地网球男子单打和男子双打锦标赛，采用了温布尔登的比赛规则，参加比赛的有 26 人。1891 年，法国首次举行男子单打和男子双打锦标赛，参加者限于法国公民（女子单打始于 1897 年）。1904 年，澳大利亚草地网球协会成立，并于 1905 年开始主办澳大利亚锦标赛，设男子单打、男子双打两个项目，1922 年又增加了女子单打、女子双打和混合双打 3 项。1913 年，国际网球联合会在法国巴黎成立。1896 年在雅典举行的现代第一届奥运会上，网球的男子单打与双打被列为正式比赛项目。后来，由于国际奥委会和国际网球联合会在“业余运动员”问题上有分歧，已经进行了连续 7 届的奥运会网球比赛项目被取消。直到 1984 年的洛杉矶奥运会上，网球又被列为表演项目。1988 年的汉城奥运会上，网球重新被列为正式比赛项目。

（二）我国网球运动的发展

19 世纪中叶，在中国陆续开放的一些沿海商业口岸，西方官员、商人、传教士和驻军络绎而至，网球运动就是由他们带进中国的。1860 年，英军占领天津紫竹林作为练兵场，随后逐渐增设田径场、足球场及网球场，这是中国建立网球场的最早记载。1876 年，上海以外侨为主的网球总会建造了两个草地网球场，这是上海最早的标准网球场。1910 年在南

京举行的中华民国第一届全国运动会，共四项比赛，网球就是其中之一（从第三届开始又增加了女子网球项目）。1924—1946 年，中国共参加了 6 次戴维斯杯网球赛。

新中国成立后，部分网球场仍然开展活动，还经常组织一些小型的网球比赛。1953 年，在天津举行的四项球类运动会中就有网球比赛（其他三项为篮球、排球、羽毛球）。1958 年，新中国首次派代表团参加了在伦敦举行的温布尔登网球锦标赛。

李芳是新中国第一位参加四大网球公开赛的中国选手，曾闯入世界排名前 50 位并成为第一个走出国门、靠打球来养活自己的职业运动员。1992 年，李芳进入法网第二轮，并保持 10 年之久。

2004 年 8 月 22 日，雅典奥运会的网球比赛中，中国女双组合李婷和孙甜甜获得了中国奥运会史上第一块网球金牌。2006 年 1 月 27 日，中国选手郑洁、晏紫在澳大利亚网球公开赛中击败赛会头号种子雷蒙德、斯托瑟，夺得中国网球界的四大满贯成年组双打比赛中的第一个冠军。2011 年 6 月 5 日，中国选手李娜在法国罗兰加洛斯击败意大利上届冠军斯齐亚沃尼，取得法国网球公开赛女单冠军，成为中国网坛乃至亚洲网坛的大满贯单打“第一人”。2014 年 1 月 25 日，李娜又取得澳大利亚网球公开赛单打冠军。

目前网球在我国青少年中普及率逐年提高，许多城市网球场遍布于学校和居民小区，参与网球项目的活动成为大众健身、娱乐、休闲的首选。

二、　基础知识

（一）场地、球、球拍

1. 场地

在网球单打或双打的场地中，球网应用两根高 1.07 米的网柱支撑起来。球网的中心被中心带下压、绷紧，离地 0.914 米。球网的网孔大小应以能防止网球穿过去为宜。正式的网球比赛中，球场端线后必须至少要有 6.4 米的活动范围，边线以外必须至少要有 3.66 米的活动范围。标准网球场尺寸详见图 3-6-1。

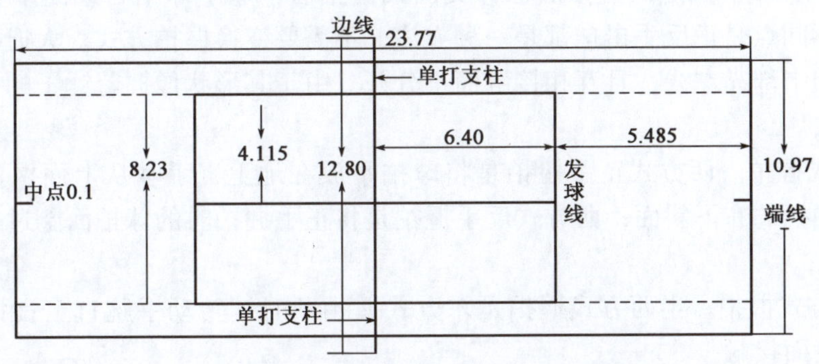

图　3-6-1（尺寸单位：米）

2. 球

球的外表必须形状相同和无缝，直径为 6.35 ~ 6.67 厘米，重量为 56.7 ~ 58.5 克。球从

2. 54 米高出自由落下时，必须能在混凝土地面上弹起 134. 62 ~147. 32 厘米。

3. 球拍

球拍的击球面应该是平坦的，由固定在球拍框上的弦相互均匀交织而成。在职业比赛中使用的球拍框的总长度（包括拍柄）不能超过 73. 66 厘米，球拍框的总宽度不能超过 31. 75 厘米。球拍框、拍柄以及击球面上不应有其他附属物和装置，除非是用以减少磨损或振动。

（二）握拍、准备姿势

1. 握拍（图 3-6-2）

初学网球，先要学握拍的方法。它能直接影响拍面接触球的角度。目前世界上流行的握拍法有东方式、大陆式、西方式和半西方式等几种。不同的方法可产生不同的击球效果和打法。实践证明，不同的打法在世界上都获得了较好的成绩。在网球教学中，不同的握拍方法都要提倡，物为我用，使其相互促进，从而推动网球技术的提高和发展。

图 3-6-2

（1）东方式握拍。东方式握拍分正手和反手。正手握拍时，拍面与地面垂直，大拇指与食指呈 V 字形握在拍柄的中部靠右线。由于恰好像握手的形状，此握拍法也称为握手式握拍法。反手握拍是在正手握拍时，左手握紧拍颈，将右手向内转动 90 度，大拇指与食指呈 V 字形握在拍柄的中部靠左线，食指底部关节压住拍柄上平面。

（2）大陆式握拍。大陆式握拍法也称英国式握拍法，除了球拍与地面垂直与东方式握拍法一样外，不同点是正反手击球都是一种方法，不需要变换握拍方式。大拇指与食指呈 V 字形握在拍柄的中部靠左线，且互相接触而不分开。由于其形状像握着锤子的样子，所以又称握锤式握拍法。

（3）西方式握拍。西方式正手握拍是将球拍平放在地上，手掌从上面握住拍柄，食指底部关节压住拍柄的右下斜面；西方式反手握拍是将正手握拍时的球拍面翻过来，用同一拍面击球。

（4）半西方式握拍。半西方式握拍是东方式握拍顺时针转动手腕直至食指指节和球拍拍柄右下方的棱面接触。

2. 准备姿势（图 3-6-3）

运动员击球前都要从一个准备姿势开始起动，准备姿势正确与否关系到起动快慢和击球效果，也关系到比赛的胜负。正确准备姿势应当是双脚开立比肩略宽，脚掌着地，脚跟抬起，身体重心置于两脚前脚掌之间，两膝微屈，并保持膝关节的良好弹性，上体微前倾，两

眼注视对手或来球。球拍置于腹前，拍头指向前方略偏左，微上翘，手腕低于拍头。用正手握法轻握球拍，不持拍手轻扶着球拍的颈部。不要忽视不持拍手扶拍的作用，它可以扶住并稳定球拍，减轻持拍手的腕部负担，另外还能起到将球拍引至身体一侧的辅助作用，有利于加快动作。

图　3-6-3

3. 击球五要素

（1）击球的深度。所谓击球的深度是指练习者击出的球落在场内距对方端线近程度。落点距端线近，即谓击球的落点深；落点距端线远，即谓落点浅。击球时对落点提出深度要求是提高练习者控制球能力的重要方法。

（2）击球的角度。击球的角度是指练习者击球后球的路线和原定参照物与击球点连线之间的角度关系。如右方斜线球，可将右边线作为参照物线，当球的落点距左边线越近时，则击球的角度越大；若把对手作为参照物，球被击出后，落点距对手越远，则击球的角度越大。

（3）击球的速度。击球的速度应当理解为对方击出的球飞至网上到被我方击出触及对方场地内的物件为止（包括球落地、球被对方截击等）的时间长短。这里包括两段时间，一段是球至网上到球拍击球，另一段是从球拍击球到球触对方场内物件。使这两段时间减少是打网球时提高击球速度的基本原理。减少第一段时间的方法是提前击球，最好球一过网就击球，如截击球、高压球；减少第二段时间的方法是加快球运行的速度和缩短击球点到对方场地落点的距离。

（4）击球的力量。练习者击球的力量大小是通过球运行的快慢表现出来的。据公式 $Ft=mV$ 可知，当球拍作用于球的时间 t 不变时（网球的质量 m 也是不变的），球拍给球的作用力 F 越大，球向前飞行的速度 V 就越快。所以说，有力量的人（尤其是爆发力，也就是速度力量比较好的人）打出的球向前飞行的速度就快。

要想增加击球的力量，就必须注意身体的力量练习，做到各部分力量协调配合，爆发力强；击球时拍面应尽量保持垂直，减少对球的摩擦，使力量完全用在打击球上；击球时引拍动作稍大些，增加球拍前挥的加速距离，在球拍向前挥动速度最快时击球；选择合适的击球点，即在球拍前挥速度达到最快，整个身体感到最舒服的那个点击打；整个击球过程中，全身肌肉不要太紧张，以免影响肌肉的收缩发力效果。

（5）击球的旋转。练习者击球时，球拍给球的作用力线不通过球心时，球就会产生旋转。旋转的球在空中飞行的弧线、落地后弹起的弧线与不转球不一样。研究击球的旋转，一是要利用它，二是会对付它。

旋转的作用是利用旋转制造合适的击球弧线，提高击球的命中率；还可利用旋转的变化，干扰、破坏对方的击球，使对方击球失误。提高击出旋转球的能力要通过用力摩擦球的方法实现。对付旋转球要视旋转种类区别对待，截击下旋球拍面要稍后仰些，以防下网；抽击下旋球要多向上用力，弧线高点；遇到侧逆或侧顺旋球，要降低重心，球拍在正常弹跳的右侧或左侧等球。

三、基本技术

（一）正反手击球技术

正手击球指在击球人握拍手同侧的地方对落地球的打法，是网球基本技术中最常用的击球方法，也是初学者最先学习的技术。据统计，一场比赛中正手击球的使用率可以达到70%以上。正手击球技术的特点是动作舒展，击球有力，速度快，控球好，容易学习。在比赛中，双方都力求获得正手击球的机会，以便在场上占有更有利的位置。

1. 正手击球（图 3-6-4）

正手击球技术由准备姿势、转体引拍、挥拍击球和随挥 4 个基本环节组成。

图 3-6-4

（1）准备姿势。面对球网，双脚向前自然分开与肩同宽，双膝微屈，身体略向前倾，重心落在双脚的前脚掌上。右手握拍，左手轻托拍颈，双肘微屈，球拍舒适地放在身前，拍头稍高于拍柄，并指向前方。两眼注视对方来球，做好击球准备。

（2）转体引拍。当判断来球需用正手回击时，转肩转髋带动右手向后摆动引拍。此时，双脚可采用“关闭式”“开放式”或“半开放式”步法。引拍时肘部弯曲，自然下垂，拍头一般应高于持拍手，手腕放松，左手伸向前方，保持身体平衡。后摆引拍时身体重心移向右脚。引拍结束时，球拍对着后面的挡网。

（3）挥拍击球。向前挥拍击球时应蹬地发力，并向左转动身体，以左侧身体为轴，持拍手大臂带动小臂，沿着来球的轨迹迎前挥击。在击球时，手腕应固定，拍面垂直于地面。击球点一般在身体的右前方，与腰齐高或稍高于腰，击球高度可通过屈膝、调整身体重心高度调节。大部分挥拍是自下而上地挥动，从而使球稍带上旋。

（4）随挥。球触拍后使拍面平行于网的时间尽量长些，挥拍沿着球飞行的方向前送，重心前移在左脚，身体也随着转向球网。挥拍动作在左肩上方结束，肘关节向前。随挥结束后，立即恢复准备姿势，准备下一次击球。

2. 几种常见的正手击球技术

网球正手击球从球的旋转性能分，有上旋球、下旋球、平击球、侧旋球等不同旋转的打法。网球来球的力量、旋转速度与方向，击球时的挥拍路线，触球时的拍面角度等因素影响着击球后球的旋转方向和飞行轨迹。不同的击球方法会导致不同的飞行轨迹和反弹效果。可以根据场上情况，运用各种击球方法，掌握比赛的主动权。

（1）正手上旋球

正手回球时，要快速转肩引拍，持拍手臂放松向后引拍，引拍应该是直接向后的，球拍指向球场后端的挡网，拍底正对球网，拍头高于手腕，双脚与底线平行（“关闭式”步法左脚在前），左肩对着击球方向，尽量保持侧身击球。同时，左手一定要随着侧身转体指向前方的来球，击球时应以肩关节为轴，用力蹬腿，转动身体，手腕固定，在身体右前方由下往上击球。击球时拍面与地面垂直，眼睛看击球点，左手留在前面以保持平衡，用大臂带动小臂，球拍触球后，拍面向着击球方向前送的时间尽量长些，同时保持拍面对着击球方向，重心前移，拍头随着惯性挥到左肩上方，肘关节向前。随挥结束后，应立刻恢复到准备姿势。

提示：引拍、转体转肩、甩拍、击球后随挥连贯协调。

（2）正手平击球

平击球动作方法基本同正手上旋球，主要区别在平击球时手腕固定，挥拍方向和出球方向一致，表现为推送球。

提示：腰腿充分发力、肩部积极前送，手臂推送或手腕甩动，击球手腕收紧。

（3）正手下旋球

身体做约 45 度的转体引拍，引拍幅度小于正手上旋球。击球时，由后上方向前下方挥击，球拍稍向后倾斜，击球后下部，使球产生下旋。击球后，应向击球方向做随挥动作，使球向前飘行。

提示：在球弹起上升期击球，击球时身体重心随挥拍向前。

3. 反手技术

（1）单手反手击球（图 3-6-5）。

反手回球时，应立即向左转肩，在左手扶住拍颈的帮助下调整为反手握拍法，同时脚掌转动，重心移向左脚，侧身对网。球拍后拉时，拍头稍高于来球，右肘部自然靠近身体。向前挥拍时，右脚向左前方跨一大步，成“关闭式”步法，跨步能使身体重心跟进并保持平衡，同时要屈膝，弯下上身。拍头自然向下后，向上挥击球打，出带上旋的反手球，击球点在跨出脚的前方。击球后，手臂应自然向前上方挥到尽头，随着腰部的转动，面部重新转过来朝着球网的方向，此时球拍大致停于右侧高处。每击完一次球后，应马上恢复准备姿势，以迎击下一次来球。

图 3-6-5

提示：反手引拍，前挥时手臂保持一定的弯曲直到随挥结束，触球时手腕绷紧，惯性随挥拍到肩的另侧上方。

（2）双手反手上旋球（图 3-6-6）。

转体引拍，拍面要稍开些，右脚向边线方向迈出一步，使身体形成侧身对网，把身体重心移到左脚。此时两膝微屈，重心略下降，右肩前探，下颌靠近右肩。向前挥拍时，要积极蹬腿转腰，两臂协调一致用力。前挥是平滑而连贯的动作，将球拍伸入球的下面击球，积极使用左手的力量，眼睛盯球。手臂由低点向前上挥拍，身体重心前移。随挥动作是由转动上体、使后肩向着球飞去的方向绕出而完成，把拍带到身体另一侧，在高处结束。

图 3-6-6

提示：关闭式步法，身体侧向对球，后引拍要简单、小幅，转体自然。注意拍位与击球点，并有向前推击的感觉。

（二）发接球技术

1. 发球技术（图 3-6-7）

网球发球的基本动作由握拍、准备姿势、抛球、挥拍击球、随挥组成。发球是网球各项技术中唯一不受对方制约的，在较大程度上能够发挥出个人的特点，控制对方，为自己的进攻创造有利条件。

图 3-6-7

（1）握拍。发球的握拍方法一般采用东方式反手握拍法或大陆式握拍法。东方式反手握拍法可以发出更多旋转的上旋球。

（2）准备姿势。侧身左肩对着发球区，双脚自然分开与肩同宽或略宽于肩，左脚与底线约呈 45 度，右脚几乎与底线平行，两脚尖连线的延长线指向发球区。右手持拍，拍头指向前方，左手持球，球自然落在持球手拇指、食指及中指三指间，无名指和小指自然屈于球的后部，切忌用力将球握在手里或捏在手里。

（3）抛球。持球从腿侧自下而上将球抛起。在整个动作过程中，手臂保持伸直状态，走势与地面垂直，掌心向上，以拇指、食指、中指三指将球平稳托起，尽量避免勾指、甩手腕等手部小动作，以免影响球的平稳走势。球抛到空中的高度不能低于持拍时伸直手臂球拍所能触及的高度。

（4）挥拍击球。掌握合适的发球落点，后摆球拍。球拍后摆至一定高度后，以肘为轴，小臂、手、拍头依次向体后、背部下吊，同时屈双膝并伴随身体后展呈“弓”状。自下而上依次蹬直踝部、膝部，反弹背弓并向出球方转体。挥拍击球时，肘部有一个引导小臂、球拍下吊至背后，再以肘部为轴带动臂、拍摆向击球点的过程。拍面自然地稍向内侧，以便击于球的侧后部，发出侧上旋球或侧旋球。

（5）随挥。击中球时虽然挥拍击球动作已告完成，但整个发球过程却仍在继续。到达击球点后，顺着身体及挥拍的惯性做收腹、转肩和收拍的动作，最终拍子由大臂带动收向非持拍手一侧，结束发球动作。

2. 截击技术（图 3-6-8）

网球的截击技术是指将对方来球凌空击回，又称拦网。其基本动作由握拍、准备姿势、后摆引拍、前挥击球、随挥跟进组成。

a) 正手截击

b) 反手截击

图 3-6-8

（1）握拍。截击最理想的握拍方式是大陆式握拍。手指之间有一些缝隙，特别是食指和中指要形成扣扳机状，便于球员对球拍拍头有更多的控制。使用大陆式握拍的好处在于可用它打正手截击和反手截击。

（2）准备姿势。面对球网，双脚向前自然分开与肩同宽，双膝微屈，上身保持正直并向前倾，采用大陆式握拍法。用非握拍手轻托拍颈，拍头与下巴齐平，双肘弯曲，将球拍舒适伸在前面，重心落双脚脚尖上。当对手击球的瞬间，应用垫步作为准备姿势的一部分，并立即判断出球的方向、高度和路线，以便快速移动和上前截击。

（3）后摆引拍。引拍动作以转肩为主，迅速、简单、幅度要小，眼睛紧盯来球。引拍时，手腕和拍面固定。引拍后，要保持拍头高于手腕。

（4）前挥击球。面对来球迅速向前跨步（正手出左脚、反手出右脚）。随着重心前移，身体转向正对球网。击球点保持在体前，拍面对着来球，依靠身体向前移动的惯性所产生的力量截击球，以短促的动作向前向下切削来球。

（5）随挥跟进。击球手臂随着身体移动的惯性向前跟进推送，然后顺势迅速恢复原来的准备姿势，准备下一次击球。

3. 接发球

接发球是网球运动中较难掌握的技术之一。面对越来越快的发球球速，接球员必须在第一时间对发来的各种不同速度、落点和旋转的球，作出快速的判断和反应，并选择恰当的击球技术，才能接好发球。

（1）握拍。

准备姿势时的握拍法，宜采用既不是正手也不是反手，而是处于中间状态的握拍法。单手击球选手一手持拍，一手扶拍颈。双手击球选手用双手握住球拍，但不可握得太紧。当判断清楚发球线路后应立即调整握拍法。

（2）接发球站位。

一般接发球站位应在对方发球最大角度的分角线上。这种站位不论对手发内角球还是外角球均能应付自如。还可以根据对手发球特点加以调整，如对手习惯发切削球，在右半区接发球时站位就应向外移动一些。接对方第一发球时可站在端线外 1 米左右的位置；接第二发球时则可向前移动，站在端线上或端线内。

（3）准备姿势。

准备姿势有两种：两脚前后错开的踏进型和两脚开立与端线平行的平衡型。两种方式均采取膝关节弯曲的低姿势接发球，可根据自身喜好选择。

4. 挑高球

挑高球是一项使用频率相对较低但又十分重要的技术。它在双打中的使用率要远远高于在单打中的使用率。比赛中，当自己处于被动的时候，使用挑高球可以为自己赢得宝贵的时间，回到有利的位置，恢复身体的平衡。也可用挑高球破坏对方进攻的节奏；当对手上网时，可用挑球过顶的方法，迫使对手回防，取得比赛的主动权。

挑高球分上旋挑高球、平击挑高球、削击挑高球和截击挑高球四种。

5. 放小球

放小球技术是一种调动干扰、牵制对方的技术，具有很好的隐蔽性和突然性。在比赛中配合运用放小球，可以更有效地发挥自己特长技术的攻击性，使对方不能专心于防守，打乱了对方站位击球的节奏，而使自己各项技术得到充分发挥。

6. 高压球

高压球是在头上进行大力扣杀的击球方法，是上网战术体系中的重要一环。比赛中，打出一个漂亮的高压球，会使自己精神振奋；相反，如果打失误一个应该得分的高压球，则会影响自己的竞技状态。故对这一接发球技术应勤加练习。高压球有落地高压球和凌空高压球两类。

7. 反弹球

反弹球是一项由被动变为主动的过渡性技术，主要是用来回击对着脚下打来的球，或在

发球上网、随击球上网的途中来不及到位打截击球而被迫还击刚从地面弹起的低球。按击球者站位分，有近网、中场和底线深区的反弹球；按球的旋转分，有平击、上旋和下旋削击的反弹球；按回击的落点和性能分，又有推深、放轻球、挑高球和破上网等。

四、基本战术

（一）单打战术

网球单打时，会出现以下几种情况，即一方发球时、接发球时，双方都在底线时，自己上网时和对方上网时等。对于出现的每一种情况，都有一系列的战术可供选择和采用。这对赢得一分、一局，甚至整场比赛至关重要。以下技术的自如和合理运用必须以一定的技术能力为基础。

1. 发球

利用发球从一开始就控制局势，变换发球位置和目标使对方捉摸不定。

（1）“一发”。通常将球发向对手弱的一侧，不要忘记发追身球。不要用力过大，通常用70% ~80% 的力量即可。如是大力发球，可考虑上网截击；如用中等力量发球，要有角度，球路明确，随即掌握场上主动；如一发弱，留在后场，等候对手回球。发球要稳，力求达到70% 的成功率。

（2）“二发”。要稳，要有100% 的成功率。变换旋转和速度，发动攻击，不要忘记发追身球。尽量发深球，不要发近网球。如发球好，向前移动或上网截击；如二发弱，留在后场，等待对手回球。

（3）球路、旋转等。根据场地类型采用旋转发球，并变换发球落点，使对手捉摸不定。发左区时，发外角侧旋球；发右区时，发中路侧旋球；发平击球时，发左右区的外角；发上旋球时，发左区的内角，发右区的外角。

（4）发球上网截击：多数情况下，利用良好的一发上网截击得分；沿可能的回球线路移动上网截击；关键分时，又是二发，发球上网截击不失为出奇制胜的一招。

（5）发球后击落地球：发球后移至左侧和中央位置（右手握拍型选手），用正手进攻。

2. 接发球

（1）一般情况下，力求将球击入场地一个特定位置（如对手的弱点）。变换接发球方式，可能时改变接发球的速度和旋转。力求判断和“看穿”发到球方的意图（注意抛球动作），并根据发球方的站位变换接发球的位置。对付大力发球时，采用挡球式接发球，用一个正确的转髋和转肩动作向后引拍，动作要小；接力量小的发球时，要提前准备，朝球的方向斜线移动迎上去挥拍击球；接弹跳高的发球时，提起移动做好准备，侧身正手击球。用削球接发球可能是一种备用武器。

（2）接一发球。接一发时要稳，力求不让对方一发“轻易”得分。如对手留在后场，接发球时用挡击打一个深的直线球，或有角度的球，或用上旋高球送至对方反手。根据接发球的类型，上网截击或留在后场。

（3）接二发球。每当出现机会时应有攻击二发的意识。攻击二发时当球上升至肩高时击球，以保持场上的主动。用正手侧身攻或跑动中正手打直线球，偶尔打一个轻吊球。对手二发时，向前移动或向反手一侧移动侧身正手进攻。如对手上网，用一个近网上旋斜线球或深的直线球攻击回球。根据接发球类型上网截击或留在后场。如对手留在后场，接发球时用一个深的直线球或小斜线球攻击。

3. 双方都在底线

（1）一般情况下，通过连续施压迫使对手出现失误，击球位置靠近底线，要利用整个场地。坚持打深球，使用斜线对拉战术以争取时间和控制，采用组合击球战术（如打深的直线球后接打对角斜线球）。用平击球和上旋球进攻，对攻时要变换节奏，可以快慢结合、长短结合、各种旋转球结合。处于被动时，多打控制球，少发力。用高而深的慢速球变换速度，接打角度刁或速度快的来球。

（2）击落地球。正手时，在3/4的场地内用正手进攻和回击所有可能的回球；反手时，打斜线是为了从底线对攻，打直线是为了随球上网抢分。感到紧张时，勿放小球。

（3）处于进攻时，力求调动对方。使用轻吊球，令对手措手不及。

（4）相持球时，要打高而深的球和斜线球，调动对方；如对方主动打你的反手，争取朝反手方向移动，用正手攻击。

（5）处于防守时，打调整球瓦解对手的优势。打高球、深球、角度刁的球。跑动救任何可能救起的球。

（6）对手移动差，力求用组合击球、低球、挑高球等打乱对手的步法。当对手在跑动中或从远离的位置击出直线球时，可打一小斜线。

（7）对付好底线型对手，使用发球上网截击战术；要耐心；用角度刁的近网削球将对手吸引到网前。

（8）对付全面型对手，击落地球时要稳，不要出现自杀性失误。

（9）对付上网型对手，打深球和角度大的球，将对手压在后场。

4. 随球上网或是在网前

（1）一般情况下，从中场使用大力的准确击球或球在上升时击球，控制局面，威胁对方。上网，令对手措手不及。随球上网，把球击向对手弱的一侧。截击前先跨步。不要过多地使用轻吊或空中短击，使用它们是为了将对手调至网前或作为一种出其不意的战术。中场截击球要深而低；网前区截击球应有角度，短而有力。随时防备对手挑高球。

（2）中场打法。截击空位得分。始终将球击向对手弱的一侧。随球上网，朝空位截击。对手回球时，上去封住穿越球。对手不用高球扣杀时，应上网，但防备对手挑高球。击出一轻吊球，对手上来救球，应上网封死角度。中场高球用空中截击、空中扣杀或空中抽杀攻击。

（3）网前打法。最佳截击打空当。用低截击球打空当或打追身球，也可打角度刁的轻吊截击球。防备对手的穿越球或挑高球。

（4）穿越球。让对手在别扭的情况下（如打中路低球）截击，然后再打穿越球（2次穿越球战术）。

（二）双打战术

网球双打比赛和单打比赛一样，有着悠久的历史，深受业余网球爱好者的喜爱。双打的显著特点是网前的争夺激烈。一般来说，谁控制了网前，谁就有更多的发球得分机会。双打需要两位选手默契配合，如果把两位选手的长处结合起来，就能发挥更强的战斗力。

网球双打的战术主要有发球的配合、接发球的配合、协同防守和网前配合等。

第四章 武术与传统保健功法

第一节 武　　术

一、 武术运动概述

（一）走进丰富多彩的武术世界

中华武术，源远流长，有着悠久的历史和广泛的群众基础，是中华民族在长期劳动生活与斗争中逐步积累和发展起来的一项宝贵文化遗产。武术内容博大精深，形式丰富多样，流传至今的具有完整体系的拳种就有 129 个。目前武术开展的运动形式主要有套路运动、搏斗运动、功法运动等。按活动人群和应用需要又有人把武术分为竞技武术、大众健身武术、学校武术、实用军警武术等。本教材以运动形式对武术进行分类阐述。

1. 套路运动

套路运动是以踢、打、摔、拿、击、刺等攻防动作为素材，遵守攻守进退、动静疾徐、刚柔虚实等矛盾运动的变化规律编成的整套练习形式，是一种重在演绎攻防技击方法与特点的身体运动形式。其主要内容包括单练、对练、集体项目。传统武术套路和现代竞技武术有明显区别，当前竞技场上的套路形式重在演绎攻防技击方法，是经过艺术加工的，注重难、美、新的形体类体育形式。

2. 搏斗运动

搏斗运动是两人或多人在一定条件下，按一定的规则进行斗智较力的攻防性练习形式。现在武术竞赛中开展的主要是两人进行的对抗性活动，包括散打、太极推手、短兵等。

3. 功法运动

传统的功法运动主要指为增强攻防能力和健康需要而进行的专门基本功训练，人们习惯把它分为内功和外功。内功是一种相对注重内练，采用以意领气、以气催力为基本锻炼手段的运动形式。它以练气为主，如练丹田内气、通小周天、通大周天、气行全身等，太极拳的浑圆桩，形意拳的三体式，五行拳、意拳的养生桩、技击桩都属此类。外功是相对注重外练的以练习击打力度和抗击打能力为主的运动形式，如打沙袋、踢木桩、练排打等。内外功法

是相对而言的，相互联系，相互促进，不能把它们绝对的分开。功法运动是配合套路运动和搏斗运动而进行的运动形式。

（二）科学地认识武术

武术，内容如此丰富多彩，如今还能作为体育项目得到广泛的开展确实不易。但是，早期的武术并非如此。在武术的发展历程中，很长一段时期内只是作为一种技击术和民间杂艺存在与发展。20 世纪受西方体育的冲击和影响，武术才逐渐向体育靠拢。然而无论武术经过怎样的发展，它始终离不开技击，技击特性是其最主要的、最本质的。诸如功法运动、套路运动、搏斗运动等都直接或间接地服务于技击或表现技击。

武术是以技击为主要内容，以功法、套路、搏斗为运动形式的中国传统体育项目。它既具有强身健体的功效，又具有防身自卫的价值，还能丰富现代人所需的文化生活，更重要的是能作为一种传统文化的范例进行民族传统教育。它既是当前学校实施素质教育的理想手段，也是全民健身的重要内容。

就传统武术而言，套路、搏斗、功法三者相连更为紧密，是一个完整的体系。就当今武术而言，三者有相互独立发展之势。竞技武术套路已经独立地走上了竞技舞台，成为表现难美性项目；摈弃了套路基础的搏斗运动也作为一个完整的搏斗项目独立地发展了近 30 余年；许多与气功结合的单势功法演练在民间也广泛开展。武术的功法、套路、搏斗 3 个运动形式既有一定的联系，又相互独立，共同构成了形式多样的武术技术体系。

武术是一个中国的民族传统体育项目。在中华大地上发展起来的健身运动有上千种，像流传至今的舞龙、舞狮、龙舟、风筝、气功等，而武术只是其中之一，然而它却是一项内含文化因子最多、规模最大、最具系统性的项目。

值得大家注意的是，流传于世界各地的武技很多，像拳击、跆拳道、柔术、空手道、泰拳等，但都不是武术。武术专指中国的、内含中国文化的武技。

（三）武术运动的发展历程

武术可按不同时期、不同的发展特点分三个阶段：古代武术，主要指鸦片战争前的武术；近代武术，主要指清代鸦片战争以后及民国时期的武术；现代武术，主要指新中国成立后一直到现在的武术。下文简述现代武术的发展历程。

新中国成立后，新的社会环境使武术得到了前所未有的发展。作为社会主义体育事业的一部分，现代武术的性质、地位、目的和作用发生了很大的变化。首先，武术被正式列入了现代体育范畴，沿现代体育的方向前进、发展。其次，受特殊的政治环境影响，武术发展的主体经过一个从量变到质变的过程，逐渐由历来一直强调的技击功能，转向艺术表现、健身等功能，从而促使武术呈现多元化发展。再次，武术逐渐冲出亚洲，走向世界，作为中国传统文化的一种表现形式受到越来越多的外国朋友青睐。

朱德、贺龙、刘少奇等老一辈领导人都积极倡导发展武术，这对武术发展给予了极大的促进。1952 年刚成立的国家体委设置专门机构——民族体育形式研究会，对武术实行领导，这标志着武术被正式列入体育范畴，成为社会主义体育事业的一部分。1953 年 11 月 8—12 日，在天津举行的全国民族形式体育表演及竞赛大会，武术作为主要内容，有 145 名运动员作了包括各种拳术、器械及散手、短兵在内的 332 个项目的表演及竞赛，展现了新中国成立初期传统武术的最高水平，受到了人民群众的极大关注，积极推动了武术发展。此后一段时间内，由于复杂的政治环境，有些武术组织与一些反革命势力联系在一起，造成了一些社会不安定因素，因此，武术对抗性运动被取消，武术被引向突出艺术美和健身的方向。这使得以艺术表现为主要特色的武术套路和以杨式太极拳为蓝本创编的缓慢柔和型的太极拳套路蓬勃发展起来。1956 年，武术被列为体育竞赛项目。当年 11 月 1—7 日，十二单位武术套路表演大会在北京举行，这是武术作为体育运动项目走向正式比赛的开端。1957 年，一些体育院校和师范院校体育系把武术列为教育课程。1958 年 9 月，中国武术协会成立。1959 年，国家体委正式批准施行新中国成立以来第一个《武术竞赛规则》，并将武术列为第一届全国运动会竞赛项目。20 世纪 60 年代初期，国家体委正式提出了“难度大、质量高、形象美”的武术技术发展方向，武术逐渐作为一个正式的竞技体育项目发展起来。“文化大革命”前期，武术竞技遭受一定的挫折，随后却以前所未有之势迅猛发展起来。1979 年，武术对抗运动开始试点。1989 年，散打被列为正式比赛项目。20 世纪 90 年代，经过一系列从技术规范、竞赛规则、竞赛制度等方面的改革，武术发展成一个成熟的竞技项目。特别是从 20 世纪末开始开展的散打王争霸赛、中国武术与美国拳击的对抗赛、中国武术与泰拳的对抗赛、中法散打对抗赛、中日对抗赛等一系列赛事的商业化运作，极大地推动了武术散打的发展，将武术竞技推向一个新高潮。另外，像全国武术锦标赛、全运会武术比赛、亚运会武术比赛、亚洲武术锦标赛、世界武术锦标赛等一系列的赛事将武术发展从中国推向了世界。从 1984 年国务院正式批准武术硕士学位授予权，到 1997 年在上海体育学院我国第一个武术博士授予点的诞生，以及几届武术论文报告会的举行，武术一步一步向科学化的方向迈进，真正成为现代体育大家庭中十分重要的一员。

如果说民国时期武术亮相于柏林奥运会仅是走向世界的一次尝试，那么可以说新中国成立后武术已经大踏步地迈向世界。1960 年，中国青年武术代表队随中国体育代表团赴捷克斯洛伐克表演，揭开了新中国成立后武术对外交流的序幕。“文化大革命”后半期，中国武术队频频出访，足迹遍及欧、亚、非、美几大洲的广大区域，极大扩展了中国武术的影响，为武术走向世界奠定了基础。1984 年，在武汉举行了国际太极拳邀请赛，为武术走向世界创造了一个良好开端。1985 年 8 月，在西安又举行了第一届国际武术邀请赛，加速了武术走向世界的进程。1987 年，第一届亚洲武术锦标赛在日本举行。1990 年，武术被正式列入亚运会比赛项目。1990 年 10 月，国际武术联合会在北京成立，接着各洲际武术组织纷纷成立，1991 年 10 月在北京举行了第一届世界武术锦标赛。以上这些都标志着武术正式进入世界竞技体育比赛行列。1999 年 6 月 20 日，在汉城举行的第一百零九次国际奥委会会议决定承认国际武术联合会，这是中国武术走向世界的一个重要里程碑。

武术段位制是国家体育总局设立的一项以广大武术锻炼者为对象，全面评价习武者武术水平的等级制度。其主要目的是为增强人民体质，推动武术运动的发展，提高武术技术和理论水平，建立规范的全民武术体系等。武术段位制的项目，是在我国传统武术中，根据流传地域广泛、技术特点突出、锻炼功能全面的原则选定的拳术和器械锻炼方法，并以段位等级层次清晰与技术元素循序递增相统一、个人单练和两人对练相一致的结构，编制成统一的考试内容和评价标准。2013 年全国段位制工作会上，国家体育总局武术运动管理中心、中国武术协会把段位制进校园作为全面推进段位制普及推广工作的重点。

中国武术在长期的历史演变中，逐渐形成了自己的运动规律和特点。它以独特的技术风格和民族文化内涵享誉世界。大学生是祖国的未来、民族的希望。武术进入校园，既能为增强学生体质做贡献，又能为传承民族文化和民族精神服务。

二、 套路运动

（一）长拳套路与组合动作

1. 五步拳

（1）预备姿势（图 4-1-1）。两脚并拢；两拳抱于腰间。

（2）拗弓步冲拳（图 4-1-2 ）。

左脚向前迈一步，身体左转，右腿蹬直；左手向左平搂并收回腰间抱拳，右拳向前直冲成平拳；目视前方。

图　4-1-1

图　4-1-2

（3）弹踢冲拳（图 4-1-3 ）。

重心前移，左腿蹬直，右腿向前弹出，高与腰平；左拳由腰间向前直冲成平拳，右拳收回腰间；目视前方。

（4）马步架打（图 4-1-4）。

右脚落地，身体左转 90 度，两腿下蹲成马步；左拳变掌，屈臂上架在头的上方，右拳从腰间向右直冲成平拳；头右转，目视右前方。

（5）歇步盖打（图 4-1-5）。

左脚向右脚后插一步，左脚前脚掌着地；右拳变掌，由右经头上向前下盖，高与胸齐；身体左转 90 度，左掌变拳收回腰间；目视右掌。

图　4-1-3

图　4-1-4

图　4-1-5

两腿屈膝下蹲成歇步；左拳向前冲出成平拳，右掌变拳收回腰间；目视左拳。

（6）提膝仆步穿掌（图4-1-6）。

左腿提膝，右腿蹬直，身体稍左转；左拳变掌，手心向下，指尖斜向左前方，右拳变掌手心向上，从左手背部穿出，手心向前，左手顺势收至右腋下；目视右手。

右腿屈膝下蹲，左脚落地向前伸直成仆步；左手掌指朝前沿左腿内侧穿至左脚面；目视左掌。

（7）虚步挑掌（图4-1-7）。

左腿屈膝前弓，右脚蹬地向前上步，成右虚步；左手向上、向后划弧成勾手，勾尖略高于肩，右手由后向下、向前顺右腿外向上挑掌，掌指向上；目视前方。

（8）并步抱拳（图4-1-8）。

重心前移，左脚蹬直，左脚向右脚靠拢成并步；左勾手与右掌变拳收回腰间；目视前方。

图 4-1-6　　图 4-1-7　　图 4-1-8

2. 高虚步挑掌—弧形步亮掌—腾空摆莲—弓步架栽拳

（1）预备姿势（图4-1-9）：高虚步挑掌。

（2）弧形步亮掌（图4-1-10）。左脚向前上半步，随之右手向下摆动，右脚继左脚向前进一大步；右掌在进右步的同时，向下、向右弧形回收至腰间，左臂向后经上摆至头向上方；目随右掌转视。

图 4-1-9　　图 4-1-10

（3）腾空摆莲（图4-1-11）。右脚蹬地单足跳起，左腿随之屈膝提起收扣于身前，身体腾空；右掌在跳起的同时，经左臂内侧向上弧形上架于右上方，左臂顺势摆向身后；头部左转，右肩前顶；两眼随右掌转视左侧。

右脚落地，左脚随之在身前落步，右脚再上一步，脚尖外展。右臂同时下落，左臂前摆；右腿蹬地跳起，同时左腿向右上方踢摆，两手于头上击响，上体向右转动，身体腾空；右腿外摆；左腿屈膝或直腿收控于身体左侧，上体微右前倾，两手先左后右击拍右脚面；两眼随视两手。

（4）弓步架栽拳（图 4-1-12）。落地后，顺势体转向右；右脚向右上半步，屈膝半蹲，左腿蹬直成右弓步，同时右掌变拳，向下、向右、向上架于头部右上方，左掌变拳由左向上、向右下栽拳，左前臂内旋，拳面附着在右膝上；上体左转，目先随右拳后转视左方。

图 4-1-11

图 4-1-12

3. 预备姿势—抡臂砸拳—上步前拍脚—弓步顶肘

（1）预备姿势（图 4-1-13）：并步站立。

（2）抡臂砸拳（图 4-1-14）。左脚向后撤一步，身体右转，成右弓步；左拳变掌向下，向前摆于体前下方，掌心向里，虎口向上，右拳变掌屈肘收于左腋下；目视左掌。

身体左转，左腿直立，右腿屈膝提起；右掌向上、向左、向下轮摆于身体左侧平举，右掌变拳直臂抡举于头上，拳心向里，拳面向上；目视前方。

右脚向左脚内侧震脚，两腿屈膝半蹲；同时，右拳向下，左掌向内，使右拳背后与左掌心于腹前相击；目视右拳。

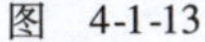

图 4-1-13

图 4-1-14

（3）上步前拍脚（图 4-1-15）。上体稍右转，右脚向前上一步；右掌直臂向上、向后、向下抡臂一周，左掌直臂向前、向上抡摆；目视前方。上体转正，左脚向前上一步；左掌向下、向前，右掌向后，向下经右腿外侧再向上摆起至前上方，在面前以右掌背击拍左掌心；目视两掌。右腿向前上方摆起，脚面绷平；右手迎击右脚面，左手向侧横摆于左侧上方，掌心向下；目视右掌。

（4）弓步顶肘（图 4-1-16）。右脚屈膝向前下落，身体左转；两臂向后下摆至与肩同高，两掌心向外；目视左掌。左腿微屈，重心下降；右掌变拳，同时两臂屈肘收于左胸前，左掌贴于右拳面；目视左拳。

右脚向右上步成右弓步；同时，右肘向右顶出；目视前方。

图 4-1-15

图 4-1-16

4. 预备姿势—翻腰拍地—大跃步前穿—弓步冲拳

（1）预备姿势（图 4-1-17）：并步站立。

（2）翻腰拍地（图 4-1-18）。身体左转；右脚上前一步；右臂直臂自后向上，向前抡摆并在体前抡绕一周；左脚向体后插步，左手屈臂摆致胸前呈插步双摆掌，目视右前方。

上体前俯，沿纵轴向左翻转一周；左右臂直臂随身体翻转向下，向后，向上，向前抡摆。

右脚上步横立，身体前俯两腿全蹲；右臂顺势抡摆前拍地，左臂抡摆至后伸；目视前方。

图 4-1-17

图 4-1-18

（3）大跃步前穿（图 4-1-19）。左脚向前上步，两掌自然摆至身体左下侧；目视左下方。

右腿屈膝向前提起，左腿立即猛力蹬地向前跃出；两掌向前上划弧摆起；目视右掌。

右腿落地全蹲，左腿随即落地前铲成仆步；右掌变拳收于腰侧，左掌由上向右下划弧成立掌，停俯于右胸前；目视左脚。

图 4-1-19

（4）弓步冲拳（图 4-1-20）。右腿猛力蹬直成左弓步；左掌经左脚面划弧后变拳收于腰侧；右拳自腰向前冲出；目视前方。

图　4-1-20

（二）南拳

本套拳术内容简洁，动作结构合理紧凑，是由浙江南拳风格为主的 22 个动作组成，专门针对高校学生，易于学习掌握。

1. 预备势

面向正前方，并步站立，目视正前方。

2. 并步抱拳（图 4-1-21）

两手握拳屈肘上提，抱于腰两侧；目视前方。

3. 马步双撑掌（图 4-1-22）

左脚沿地向左画弧开半步，右脚向右画弧开半步；两腿微屈或成半蹲；目视前方。

重心下沉，左右拳变掌经胸前做马步双撑掌；目视双掌。

4. 马步双标掌（图 4-1-23）

右手变拳收抱于腰侧，两拳变掌随即向前标出。

图　4-1-21　　图　4-1-22

图　4-1-23

5. 并步推掌（图 4-1-24）

左臂屈肘内旋，左掌（掌心向下）向右，右臂外旋（掌心向上）向左摆至左肘下方；目视左掌。

左脚内收并向右脚；左掌自右侧向左前方推出，右掌变拳抱收于右腰侧；目视左前方。

6. 交叉步左弓步冲拳（图 4-1-25）

重心下降，右脚向左前上步，左脚向左前交叉上步成左弓步；左掌变拳抱收腰侧，右拳向前方冲出；目视前方。

图 4-1-24

图 4-1-25

7. 弓步截桥（图 4-1-26）

身体微右转；右拳屈肘后收随即向前截桥。

8. 震脚右弓步冲拳（图 4-1-27）

左脚后退半步震脚，随后右脚上步成右弓步；右拳回收至腰侧，左拳向前冲出；目视前方。

9. 左弓步斜推掌（图 4-1-28）

左脚向正前偏左 45 度上步成左弓步；左拳回收至腰侧，右拳变掌向斜前方推出；目视前方。

图 4-1-26

图 4-1-27

图 4-1-28

10. 马步冲拳（图 4-1-29）

右脚向前上半步成虚步；左拳变掌沿右臂下方向前抹出，右掌屈收于右胸前；两掌心朝下；目视右拳。

右脚继续向前上步，身体随之左转成马步；右掌变拳向前方冲出，左掌上架于头上方；目视右拳。

11. 右转身弓步下插掌（图 4-1-30）

身体左转；右掌屈臂回收，左掌前压至右手腕背；目视右掌。

右腿抬起，左腿蹬地，身体跳起，右转身 180 度；腾空时，右掌回收腰侧，左掌向前按出；目视前方。

右脚落地后，左脚快速向前跨出成弓步；左掌屈臂收胸前，右掌直掌向前下方插出；目视前方。

图　4-1-29

图　4-1-30

12. 跳转身马步劈掌横桥（图 4-1-31）

左脚后收半步成虚步，重心随之后移；左掌伸臂前抹，右掌回收腰侧；目视前方。

左腿向前上抬起，右脚蹬地，身体向前上跳跃前左转 180 度；左掌变拳前臂外旋，屈肘收于腹前，右掌随体转向上微屈臂抡摆；目视右掌。

落地后成马步；左拳屈肘后引，右掌于体前自上而下劈至腹前；而后即变拳向右横桥；目视右前方。

图　4-1-31

13. 弓步双贯拳（图 4-1-32）

身体左转成左弓步；左掌变拳随体转屈臂收于胸前，右拳左摆随体转屈臂收于胸前；目视左前方。

重心后移；左腿提膝，双臂外旋屈肘向下沿左膝两侧摆截；目视左膝。

重心前移；左脚前跨半步落地成弓步；双臂内旋微屈，双拳由身体两侧向前贯拳；目视前方。

图　4-1-32

14. 右蹬腿左右骑龙步冲拳（图 4-1-33）

重心前移；右腿蹬地抬膝前蹬腿；两臂内旋屈肘抱拳收于腰两侧；目视前方。

身体右转，右脚落步成骑龙步；左拳前冲成立拳，右臂屈肘，右拳收于右胸前；目视左拳。

左脚上步成骑龙步，身体左转；右拳前冲成立拳，左臂屈肘，左拳收于左胸前；目视右拳。

图 4-1-33

15. 双跳步弓步双推掌（图 4-1-34）

右脚提起，左脚踏跳，身体腾空前跃；双拳变爪顺时针弧摆至右腰侧；目视双爪。

双脚落地经左半马步成左弓步；双爪向前推出；左臂附在右肘下方；目视前方。

16. 麒麟步左弓步双叠掌（图 4-1-35）

左脚向右脚前上步，脚尖外撇；身体随之左转，两爪变掌收于身体左侧；目随右掌。

右脚向左脚前上步，脚尖外撇；身体随之右转；右前臂外旋，左前臂内旋，两掌向身体右侧叠掌；目随左掌。左脚向左前方上步，随即成左弓步；两掌向左前方推出，左掌指尖朝上，右掌指尖朝下；目视左掌指尖。

17. 插步鞭拳（图 4-1-36）

右脚向前上方，身体随之左转；左掌与右掌同时摆向左侧；目随左掌。

左脚向右脚后插步；右拳向右平抡鞭打，左掌护于右胸前；目视右掌。

图 4-1-34

图 4-1-35

图 4-1-36

18. 转身挂盖拳（图 4-1-37）

身体左后转；左掌变拳随体转经上向左挂出，右拳随体转经下向右摆动。身体继续左转；右拳自上向前盖压，左拳摆向后下；目视前方。

19. 上步外摆莲（图 4-1-38）

右脚向右前方上步蹬地，身体右转，左腿提膝随体转右摆；两手变掌，两臂自然向右上方摆动；目视右前方。

右腿蹬地跳起；身体在空中右旋转；两手于头上方击响。

腾空后，右腿外摆，左腿屈膝收控于右腿侧；两手先左后右拍击右脚背；目视两手。

图 4-1-37

图 4-1-38

20. 跪步双推爪（图 4-1-39）

左脚上步，身体面向起势正前方，下蹲成跪步；两手变爪自腰侧向前推抓；目视前方。

21. 并步按掌（图 4-1-40）

左脚后退半步向右脚并拢；两臂由后向上经体前下摆，两爪变掌屈臂下按，停于腹前，掌心向下，指尖相对；目视左方。

图 4-1-39

图 4-1-40

22. 还原

两臂自然下垂；目视正前方。

（三）太极拳

各式太极拳尽管在运动风格上有所不同，但体松心静、柔和缓慢、连绵不断、圆活自然、协调完整的要求是基本一致的。这里介绍杨氏二十四式简化太极拳。

1. 起势

身体自然直立，两脚开立，与肩同宽，脚尖向前；两臂自然下垂，两手放在大腿外侧；眼向前平视。

两臂慢慢向前平举，两手高与肩平，与肩同宽，手心向下。

上体保持挺直，两腿屈膝下蹲；同时两掌轻轻下按，两肘下垂与两膝相对；眼平视前方。

2. 左右野马分鬃

（1）左野马分鬃。上体微向右转，身体重心移至右腿上；同时右臂收在胸前平屈，手心向下，左手经体前向右下划弧放在右手下，手心向上，两手心相对成抱球状；左脚随即收到右脚内侧，脚尖点地；眼看右手。

上体微向左转，左脚向前方迈出，右脚跟后蹬，右腿自然伸直，成左弓步；同时上体继续向左转，左、右手随转体慢慢分别向左上、右下分开，左手高与眼平（手心斜向上），肘微屈；右手落在右胯旁，肘也微屈，手心向下，指尖向前；眼看左手。

（2）右野马分鬃。上体慢慢后坐，身体重心移至右腿，左脚尖翘起，微向外撇（45～60 度），随后脚掌慢慢踏实，左腿慢慢前弓，身体左转，身体重心再移至左腿；同时左手翻转向下，左臂收在胸前平屈，右手向左上划弧放在左手下，两手心相对成抱球状；右脚随即收到左脚内侧，脚尖点地；眼看左手。

右腿向右前方迈出，左腿自然伸直，成右弓步；同时上体右转，左、右手随转体分别慢慢向左下、右上分开，右手高与眼平（手心斜向上），肘微屈；左手落在左胯旁，肘也微屈，手心向下，指尖向前；眼看右手。

（3）左野马分鬃。动作与（2）解同，只是左右相反。

3. 白鹤亮翅

上体微向左转，左手翻掌向下，左臂平屈胸前，右手向左下划弧，手心转向上，与左手成抱球状；眼看左手。

右脚跟进半步，上体后坐，身体重心移至右腿，上体先向右转，面向右前方，

眼看右手；然后左脚稍向前移，脚尖点地，成左虚步；同时上体再微向左转，面向前方，两手随转体慢慢向右上左下分开，右手上提停于头右侧，手心向左后方，左手落于左胯前，手心向下，指尖向前。

4. 左右搂膝拗步

（1）左搂膝拗步。右手从体前下落，由下向后上方划弧至右肩外侧，肘微屈，手与耳同高，手心斜向上；左手由左下向上、向右下方划弧至右胸前，手心斜向下；同时上体先微向左再向右转；左脚收至右脚内侧，脚尖点地，眼看右手。

上体左转，左脚向前（偏左）迈出成左弓步；同时右手屈回由耳侧向前推出，高与鼻尖平，左手向下由左膝前搂过落于左胯旁，指尖向前；眼看右手手指。

（2）右搂膝拗步。右腿慢慢屈膝，上体后坐，身体重心移至右腿，左脚尖翘起微向外撇，随后脚掌慢慢踏实，左腿前弓，身体左转，身体重心移至左腿，右脚收到左脚内侧，脚尖点地：同时左手向外翻掌由左后向上划弧至左肩外侧，肘微屈，手与耳同高，手心斜向上：右手随转体向上、向左下划弧落于左胸前，手心斜向下；眼看左手。

（3）左搂膝拗步。动作与“右搂膝拗步”解同，只是左右相反。

5. 手挥琵琶

右脚跟进半步，上体后坐，身体重心转至右腿上，上体半面向右转，左脚略提起稍向前移，变成左虚步，脚跟着地，脚尖翘起，膝部微屈；同时左手由左下向上挑举，高与鼻尖平，掌心向右，臂微屈；右手收回放在左臂肘部内侧，掌心向左；眼看左手食指。

6. 左右倒卷肱

（1）左倒转肱。上体右转，右手翻掌（手心向上）经腹前由下向后上方划弧平举，臂微屈，左手随即翻掌向上，眼的视线随着向右转体先向右看，再转向前方看左手。右臂屈肘

折向前，右手由耳侧向前推出，手心向前，左臂屈肘后撤至左肋外侧；同时左腿轻轻提起向后（偏左）退一步，脚掌先着地，然后全脚踏实，身体重心移至左腿上，成右虚步，右脚随转体以脚掌为轴扭正；眼看右手。上体微向左转，同时左手随转体向后上方划弧平举，手心向上，右手随即翻掌，掌心向上；眼随转体先向左看，再转向前方看右手。

（2）右倒转肱。动作与（1）解同，只是左右相反。

（3）左倒转肱。动作与（1）解同；

（4）右倒转肱。动作与（1）解同，只是左右相反。

7. 左揽雀尾

（1）左掤式。上体微向右转，同时右手随转体向后上方划弧平举，手心向上，左手放松，手心向下；眼看左手。身体继续向右转，左手自然下落翻掌经腹前划弧至右肋前，手心向上；右臂屈肘，手心转向下，收至右胸前，两手相对成抱球状；同时身体重心落在右腿上，左脚收到右脚内侧，脚尖点地；眼看右手。

上体微向左转，左脚向前方迈出，上体继续向左转，右腿自然蹬直，左腿屈膝，成左弓步；同时左臂向左掤出，高与肩平，手心向内；右手向右下落放于右腹前，手心向下，指尖向前眼看前臂。

（2）右捋式。身体微向左转，左手随即前伸翻掌向下，右手翻掌向上、向前伸至左前臂下方；然后两手下捋，即上体向右转。两手经腹前向右后上方划弧，直至右手手心向上，高与肩齐，左臂平屈于胸前，手心向后；同时身体重心移至右腿；眼有右手。

（3）左挤式。上体微向左转，右臂屈肘折回，右手附于左手腕里侧（相距约 5 厘米），上体继续向左转，双手同时向前挤出，左前臂要保持半圆；同时身体重心逐渐转移变成左弓步；眼看左手腕部。

（4）按式。左手翻掌，手心向下，右手经左腕上方向前、向右伸出，高与左手齐，手心向下，两手左右分开，宽与肩同；然后右腿屈膝，上体慢慢后坐，身体重心移至右腿上，左脚尖翘起；同时两手屈肘回收至腹前，手心均向前下方；眼向前平视。上式不停，身体重心慢慢前移，同时两手向前、向上按出，掌心向前；左腿成左弓步；眼平视前方。

8. 右揽雀尾

（1）右掤式。上体后坐并向右转，重心移至右腿，左脚尖内扣；右手向右平行划弧至右侧，然后由右下经腹前向左上划弧至左肋前，手心向上；左手掌向下与右手成抱球状；同时身体重心再移至左腿上，右脚收至左脚内侧，脚尖点地；眼看左手。

上体微向右转，右脚向前方迈出，上体继续向左转，右腿自然蹬直，左腿屈膝，成左弓步；同时左臂向左掤出，高与肩平，手心向内；左手向右下落放于腹前，手心向下，指尖向前眼看前臂。

（2）、（3）、（4）动作分别与“左揽雀尾”的（2）、（3）、（4）解同，只是左右相反。

9. 单鞭

上体后坐，身体重心逐渐移至左腿上，右脚尖内扣；同时上体左转，两手（左高右低）向左弧形运转，直至左臂平举伸于身体左侧，手心向左，右手经腹前运至左肋前，手心向后上方；眼看左手；身体重心再渐渐移至右腿上，上体右转，左脚向右脚靠拢，脚尖点地；同时右手向右上方划弧（手心由里转向外），至右侧方时变勾手，臂与肩平；左手向下经腹前向右上划弧停于右肩前，手心向里；眼看左手。

上体微向左转，左脚向左前侧方迈出，右脚跟后蹬，成左弓步；在身体重心移向左腿的同时，左掌随上体的继续左转慢慢翻转向前推出，手心向前，手指与眼齐平，臂微屈；眼看左手。

10. 云手

（1）身体重心移至右腿上，身体渐向右转，左脚尖内扣；左手经腹前向右上划弧至右肩前，手心斜向后，同时右手变掌，手心向右前；眼看左手。

上体慢慢左转，身体重心随之逐渐左移；左手由脸前向左侧运转，手心渐渐向左方；右手由右下经腹前向左上划弧，至左肩前，手心斜向后；同时右脚靠近左脚成小开立步（两脚距离 10 ~ 20 厘米）；眼看右手。

上体再向右转，同时左手经腹前向右上划弧至右肩前，手心斜向后；右手向右侧运转，手心翻转向右；随之左腿向左横跨一步；眼看左手。

（2）第二个云手。动作与（1）解同；

（3）第三个云手。动作与（1）解同。

11. 单鞭

上体右转，右手随之向右运转，至右侧方时变成勾手；左手经腹前向右上划弧至右肩前，手心向内；身体重心落在右腿上，左脚尖点地；眼看左手。

上体微向左转，左脚向左前侧方迈出，右脚跟后蹬，成左弓步；在身体重心移向左腿的同时，上体继续左转，左掌慢慢翻转向前推出，成“单鞭”式。

12. 高探马

右脚跟进半步，身体重心逐渐后移至右腿上；右勾手变成掌，两手心翻掌向上，两肘微屈；同时身体微向右转，左脚跟渐渐离地：眼看左前方。

上体微向左转，面向前方；右掌经右耳旁向前推出，手心向前，手指与眼同高；左手收至左侧腰前，手心向上；同时左脚微向前移，脚尖点地，成左虚步；眼看右手。

13. 右蹬脚

左手手心向上，前伸至右手腕背面，两手相互交叉，随即向两侧分开并向下划弧，手心斜向下；同时左脚提起向左前侧方进步（脚尖略外撇）；身体重心前移，右腿自然蹬直，成左弓步；眼看前方。

两手由外圈向里圈划弧，两手交叉合抱于胸前，右手在外，手心均向后；同时右脚向左脚靠拢，脚尖点地；眼平视右前方。

两臂左右划弧分开平举，肘部微屈，手心均向外；同时右腿屈膝提起，右脚向右前方慢慢蹬出，眼看右手。

14. 双峰贯耳

右腿收回，屈膝平举，左手由后向上，向前下落至体前，两手心均翻转向上，两手同时向下划弧分落于右膝盖两侧；眼看前方。

右脚向右前方落下，身体重心渐渐前移，成右弓步，面向右前方；同时两手下落，慢慢变拳，分别从两侧向上、向前划弧至面部前方，成钳形状，两拳相对，高与耳齐，拳眼都斜向内下（两拳中间距离 10 ~ 20 厘米）；眼看右拳。

15. 转身左蹬脚

左腿屈膝后坐，身体重心移至左腿，上体左转，右脚尖内扣；同时两拳变掌，由上向左右划弧分开平举，手心向前；眼看左手。

身体重心再移至右腿，左脚收到右脚内侧，脚尖点地；同时两手由外圈划弧合抱于胸前，左手在外，手心均向后；眼平看左方。

两臂左右划弧分开平举，肘部微屈，手心均向外；同时左腿屈膝提起，左脚向前方慢慢蹬出；眼看左手。

16. 左下势独立

（1）左下势。左腿收回平屈，上体右转；右掌变成勾手，左掌向上、向右划弧下落，立于右肩前，掌心斜向后；眼看右手。右腿慢慢屈膝下蹲，左腿由内向左侧（偏后）伸出，成左仆步；左手下落（掌心向外）向左下顺左腿内侧向前穿出；眼看左手。

（2）左独立式。重心前移，左脚跟为轴，脚尖尽量向外撇，左腿前弓，右腿后跨，右脚尖内扣，上体微向左转并向前起身；同时左臂继续向前伸出（立掌），掌心向右，右勾手下落，勾尖向后；眼看左手。右腿慢慢提起平屈，成左独立式；同时右勾手变掌，并由后下方顺右腿外侧向前弧形摆出，屈臂立于右腿上方，肘与膝相对，手心向左；左手落于左胯旁，手心向下，指尖向前；眼看右手。

17. 右下势独立

（1）右下势。右脚下落于左脚前，脚掌着地，然后以左脚前掌为轴脚跟转动，身体随之左转同时左手向后平举变成勾手，右掌随着转体向左侧划弧，立于左肩前，掌心斜向后；眼看左手。左腿慢慢屈膝下蹲，右腿由内向右侧（偏后）伸出，成右仆步；右手下落（掌心向外）向右下顺右腿内侧向前穿出；眼看右手。

（2）右独立式。动作与“左下势独立”（2）解同，只是左右相反。

18. 左右穿梭

（1）左穿梭。身体微向左转，左脚向前落地，脚尖外撇，右脚跟离地，两腿屈膝成半坐盘式；同时两手在左胸前成抱球状（左上右下）；然后右脚收到左脚的内侧，脚尖点地；眼看前臂。

身体右转，右脚向右前方迈出，屈膝弓腿，成右弓步；同时右手由脸前向上举并翻掌停在右额前，手心斜向上；左手先向左下再经体前向前推出，高与鼻尖平，手心向前：眼看左手。

身体重心略向后移，右脚尖稍向外撇，随即身体重心再移至右腿，左脚跟进，停于右脚内侧，脚尖点地；同时两手在右胸前成抱球状（右上左下）；眼看右前臂。

（2）右穿梭。动作与（1）解同，只是左右相反。

19. 海底针

右脚向前跟进半步，身体重心移至右腿，左脚稍向前移，脚尖点地，成左虚步：同时身体稍向右转，右手从右耳旁斜向下方插出，掌心向左，指尖斜向下；与此同时，左手向前，向下划弧落于左胯旁，手心向下，指尖向前；眼看前下方。

要点：身体要先向右转，再向左转。完成姿势后，面向正西。上体不可太前倾。避免低头和臀部外凸。左腿要微屈。

20. 闪通臂

上体稍向右转，左脚向前迈出，屈膝弓腿成左弓步；同时右手由体前上提，屈臂上举，停于右额前上方，掌心翻转斜向上，拇指朝下；左手上起经胸前推出，高与鼻尖平，手心向前；眼看左手。

21. 转身搬拦锤

（1）上体后坐，身体重心移至右腿上，左脚尖内扣，身体向右后转，然后身体重心再移至左腿上；与此同时，右手随着转体向右、向下（变拳）经腹前划弧至左肋旁，拳心向下；左掌上举于头前，掌心斜向上；眼看前方。向右转体，右拳经胸前向前翻转撇出，拳心向上；左掌落于左胯旁，掌心向下，指尖向前；同时右脚收回后（不要停顿或脚尖点地）即向前迈出，脚尖外撇；眼看右拳。

（2）身体重心移至右腿上，左脚向前迈一步；左手上起经左侧向前上划弧拦出，掌心向前下方：同时右拳向右划弧收到右腰旁，拳心向上；眼看左手。

（3）左脚前弓成左弓步，同时右拳向前打出，拳眼向上，高与胸平，左手附于右前臂里侧；眼看右拳。

22. 如封似闭

左手由右腕下向前伸出，右拳变掌，两手手心逐渐翻转向上慢慢分开回收；同时身体后坐，左脚尖翘起，身体重心移至右腿；眼看前方。

两手在胸前翻掌，向下经腹前再向上、向前推出，腕部与肩平，手心向前；同时左腿前弓成左弓步；眼看前方。

23. 十字手

屈膝后坐，身体重心移向右腿，左脚尖内扣，向右转体；右手随着转体动作向右平摆划弧，与左手成两臂侧平举，掌心向前，肘部微屈；同时右脚尖随着转体稍向外撇，成右侧弓步；眼看右手。

身体重心慢慢移至左腿，右脚尖内扣，随即向左收回，两脚距离与肩同宽，两腿逐渐蹬直，成开立步；同时两手向下经腹前向上划弧交叉合抱于胸前，两臂撑圆，腕略高与肩平，右手在外，成十字手，手心均向后；眼看前方。

24. 收势

两手向外翻掌，手心向下，两臂慢慢下落，停于身体两侧；眼看前方。

三、 攻防搏斗技术

格斗技术是以我国传统武术的踢、打、摔拿、跌等技术方法为基础，汲取散手、拳击、柔道、摔跤、自由搏击等中外技击项目的技术精华，借鉴这些技击项目的训练方法和手段，在长期的实践中逐步发展、充实和完善起来的。

（一）基本技术

1. 实战姿势（格斗势）（图 4-1-41）

立正站立，右脚向右后方撤出一步，两脚开立，两膝微屈，侧身站立，两脚距离与肩同宽；左脚微内扣，右脚跟外展约 35 度，脚跟自然离地，重心落于两腿之间或稍偏于后腿；两手握拳，左前右后，拳眼均朝后上；左臂弯曲，肘关节夹角在 90 ~ 110 度，左拳与鼻同高；右手臂弯曲，肘关节夹角小于 90 度，大小臂紧贴右侧肋部；收腹含胸，下颌微收，目视对手。

图　4-1-41

2. 步法（均以右格斗势为例）

（1）上步。右脚由后取捷径上前一步，身体左转，左脚前掌随即辗转，脚尖外展，两拳同时交换，成左格斗势。

提示：上步迅速快捷，重心平稳，换架自然、协调、灵活。

（2）撤步。左脚由前取捷径后撤一步，脚尖外展，身体左转，脚前掌随即辗转，脚尖内扣，两拳同时交换，成左格斗势。

（3）滑步（图 4-1-42）前滑步：左脚前掌向前擦地滑进一步，右脚前掌蹬地向前紧跟滑进一步；后滑步：右脚前掌向后擦地退滑一步，左脚前掌蹬地向后紧跟退滑一步；侧滑步：左（右）脚前掌向左（右）侧横滑一步，右（左）脚前掌蹬地向左（右）紧跟滑进一步。滑步时保持右格斗势。

提示：前滑步轻灵快捷，重心平稳，脚步不迈、不跳、不拖。

（4）垫步（图 4-1-43）。右脚由后向前垫进一步到左脚位置，左脚随即向前滑进一步，或提膝向前迈进一步。垫步时保持右格斗势。

提示：前垫步要快速急促、重心平稳并稍上提前压，上体不得后仰。

（5）侧闪步（图 4-1-44）。左侧闪步：以腰为轴，向右拧转，带动左脚前掌擦地向左斜前方闪进一小步，右脚前掌蹬地向左斜后方闪退一大步，上体同时向左侧闪身，斜对右前方，保持右格斗势；右侧闪步：以腰为轴，向左拧转，带动右脚前掌擦地向右斜前方闪进一大步，左脚前掌蹬地向右斜方后方闪退一大步，上体同时向右侧闪身，斜对左前方，成左格斗势。

提示：侧闪步快速急促，拧腰发力，上下协调，重心平稳。

图 4-1-42

图 4-1-43

图 4-1-44

（二）进攻技术

1. 拳法（均以右格斗势为例）

（1）冲拳（图 4-1-45）。

左冲拳：左腿蹬地向右拧腰，同时左臂内旋前伸，左肩前送，上体略向右侧转，以拳面为力点向前直线击出，在击到对方的一瞬间拳紧握。右拳不动，身体保持微收腹、含胸、收

下颌姿势，两眼向前平视。出拳后迅速由原路线收回，还原成右格斗势。

右冲拳：右腿蹬地向左转胯、拧腰，送右肩、右臂内旋前伸，右拳向前直线击出。其余要领同左冲拳。

提示：出拳前，身体与臂应保持自然放松，左拳不得下拉后引，以免影响出拳的速度和突然性。出拳打击力量由蹬腿、拧腰传送到肩，沿臂、肘、腕直达拳面，直线作用于对方。

图 4-1-45

（2）掼拳（图 4-1-46）。

左掼拳：左脚跟外旋，左腿向右蹬转、拧腰的同时，左臂弯曲（大小臂夹角约 90 度），内旋随转体向右侧弧线平行摆动，拳心向下，左腕内扣，向右斜前方击出。右拳不动，身体保持微收腹、含胸、收下颌和右侧转姿势。出拳后迅速取捷径屈肘收回，还原成右格斗势。

右掼拳：出拳路线、用力方法等与左摆拳略同。唯方向相反，腰、胯转动力量更为明显，转动路线更长，更应积极快速转体，做到上、下肢协调一致，同时控制好重心和身体的平稳，避免影响上肢动作。

提示：出拳前，左臂不得有下拉、后引等预摆动作。出拳时，不得翻肘和耸肩。

图 4-1-46

（3）抄拳（图 4-1-47）。原地实战姿势，肘关节位置不变，左（右）拳下放至与腰同高，拳心向里，左（右）手大小臂夹角约 90 度，同时蹬左（右）腿拧腰，左（右）脚跟外旋，左（右）手内旋拧臂由下向前上勾击，力达拳面。右（左）拳不动，保护下颌。出拳后迅速收回，还原成右格斗势。

提示：出拳前，左（右）拳不得下拉后引。出拳时，不要挺腹、挺胸；勾拳击打高度不要超过对方眼睛。

（4）鞭拳（图 4-1-48）。以左脚为轴，身体向后转体 270 度的同时，右腿经左腿后上步，落于左脚前成右弓步，左拳护住下颌，右拳由左腹下向右侧前横抡鞭打，拳与肩平，力达拳轮或拳背。鞭打后迅速收回，还原成左格斗势。

图 4-1-47

图 4-1-48

提示：转体先转头，以头带腰，突然转动。转体时要绕支撑腿和身体的纵轴旋转，同时注意保持身体平衡。鞭打力量要充分利用转体惯性，以腰带臂，鞭状横抡抽打。

2. 掌法（均以右格斗势为例）

（1）插掌（图 4-1-49）。

左插掌：左臂由屈到直，左手由拳变掌，以直掌向前或斜前下方插击。

右插掌：要领同左插掌。唯以右掌插击。

提示：转腰、催肩、抖臂、直腕，力达指端，插击快速准确，掌指关节保持一定紧张度。

（2）推掌（图 4-1-50）。

左推掌：左臂由屈到直，左手由拳变掌，以立掌向前推击。

右推掌：要领同左推掌。唯以右掌推击。

提示：转腰、催肩、抖臂、立腕，力达掌根，推击猛烈。

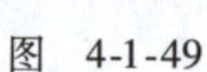

图 4-1-49

图 4-1-50

（3）劈掌（图 4-1-51）。

左劈掌：左臂弯曲上举，左手由拳变掌，以横掌由左上方向右斜前下方斜向劈击。

右劈掌：要领同左劈掌。唯以右掌劈击。

提示：拧腰转体，屈臂挥劈，力达掌外缘。劈击短促，准确、有力。

3. 肘法（均以右格斗势为例）

（1）前摆肘（盘肘）（图 4-1-52）。

前摆肘：左肘抬起，大、小臂内旋平屈夹紧，拳心向下，上体右转，以左肘关节前部为力点向左前方横（摆）击，右拳变掌扶于左拳面，目视前方，迅速还原成右格斗势。

后摆肘：要领同前摆肘。唯摆击方向相反（图 4-1-53）。

图 4-1-51

图 4-1-52

（2）顶肘（图 4-1-54）。

前顶肘。上体稍右转，左肘抬起，大、小臂内旋平屈夹紧，拳心向下，肘尖向前，右拳变掌，以掌心顶住左拳面。左脚上前一步成左弓步，右脚蹬地跟进，同时两臂合力，以左肘尖为力点向前顶击，目视前方。顶击后，迅速还原成右格斗势。

侧顶肘、后顶肘：要领同前顶肘。顶击后，迅速还原成右格斗势。

图 4-1-53

图 4-1-54

4. 腿法（均以右格斗势为例）

（1）截腿（图 4-1-55）。

原地或一脚前进一步，上体略向后倾，重心落于左脚，右腿屈膝上提，勾脚尖内收，以脚掌外缘中后段为力点，向前下方截击，双拳不动，目视前方。截击后迅速收腿，还原成右格斗势。

要求：提膝起动轻快灵活，截击出腿迅猛准确，髋关节展开，尽可能将截腿放长击远，同时保持重心稳定。

（2）前蹬腿（图 4-1-56）。

原地或左脚向前半步，微屈膝支撑身体，右腿屈膝上提勾脚尖，脚尖向上，脚掌向前，以脚跟为力点向正前方直线蹬击，微收腹直腰，重心上提前压，目视前方。蹬击后迅速回收，还原成右格斗势。

提示：提膝起动高快轻灵，蹬击迅猛有力，勾脚尖要紧，力点要准。上体不得后仰或后坐，两手保持格斗势，不得随意挥摆。

（3）侧踹腿（图 4-1-57）。

原地或左脚向前半步，左脚尖外展，微屈膝支撑身体，身体左转，上体向左侧后倾倒，右腿屈膝上提勾脚尖，大腿横平，脚掌横对前方，以脚掌中后部为力点，向前上方直线踹击，目视前方。踹击后，右腿落地成左格斗势。

提示：提膝起动高快轻灵，侧身前踹迅猛有力，踹击时要展髋挺膝，与上体伸展成一条直线，使踹腿放长击远击高，同时保持支撑腿稳定和侧身平衡。

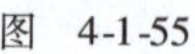
图 4-1-55

图 4-1-56

图 4-1-57

（4）侧弹腿（图 4-1-58）。

原地或左脚向前半步，左脚尖外展，微屈膝支撑身体，身体左转，右腿屈膝抬起，由大腿带动小腿，由右下向左上侧弹踢出，脚面绷直，力达脚背至小腿下端，右腿落地成左格斗势。

要求：以腰带动大腿，大腿带小腿，鞭状弧线抽弹，发力势猛力强，动作协调连贯。侧弹踢时，要注意展髋伸膝绷紧脚背，使侧弹腿与上体伸展成一条直线。

用途：主要用于从侧方弹踢对方头、臂、肋及胸、背等部位。

5. 膝法（均以右格斗势为例）

（1）顶膝（图 4-1-59）。

重心前移，一脚支撑，两拳变掌前伸，抓对方肩、领、头发等部位或双手搂夹对方颈部向后下拉，同时另一腿屈膝绷脚尖，以膝关节髌骨为力点，向前上方顶击。顶击后，收腿落地成右格斗势。

提示：顶膝发力迅猛凶狠，动作短促刚烈。双手前抓后拉和膝盖前上顶击要协调配合，以增强顶膝的效果。

（2）撞膝（图 4-1-60）。

上体左侧闪，重心侧前移，一脚支撑，两拳变掌向右前伸，抓对方衣领、头发等部位或反手勾搂对方颈部向右后下拉，同时另一腿屈膝蹦脚尖，侧身以膝关节髌骨为力点，向对方前上方撞击。收腿回落地成右格斗势。

图　4-1-58

图　4-1-59

图　4-1-60

（三）防守技术

1. 闪躲防守

（1）后闪（图 4-1-61）。

右脚后撤一小步，脚前掌撑地，重心移至右腿，两拳不动。同时，上体以腰右侧为轴快速侧身后仰，收下颌，目平视前方。后闪后，迅速还原成右格斗势。也可在后闪的同时，辅以各种后退步法（如撤步、后滑步，后垫步等）。

提示：判断准确，反应敏捷。后闪急速短促，距离恰当，以利反击。仰身幅度不宜过大，保持身体重心平衡和稳定，头、颈和肩背也应保持一定紧张度。

（2）侧闪。要领同后闪，唯变闪撤方向为侧向。

（3）下潜（图 4-1-62）。

左脚上前一小步，重心下降并前移，两腿屈膝半蹲。同时上体和头部稍前俯低头，向下潜伏闪躲，两拳上移护头，目平视前方。下潜后，迅速还原成右格斗势。

提示：判断准确，反应敏捷。潜闪急速短促，但不要过低。上步下蹲与前俯低头潜伏要协调一致，同时完成。

图　4-1-61

图　4-1-62

2. 格挡防守

（1）拍击（图 4-1-63）。在后闪或右侧闪的同时，右拳变掌，五指拢屈，以掌心为力点向左侧前拍击对方拳或腕侧位，左拳回防护胸，目视前方。拍击后，还原成右格斗势。

提示：判断准确，反应敏捷。格挡急速短促并有弹性，幅度不宜过大，以将对方拳拍击至我面部或胸部一侧外为限。不要出现推、压、拨等错误动作。

（2）格挡（图 4-1-64）。在右侧闪或下闪的同时，左臂弯曲立肘，以小臂外侧为力点，由前向左侧后回收挂挡对方拳，肘尖向前上稍抬，拳心贴于头部左侧，身体向心收缩，收腹、含胸、收下颌，右拳不动，目视前方。挂挡后，迅速还原成右格斗势；

提示： 挂挡短促有力，以将对方拳挂挡于我头侧外为限。挂挡时，大、小臂和肩、胸收缩夹紧，手腕和拳背坚挺，以形成保护头部的坚固防护面。

（3）抄抱（图 4-1-65）。两脚左侧闪步，上体向左侧闪躲的同时，左拳变掌，以小臂内侧为力点，由前下并顺势向右后下贴身挂挡对方小腿于我身前，随即两手上下合力抄抱对方小腿，屈臂夹于右腰侧，上体侧前俯，低头贴靠对方腿。抄抱后，松手还原成右格斗势；

提示： 判断准确，反应敏捷，上下协调，手脚配合。侧闪、挂挡、抄抱要快速连贯，一气呵成。

图 4-1-63

图 4-1-64

图 4-1-65

（4）勾挂（图 4-1-66）。两脚右侧闪步，上体向右侧闪躲的同时，左拳松握，以小臂外侧为力点，由前下并顺势向左后下贴身挂挡对方小腿于身左侧外，随即左拳变掌，反手屈肘勾手上提，将对方小腿踝关节勾挂于掌心，右拳不动，目视左侧后。勾挂后，松手还原成右格斗势。

提示： 判断准确，反应敏捷，手疾眼快，反手勾挂要顺势灵活。

（四）摔法

1. 进身低抱腿（图 4-1-67）

在对方以拳、腿进攻时，先向侧闪躲、下潜或摇避闪躲。利用对方拳、腿击空收回，无暇防守的时机，乘虚闪进抱腿。也可主动以冲拳佯击对方面部，诱对方上防而下肢出现防守空当，乘机抢进抱腿。或趁对方疲惫乏力、精力分散、重心不稳、反应迟缓时，疾速突进抱腿。抱单腿时，应两手合力搂抱对方前腿的大腿根部；抱双腿时，两手分别搂抱对方两腿膝关节后上部。

图 4-1-66

图 4-1-67

提示：准确把握、灵活运用低抱腿时机；低抱腿时，上步进身要快，插腿要深，贴靠要紧，冲力要大，重心要稳；双手搂抱迅猛有力，使对方难以挣脱。

2. 低抱腿摔

（1）顶摔（图 4-1-68）。低抱对方双腿或单腿，以两手后拉上提对方腿，肩、头向前顶撞、下压对方腹部的合力，将对方向后摔倒地。

（2）绊摔（图 4-1-69）。低抱对方双腿或单腿，以肩、头向前顶撞下压对方腹部，上步插裆之腿后绊对方后腿的合力，将对方向后绊摔倒地。

（3）扛摔（图 4-1-70）。低抱对方双腿或单腿，以后腿上步挺腹起身，两手抱腿上扛的合力，将对方扛于肩上，向我身后摔出倒地。

图　4-1-68

图　4-1-69

图　4-1-70

提示：各种摔法均要和上步抱腿前后连贯，一气呵成。发力时要全身协调，形成爆发合力，做到快、准、狠、猛。将对方摔倒时，自己重心要稳。

3. 高抱腿（图 4-1-71）

格斗中诱对方或趁对方起高腿进攻时，直接以抄抱、接腿等防守方法将对方腿高抱住。或在腿法防守中，当采用下砸、勾挂、拦截等防守方法基本奏效，趁对方腿来不及或尚未收回落地时，迅速转接抄抱防守将对方腿高抱起。

提示：要准确把握时机。高抱腿要快、高、紧，使对方难以挣脱和维持单腿支撑。

4. 高抱腿摔

（1）托摔（图 4-1-72）。两手高抱对方小腿或脚腕，先向侧后猛力拖带，迫对方支撑腿移（或跳）动，再向前上高托远推对方被抱腿，使对方腾空后摔倒地。

（2）抹摔（图 4-1-73）。左手高抱对方大腿，右手抽出。以反手勾搂对方颈部，向右后下抹带，同时上体右后转体，转腰，甩脸，左手抱对方腿推送的合力，将对方向身后抹摔倒地。

图　4-1-71

图　4-1-72

图　4-1-73

（3）踢摔（图 4-1-74）。两手高抱对方小腿，起前腿。以截、踹、勾等腿法踢击对方支撑腿及裆部等部位，同时两手推送对方被抱腿的合力，将对方向后踢摔倒地。

提示：各种摔法均要和高抱腿前后连贯，一气呵成。发力时要全身协调，形成爆发合力，做到快、准、狠、猛。将对方摔倒时，自己重心要稳。

5. 进身抱腰、夹颈摔法（均以右格斗势为例）

（1）进身抱腰夹颈（图 4-1-75）。在对方以拳、腿进攻时，向侧闪躲或下潜、摇避闪躲，利用对方拳、腿击空收回，无暇防守的时机，乘虚闪进抱腰或夹颈。或在以拳、腿组合主动进攻，对方防守出现空当时，乘机抢进抱腰或夹颈。或在双方相互抓把拉扯时，施以撕、捌、绕等，趁势插进抱腰或夹颈。

图 4-1-74

图 4-1-75

提示：准确把握、果断运用抱腰、夹颈时机。进身抱腰、夹颈时，上步（背步）要快、灵活，贴靠要紧，重心要稳，抱。夹有力，使对方难以挣脱。

（2）抱腰、夹颈摔过背摔（图 4-1-76）。侧身抱对方腰或夹对方颈，背转向对方，下蹲、弓腰、团身。以猛崩双腿，臀部向后上撞击，左手抓对方右臂向左前下方拉转，右手向上提腰或向左前下方夹颈拧转，同时上体前倾并向左转体，长腰，甩脸的合力，将对方经过我背向前摔出倒地。

（3）折腰摔（图 4-1-77）。抱对方腰往回紧勒，身体前倾下压，迫对方腰后折的同时，右腿由外侧前向后勾挑对方左小腿，将对方向后仰摔倒地。

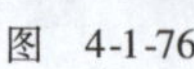
图 4-1-76

图 4-1-77

提示：各种摔法均要和抱腰、夹颈前后连贯，一气呵成。发力时要全身协调，形成爆发合力，做到快、准、狠、猛。将对方摔倒时，自己重心要稳。

第二节　传统保健功法

一、传统保健功法概述

据记载，导引是由原始社会的“巫舞”演变而来，到春秋战国时期已为养生家所必习。这里重点介绍健身功法易筋经、七星功、八段锦。这三套功法是中国传统导引养生功的代表，动作简单易学，练习时几乎不受场地限制，是目前国家体育总局健身气功管理中心推广最好、最受广大群众喜爱的项目之一。

二、易筋经

易筋经是我国古代流传下来的一种内外兼练的导引术，历史悠久。《庄子·刻意篇》中记载：“吹响呼吸，吐故纳新，熊经鸟申（伸），为寿而已矣。此导引之士，养形之人，彭祖寿考者之所好也。”《汉书·艺文志》中也载有《黄帝杂子步引》《黄帝岐伯按摩》等有关导引的内容，说明汉代各类导引术曾兴盛一时。湖南长沙马王堆汉墓出土的帛画《导引图》中，有40多幅描绘各种姿势的导引动作的彩色工笔画。从这些动作分解中不难发现，现今流传的易筋经就是以此为原型的。

关于易筋经的创始人，历来众说纷纭。据说易筋经先在习武僧侣中秘传，自明代开始流传于民间，并在演练发展中形成了数个流派。目前所知最早的易筋经十二势版本，载于清代咸丰八年（1858年）潘霨辑录的《内功图说》中。

“健身气功·易筋经”是国家体育总局健身气功管理中心根据以前版本，继承了传统易筋经十二势的精要，融科学性与普及性于一体，练内谓“洗髓”，练外称“易筋”，组织创编的新功法。这套功法各势动作连贯有序，注重伸筋拔骨，舒展协调，刚柔并济，呼吸以舒适自然为宜，动息相融，以形导气，形中带意，意随行走，意气相随，能起到健体养生之作用。

（一）功法特点

1. 动作舒展，伸筋拔骨

本功法中的每一势动作，都要求将上下肢体与躯干进行较充分的屈伸、收展、扭转，使人体的骨骼、大小关节尽可能地呈现多方位和广角度的活动。牵拉人体各部位的大小肌群和筋膜，以及大小关节处的肌腱、韧带、关节囊等结缔组织，促进活动部位软组织的血液循环，进而改善软组织的营养代谢过程，提高肌肉、肌腱、韧带等软组织的柔韧性、灵活性和骨骼、关节、肌肉等组织的活动功能。其目的就是要通过“拔骨”的运动实现“伸筋”，达到强身健体的目的。

2. 柔和均匀、协调美观

每势动作变化过程清晰、柔和。整套功法的运动方向为前后、左右、上下，肢体运动的路线为简单的直线和弧线，肢体运动的幅度是以关节为轴的自然活动角度所呈现的身体活动范围。整套功法的动作速度要求是匀速缓慢地移动身体或身体局部；动作力量要求是肌肉相对放松，用力圆柔而轻盈，不使蛮力，不僵硬，刚柔相济。习练时应呈现出动作舒展、连贯、柔畅、协调、动静相兼的状态，在精神内涵方面给人以美的享受。

3. 注重脊柱的旋转屈伸

本功法的主要运动形式是以腰为轴的脊柱旋转屈伸运动，通过脊柱的旋转屈伸运动以带动四肢、内脏的运动，在松静自然、形神合一中完成动作，达到健身、防病、延年、益智的目的。

（二）易筋经基本知识

1. 基本手型

（1）握固（图4-2-1）。大拇指抵掐无名指根节，其余四指屈拢收于掌心。

（2）荷叶掌（图4-2-2）。五指伸直，张开。

（3）柳叶掌（图4-2-3）。五指伸直，并拢。

（4）龙爪（图4-2-4）。五指伸直、分开，拇指、食指、无名指、小指内收。

（5）虎爪（图4-2-5）。五指分开，虎口撑圆，第一、二指关节弯曲内扣。

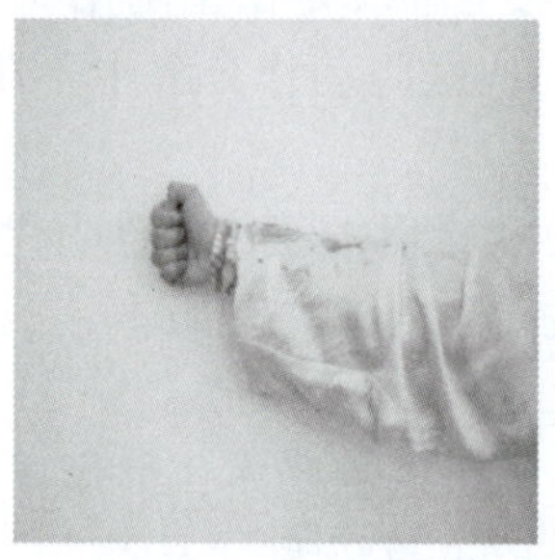

图 4-2-1

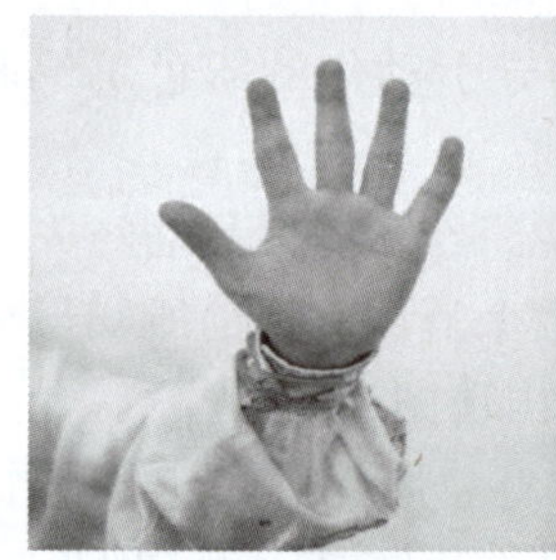

图 4-2-2

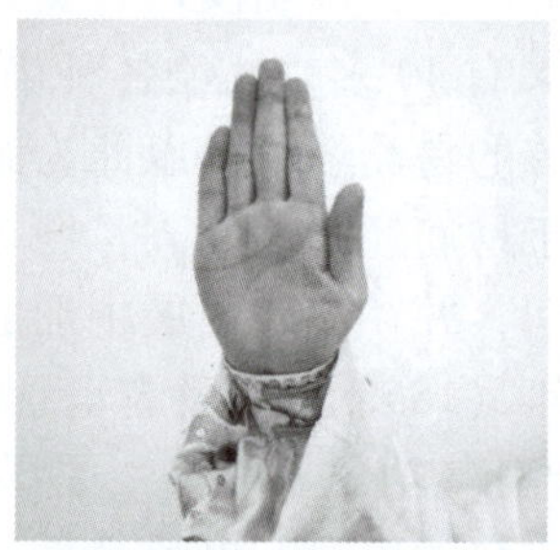

图 4-2-3

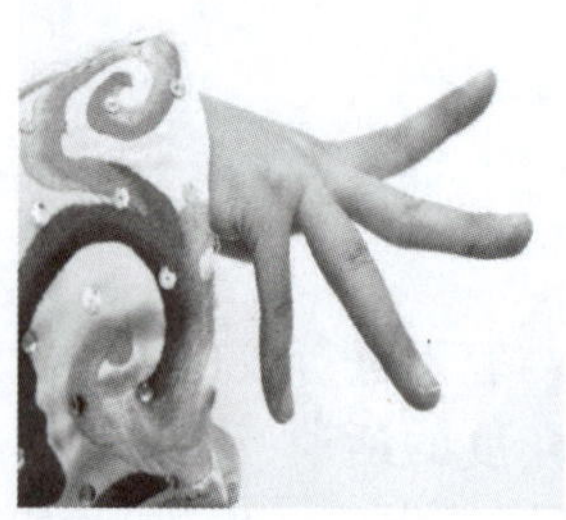

图 4-2-4

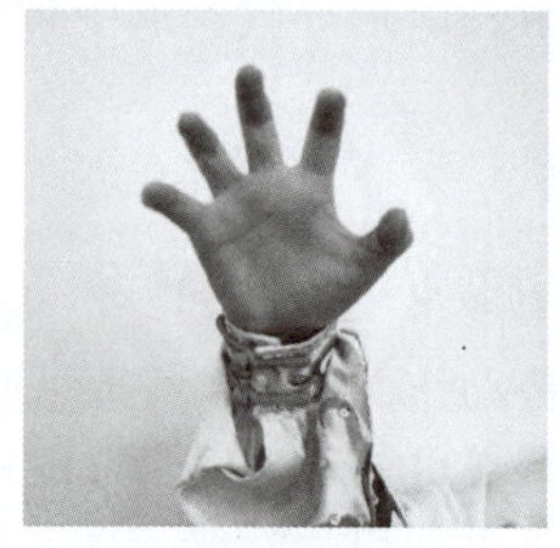

图 4-2-5

2. 基本步型

（1）弓步（图4-2-6）。两腿前后分开一大步，横向之间保持一定的宽度，前腿屈膝前弓，大腿斜向地面，膝与脚尖上下相对，脚尖微内扣；后腿自然伸直，脚跟蹬地，脚尖微内扣，全脚掌着地。

（2）丁步（图4-2-7）。两脚左右分开，间距10～20厘米。两腿屈膝下蹲，前腿脚跟提起，脚尖着地，虚点地面，置于后脚跟足弓处；后脚全脚掌着地踏实。

（3）马步（图 4-2-8）。开步站立，两脚间距约为本人脚长的 2 ~ 3 倍，屈膝半蹲，大腿略高于水平。

（三）整套动作图解

1. 预备势（图 4-2-9）

两脚并拢站立，两手自然垂于体侧；下颏微收，百会虚领，唇齿合拢，舌自然平贴于上腭；目视前方。

图　4-2-6

图　4-2-7

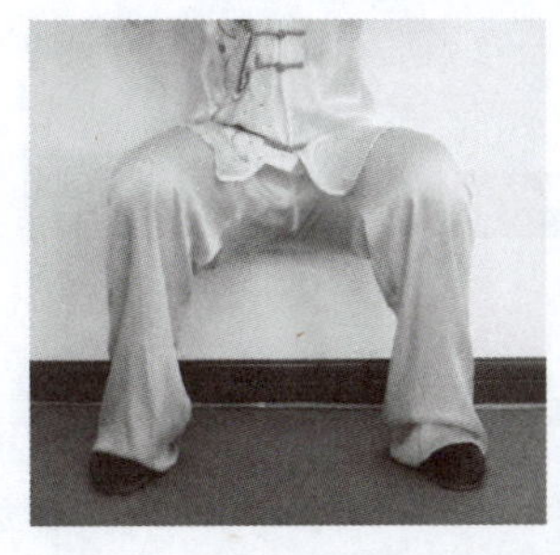

图　4-2-8

图　4-2-9

2. 韦陀献杵第一势（图 4-2-10）

（1）左脚向左侧开半步，约与肩同宽，两膝微屈，成开立姿势；两手自然垂于体侧。

（2）两臂自体侧向前抬至前平举，掌心相对，指尖向前。

（3）两臂屈肘，自然回收，指尖向斜前上方约 30 度，两掌合于胸前，掌根与膻中穴同高，虚腋；目视前方，动作稍停。

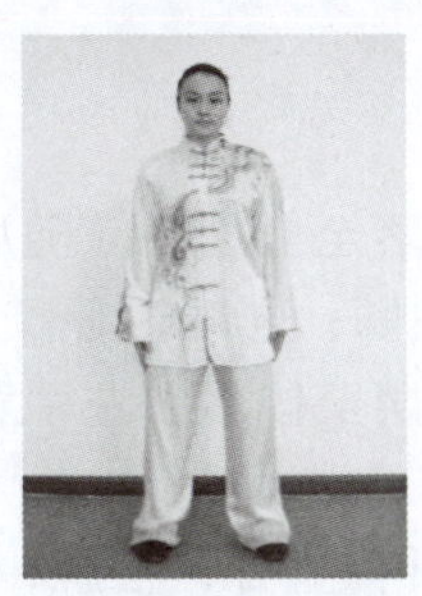

图　4-2-10

3. 韦陀献杵第二势（图 4-2-11）

（1）两肘抬起，两掌伸平，手指相对，掌心向下，掌臂约与肩呈水平。

（2）两掌向前伸展，掌心向下，指尖向前。

（3）两臂向左右分开至侧平举，掌心向下，指尖向外。

（4）五指自然并拢，坐腕立掌；目视前方。

4. 韦陀献杵第三势（图 4-2-12）

（1）松腕，同时两臂向前平举内收至胸前平屈，掌心向下，掌与胸相距约一拳；目视前下方。

（2）两掌同时内旋，翻掌至耳垂下，掌心向上，虎口相对，两肘外展，约与肩平。

（3）身体重心前移至前脚掌支撑，提踵；同时，两掌上托至头顶，掌心向上，展肩伸肘；微收下颏，舌抵上颚，咬紧牙关。

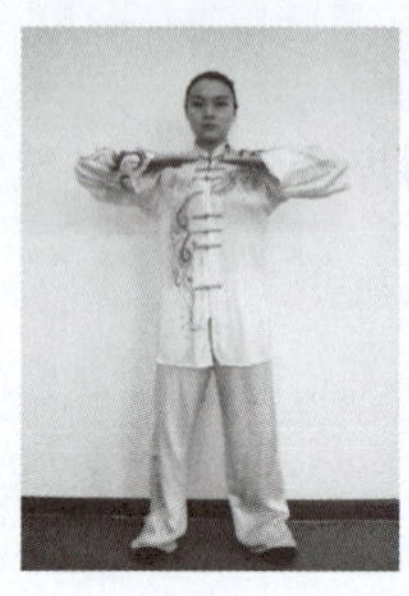

图　4-2-11

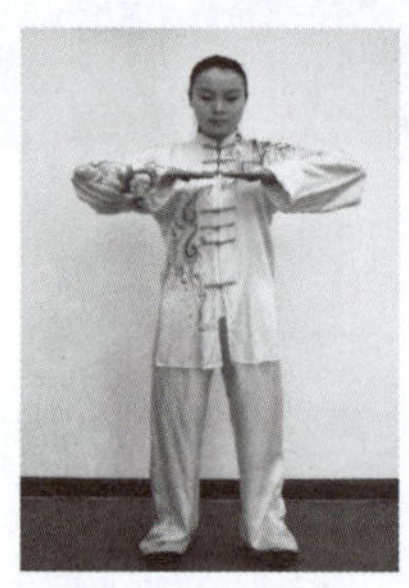

图　4-2-12

5. 星换斗势

左摘星换斗势（图 4-2-13）：

（1）两脚跟缓缓落地；同时，两手握拳，拳心向外，两臂下落至侧上举。随后两拳缓缓伸开变掌，掌心斜向下，全身放松；目视前下方。身体左转；屈膝；同时，右臂上举经体前下摆至左髋关节外侧“摘星”，右掌自然张开；左臂经体侧下摆至体后，左手背轻贴命门；目视右掌。

（2）直膝，身体转正；同时，右手经体前向额上方摆至头顶右上方，松腕，肘微屈，掌心向下，手指向左，中指尖垂直于肩髃穴；左手背轻贴命门，意注命门；右臂上摆时眼随手动，定势后目视掌心。静立片刻，然后两臂向体侧自然伸展。

右摘星换斗势（图 4-2-14）：

右摘星换斗势与左摘星换斗势动作相同，唯方向相反。

6. 倒拽九牛尾势

右倒拽九牛尾势（图 4-2-15）：

（1）双膝微屈，身体重心右移，左腿向左侧后方约 45 度撤步；右脚跟内转，右腿屈膝成右弓步；同时，左手内旋，向前、向下划弧后伸，小指到拇指逐个握拳，拳心向上；右手向前上方划弧，伸至与肩平时小指到拇指逐个握拳，拳心向上，稍高于肩；目视右拳。

图　4-2-13

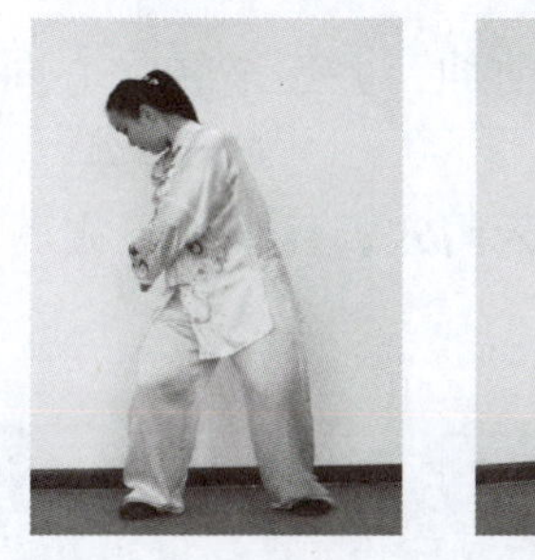

图　4-2-14

图　4-2-15

（2）身体重心后移，左膝微屈；腰稍右转，以腰带肩，以肩带臂；右臂外旋，左臂内旋，屈肘内收；目视右拳。

（3）身体重心前移，屈膝成弓步；腰稍左转，以腰带肩，以肩带臂，两臂放松前后伸展；目视右拳。

重复（2）至（3）动3遍。

（4）身体重心前移至右脚，左脚收回，右脚尖转正，成开立姿势；同时，两臂自然垂于体侧；目视前下方。

左倒拽九牛尾势（图 4-2-16）

左倒拽九牛尾势与右倒拽九牛尾势动作、次数相同，唯方向相反。

图 4-2-16

7. 出爪亮翅势（图 4-2-17）

（1）身体重心移至左脚，右脚收回，成开立姿势；同时，右臂外旋，左臂内旋，摆至侧平举，两掌心向前，环抱至体前，随之两臂内收，两手变柳叶掌立于云门穴前，掌心相对，指尖向上；目视前下方。

（2）展肩扩胸，然后松肩，两臂缓缓前伸，并逐渐转掌心向前，成荷叶掌，指尖向上；瞪目。

（3）松腕，屈肘，收臂，立柳叶掌于云门穴；目视前下方。

重复（2）至（3）动 3 到 7 遍。

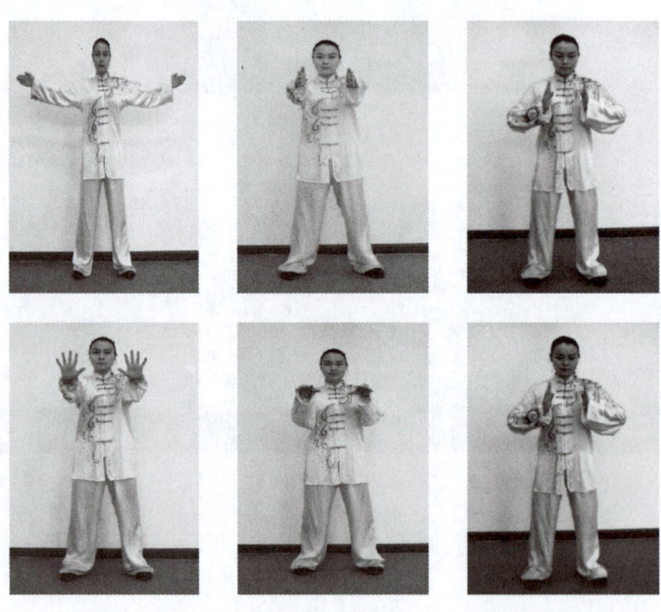

图 4-2-17

8. 九鬼拔马刀势

右九鬼拔马刀势（图 4-2-18）：

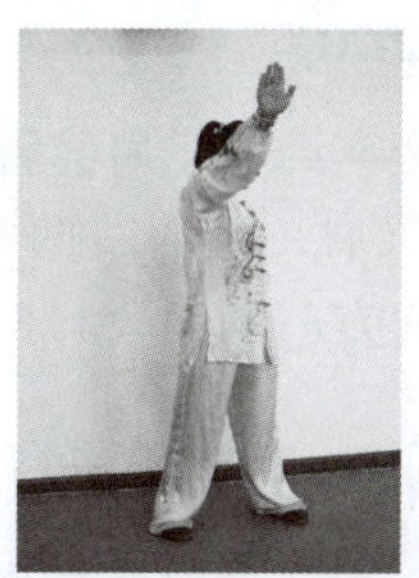
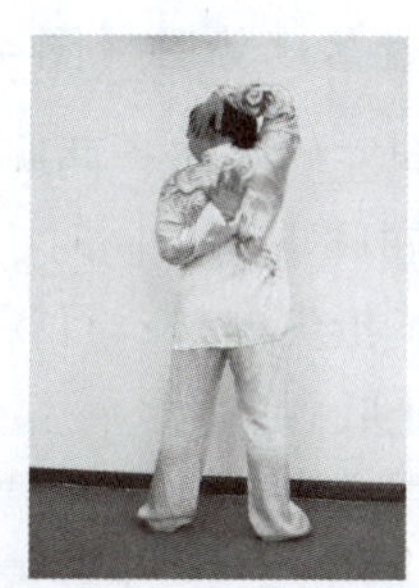

图 4-2-18

（1）躯干右转。同时，右手外旋，掌心向上；左手内旋，掌心向下。随后右手由胸内前内收经右腋下后伸，掌心向外；同时，左手右胸前伸至前上方，掌心向外。躯干稍左转；同时，右手经体侧向前上摆至头前上方后屈肘，由后向左绕头半周，掌心掩耳；左手经体左侧下摆至左后，屈肘，手背贴于脊柱，掌心向后，指尖向上；头右转，右手中指按压耳廓，手掌扶按玉枕穴；目随右手动，定势后视左后方。

（2）身体右转，展臂扩胸；目视右上方，动作稍停。

（3）屈膝；同时，上体左转，右臂内收，含胸；左手沿脊柱尽量上推；目视右脚跟，动作稍停。

重复（2）至（3）动 3 遍。

（4）直膝，身体转正；右手向上经头顶上方向下至侧平举，同时，左手经体侧向上至侧平举，两掌心向下；目视下方。

左九鬼拔马刀势（图 4-2-19）：

左九鬼拔马刀势与右九鬼拔马刀势动作、次数相同，唯方向相反。

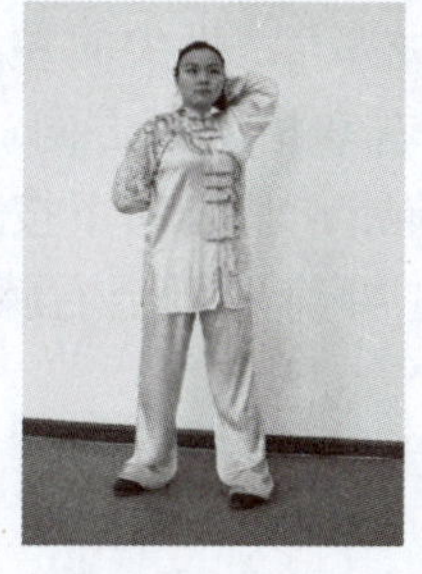

图 4-2-19

9. 三盘落地势图（图 4-2-20）

左脚向左侧开步，两脚距离约宽于肩，脚尖向前；目视前下方。

（1）屈膝下蹲；同时，沉肩、坠肘，两掌逐渐用力下按约与环跳穴同高，两肘微屈，掌心向下，指尖向外；目视前方。同时，口吐“嗨”音，音吐尽时，舌尖向前轻抵上下牙之间，终止吐音。

（2）翻掌心向上，肘微屈，上托至侧平举；同时，缓缓起身直立；目视前方。

重复（1）至（2）3 遍。第一遍微蹲；第二遍半蹲；第三遍全蹲。

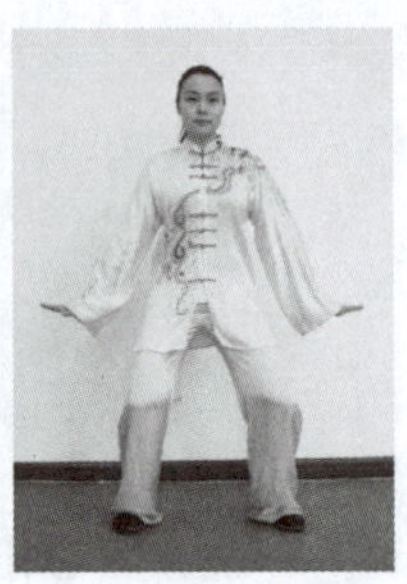

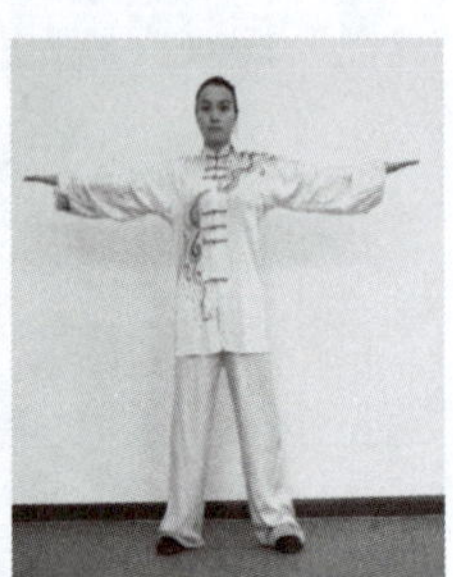

图 4-2-20

10. 青龙探爪势

左青龙探爪势（图 4-2-21）：

（1）左脚收回半步，约与肩同宽；两手握固，两臂屈肘内收至腰间，拳轮贴于腰侧，拳心向上；目视前下方。然后右拳变掌，右臂伸直，经下向右侧外展，略低于肩，掌心向上；目随手动。

（2）右臂屈肘、屈腕，右掌变“龙爪”，指尖向左，经下颏向身体左侧水平伸出，目随手动；躯干随之向左转约 90 度；目视右掌指所指方向。

（3）“右爪”变掌，随之身体左前屈，掌心向下按至左脚外侧；目视下方。躯干由左前屈转至右前屈，并带动右手经左膝或左脚前划弧至右膝或右脚外侧，手臂外旋，掌心向前，握固；目随手动视下方。

（4）上体抬起，直立；右拳随上体抬起收于腰侧，拳心向上；目视前下方。

右青龙探爪势（图 4-2-22）：

右青龙探爪势与左青龙探爪势动作、次数相同，唯方向相反。

图　4-2-21

图　4-2-22

11. 卧虎扑食势

左卧虎扑食势（图 4-2-23）：

（1）接上式。右脚尖内扣约 45 度，左脚收至内侧成丁字步；同时，身体左转约 90 度；两手握固于腰间不变；目随转体视左前方。

（2）左脚向前迈一大步，成左弓步；同时，两拳提至肩部云门穴，并内旋变“虎爪”，向前扑按，如虎扑食，肘稍屈；目视前方。

（3）躯干由腰到胸逐节屈伸，重心随之前后适度移动；同时，两手随躯干屈伸向下、向后、向前环绕一周。随后上体下俯，两“爪”下按，十指着地；后腿屈膝，脚趾着地；前脚跟稍抬起；随后塌腰、挺胸、抬头、瞪目；动作稍停，目视前上方；

（4）起身，双手握固收于腰间；身体重心后移，左脚尖内扣约 135 度；身体重心左移；同时，身体右转 180 度，右脚收至左脚内侧成丁字步。

图 4-2-23

右卧虎扑食势（图 4-2-24）：

右卧虎扑食势与左卧虎扑食势动作相同，唯方向相反。

图 4-2-24

12. 打躬势（图 4-2-25）

（1）起身，身体重心后移，随之转正；右脚尖内扣，脚尖朝前，左脚收回，成开立姿势；同时，两手随身体左转放松，外旋，掌心向前，外展至侧平举后，两臂屈肘，两掌掩耳，十指扶按枕部，指尖相对，以两手食指弹拨中指击打枕部 7 次（即鸣天鼓）；目视前方。

（2）身体前俯由头经颈椎、胸椎、腰椎、骶椎，由上向下逐节缓缓牵引前屈，两腿伸直；目视脚尖，停留片刻。

（3）由骶椎至腰椎、胸椎、颈椎、头，右下向上缓缓逐节伸直后成直立；同时两掌掩耳，十指扶按枕部，指尖相对，目视前方。

重复（2）至（3）3 遍，逐渐加大身体前屈幅度，并稍停。第一遍前屈小于 90 度，第二遍前屈约 90 度，第三遍前屈大于 90 度。年老体弱者可分别前屈约 30 度、约 45 度、约 90 度。

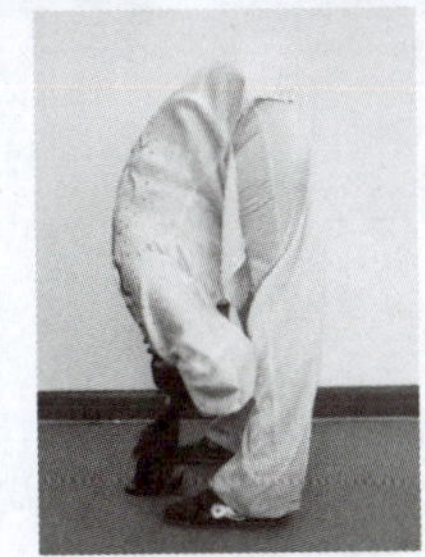

图　4-2-25

13. 掉尾势（图 4-2-26）

起身直立后，两手猛然拔离开双耳（即拔耳）。手臂自然前伸，十指交叉握固，掌心向内。屈肘，翻掌前伸，掌心向外。然后屈肘，转掌心向下内收于胸前；身体前屈塌腰、抬头，两手交叉缓缓下按；目视前方。

（1）头向左后转，同时，臀向左前扭动；目视尾闾。

（2）两手交叉不动，放松还原至体前屈。

（3）头向右后转，同时，臀向右前扭动；目视尾闾。

（4）两手交叉不动，放松还原至体前屈。

重复（1）至（4）3 遍。

图 4-2-26

14. 收势（图 4-2-27）

图 4-2-27

(1) 接上式。两手松开，两臂外旋；上体缓缓直立；同时，两臂伸直外展成侧平举，掌心向上，随后两臂上举，肘微屈，掌心向下；目视前方。

(2) 松肩，屈肘，两臂内收，两掌经头、面、胸前下引至腹部，掌心向下；目视前方。

重复 (1) 至 (2) 3 遍。

两臂放松还原，自然垂于体侧；左脚收回，并拢站立；舌抵上颚；目视前方。

三、七星功

七星功是我国流传较久的传统养生导引术之一，为七星玄璇功的一部分。因其共有 7 式，且动作如星运，故名为七星功。法诀云：天中斗，心中斗，敬斗先敬心，敬心还敬斗，星符七返七，数合九还九。

（一）七星功的功法特点

或坐或站，凝神入气穴，心息合一，意守下丹田气穴内。练习时由中脉贯顶，百会洞开，后经中脉入会阴中。依次由百会经中脉落入尾闾、命门、夹脊、膻中、关元、气穴中，最后复位。每观一星行 7 次呼吸，后一星入穴时需经前已入穴的部位，即如第三星入穴路线为百会—气穴—会阴—尾闾—命门，观想为后星推前星，依次移动。如第五星则为百会—气穴—会阴—尾闾—命门—夹脊—膻中。七星功以中脉和 7 个主要穴位为观想，以膻中为首，遥指北极星，以夹脊为尾，遥指宇宙中心。

该功法融合太极拳、易学阴阳五行、中医学的导引吐纳等理论，动作绵延柔和、舒展大方，习练简单易行，具有较高的推广性。经常习练者可借以疏通经络、调理气血、通调脏腑、益寿延年。习练该功法时要立定三心、上下相随，周身协调、连绵不断，身到足到手到眼到运转如珠一气呵成，方可将功效发挥至最大化。

（二）动作图解与说明

1. 预备动作（图 4-2-28）

两脚并拢，自然站立；肩膀松垂于体侧；头颈正直，用意轻轻上顶，下颌微内收，目视前方，用鼻自然呼吸，精神集中，意守丹田。

 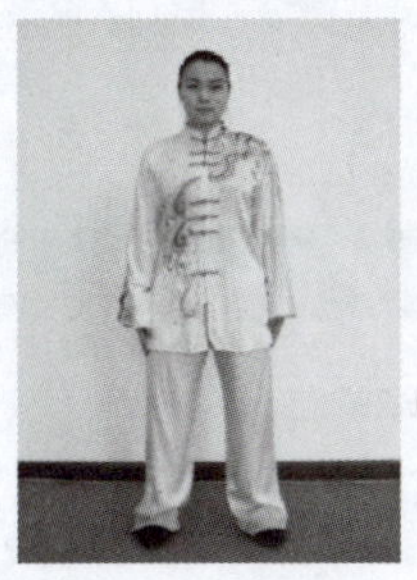  

图 4-2-28

2. 左右开弓（图 4-2-29）

（1）左脚向左平跨一步，与肩同宽，脚尖向前；两手自然下垂，全身放松，排除杂念；目视前方。

（2）身体左转 90 度，成左高虚步，同时两臂向前平举，与肩同宽，两掌心由下翻转朝上。

（3）屈肘，两掌收至腰侧分别向后、经体侧、向前平抡，随即两掌变拳，拳背相对，两拳与胸同高。

（4）接上式，重心下沉，成左低虚步。两拳下落至左膝前向外翻转一圈，拳心相对；经胸前变掌，向斜向上穿出，掌心斜相对；同时，左腿提膝，膝与腰齐，左脚尖绷直朝下，目视前方。

（5）上体不动，左脚尖向前抬起顺时针转动一圈后，左脚尖绷直朝下。

（6）右腿屈膝下蹲，左脚向前上步成左弓步。同时双手从大腿两侧由后向前抡臂画圆伸直，身体前扑，掌心朝下。此动作慢慢呼气。目视斜下方。

（7）左脚略收回，双手经腹前随着身体向右后转，做右开弓式。动作与（1）至（6）相同，唯左右相反。

提示：身体前扑时，腹部紧贴大腿，双手伸直与地面呈 45 度，手臂、肩膀、腹部与弓步后脚呈一条直线。

图 4-2-29

3. 顶天立地（图 4-2-30）

（1）右脚收至与肩同宽，两膝微屈，两手合抱于胸前。

（2）调整呼吸，两掌微微内收后向外推出，掌心向外，与胸同高。重复做两遍。

（3）两臂外旋，两掌变拳，拳心向上，收至腋下。

（4）两腿伸直，经腋下向后反穿摩运至腰部，拳背贴住背部。

（5）随后两拳变掌，两掌背沿臀部、大腿后侧向下摩运至脚踝，再至两脚间，指尖相对，掌心均向下；上体不动，掌心翻转向上。

（6）两腿屈膝下蹲，两手上托至胸前时，两臂内旋，翻转推至额头斜上方，同时两腿伸直充分提踵；目视两手前方。

（7）脚跟落地，两腿屈膝下蹲，同时两手掌心朝外落至胸前，随之掌心向内合抱于胸前；目视前方。

图　4-2-30

4. 扭转乾坤（图 4-2-31）

（1）两脚不动；身体左转 90 度，右手掌心朝外，经体前向左划弧，两手在胸前成抱球状（左抱球），左手与胸同高，右手与腹部同高，两掌心相对。

（2）上体右转 180 度，转至 90 度时两手交换成右抱球状。

（3）左手上提，重心后移，两掌收至胸前；左掌心向左，右掌心向外。

（4）重心前移，左掌心随之向外，两掌向前推出，与肩同高。

图 4-2-31

（5）上体左转 90 度，左手至胸前掌心向下，右手经体侧向下划弧，掌心向上，两手成抱球式，掌心相对，目视前方。

（6）两手不动；两膝伸直，以脚跟为轴，身体由左向后转 180 度，同时两脚尖向内相碰，呈三角形，整套动作匀速完成。

（7）左臂由前向左平抹伸直，掌心向下；右手反穿至腰部，掌背紧贴腰部，掌心向外；目视左手。

（8）左手下落至腰部，掌背紧贴腰部；右手经体侧举至头顶上方成托掌，掌指朝左，掌心向上；目视前方。

（9）两手不动，以脚跟为轴，身体由右向后旋转180度，脚尖均向前。

（10）重心移至右腿，右腿屈膝；同时右掌下落至额，经左额、脑后，左掌经体侧向上收起，重心移至右腿，两掌位于耳侧，掌心向外，然后左掌向上右掌向下同时推出。

（11）重心移至两腿间，两膝微屈，两臂成侧平举；掌心向下。

（12）动作与（1）至（11）相同，唯左右相反。

（13）重心下沉，屈膝；两手合抱于胸前，掌心向内。

5. 前扑后仰（图 4-2-32）

（1）两膝微屈；两腿不动，重心后移；两掌微微内收再向外推出，同时重心前移，掌心向外。重复做两遍。

（2）两臂向两侧打开，屈肘，两掌收至腰间，掌心朝上，斜向上穿出，于胸前交叉，右手在内，左手在外；两掌心向内。

（3）两腿不动；两臂内旋，同时两掌变拳，右拳在下，左拳在上；拳心向下。

（4）两腿不动；两拳两侧打开下落至环跳穴，拳心向外。

（5）两膝伸直，身体前俯；双手由环跳穴沿大腿后侧下滑至踝关节，头部位于两腿之间。

（6）两掌由踝关节滑至脚尖，再经脚面上提至小腿处握拳，拳心向后。

（7）上体后仰，两腿由曲变伸；同时两拳沿体侧上提，经胸前变掌，向后摆出，掌心向上。

（8）两腿屈膝下蹲；两掌由后经上下落合抱于胸前，掌指相对，掌心向内。

图　4-2-32

6. 大鹏展翅（图 4-2-33）

（1）右腿屈膝不动，左腿屈膝上提，膝与腰齐，左脚尖绷直朝下；同时左手向下、右手向上划弧，成抱球式，掌心相对。

（2）左脚尖逆时针转动一圈。

（3）右腿直立，左脚向右后方插步；同时两掌变剑指，左右两侧穿出，左剑指略比头高，掌心向前；右手屈腕，高与髋平，掌心向后，目视左手。

（4）两腿不动；左手臂内旋掌心向后；同时右手臂外旋掌心向前，目视右手。

左脚收回，接右式。

（5）至（8）与（1）至（4）相同，唯左右相反。

（9）接上式，右脚上步成开立步，两膝微屈，与肩同宽；两掌合抱于胸前，掌心向内。

图 4-2-33

7. 前后平衡（图 4-2-34）

（1）接上式，左脚向后退步，屈膝，重心移至左腿；两掌收至腰侧，掌心向上。

（2）重心移至右腿，同时两手随着重心前移，分别向体侧打开，掌背向前，随之再移至左腿，手臂外旋，掌心向前。

（3）右腿屈膝下蹲，左腿屈膝向后抬起，脚背绷直；同时两掌收至额两侧，掌心相对，目视斜下方。

（4）右腿直立，左脚向后伸直，脚背绷直，左脚与地面约 30 度；同时两掌变剑指向斜上方伸直，掌心斜向下。

（5）右腿屈膝下蹲，左腿屈膝收回；同时两剑指收至额两侧。

（6）右腿直立，左脚向后伸直，脚背绷直，左脚高于水平；同时，两剑指由内向外绕

一圈，向前伸直，掌心向下；双手高于水平，目视斜下方。

（7）左脚收至与肩同宽，两手合抱于胸前，掌心向内。

（8）至（14）与（1）至（7）相同，唯左右相反。

图　4-2-34

8. 天体圆周（图 4-2-35）

（1）接上式，两脚不动；身体稍左转，两掌经体前，由下向上方划弧，随即两掌变剑指，目视左手。

（2）两脚不动，以髋关节为轴，然后经左向下由右向后翻转绕环，两手直臂随腰摆动，两手为剑指。

（3）至（4）与（1）至（2）相同，唯左右相反。

（5）接上式，两腿屈膝下蹲；两手摆至胸前合抱，掌指相对，掌心向内。

图　4-2-35

9. 收式（图 4-2-36）

（1）两掌内收，翻掌下落至腹前，掌心向下，掌指相对。

（2）同时两膝伸直；两手放至身体两侧，掌心向内；目视前方。

（3）左脚收回，成并步站立姿势。

图 4-2-36

第五章 形体健美运动

第一节 健 美 操

一、健美操运动概述

健美操是一项在鲜明的音乐节奏伴奏下，结合体操、舞蹈等元素，以身体练习为基本手段，以有氧运动为基础，以健、力、美为特征，以健身、健美与健心为锻炼目的的一种体育运动项目。

健美操的英文原名“Aerobics”，意思为“有氧操”，起源于20世纪60年代末。1968年，美国太空总署医学博士库珀专门创编了一些动作并选配了音乐，形成了这种新的运动方式，作为太空人体能训练的内容。

1981年，美国影星简·方达根据自己从事健美操锻炼获得的健身性形体的成功经验，撰写了《简·方达健身术》一书，引起了世界的轰动，对健美操运动在全世界的发展起到了积极的推动作用。简·方达，在书中讲述了她从“节食”“药物”“自导性呕吐”“饥饿”等减肥法的失败中吸取了教训，走上了体育锻炼，特别是用健美操保持健美身体的道路。

1983年，美国举行了首届健美操比赛。1984年，首届远东区健美操大赛在日本举行。两次大赛的成功，有力地推动了健美操运动在世界各地的全面兴起。现在每年国际上举办的健美操活动有世界锦标赛、世界杯赛、世界冠军赛、世界巡回赛等。

1987年，北京举办了首届全国健美操邀请赛。随后1988、1989、1990、1991年先后在北京、贵阳、昆明、北京举办了4届邀请赛。1992年起，这一比赛改名为全国锦标赛，成为每年举办的健美操传统赛事。另外，1992年、1995年在北京举办了两届全国健美操冠军赛。1998年，举办了全国锦标赛暨全国健美操运动会。

健美操不仅在英、美、法等发达国家迅速发展，而且在欧亚众多国家也相当普及。苏联早已把健美操列入大中小学的体育大纲，亚洲的日本、菲律宾、新加坡等国家和地区也建有许多健美操活动中心及健身俱乐部。

随着健美操运动在世界范围内的广泛开展，参与健美操锻炼的人越来越多，形成了一种“健美操热”。人们逐渐认识到了健美操运动的强大生命力，同时也看到了其中的巨大商业价值。许多热心于健美操运动的有识之士发起并成立了一些健美操组织，使健美操成为一项有组织的体育运动，进一步促进了健美操运动的普及与发展。

二、 健美操的分类

目前，世界健美操和我国健美操的种类繁多，分类方法也各不相同。如果根据健美操活动目的和所要承担的主要任务划分，可分为健身性健美操、表演性健美操、竞技性健美操。

（一）健身性健美操

健身性健美操练习的主要目的是锻炼身体、保持健康。其中又包括：以提高心肺功能、改善身体有氧代谢能力为目的的有氧操；练习肌肉控制、改善不良姿态、培养良好气质风度的形体操；以保持肌肉外形、防止肌肉退化为主的力量操；以减少关节负荷，利用水的阻力达到锻炼目的，并以中老年及康复病人为主要对象的水中有氧操；踏板操、哑铃操、橡皮筋操等器械操等。由于健身性健美操的唯一练习目的就是健身，因此它的动作简单，实用性强，音乐速度也较慢。为了保证一定的运动负荷和锻炼的全面性，动作多有重复，常以对称的形式出现。健身性健美操一般的练习时间为一个小时左右，在练习的要求上根据个体情况而变化，严格遵循“健康、安全”的原则，防止运动损伤的出现，在保证安全的基础上达到锻炼身体的目的。

（二）表演性健美操

表演性健美操的主要练习目的是表演。它是事先编排好的、专为表演而设计的成套健美操，时间一般为2～5分钟。表演性健美操的动作较健身性健美操动作复杂，音乐速度可快可慢。为了保证一定的表演效果，动作较少重复，也不一定是对称性的。在参与的人数上可以是单人，也可以是多人。可在成套动作中加入队形变化和集体配合的动作。表演者可以利用轻器械（如花环、旗子等），还可采用一些风格化的舞蹈动作（如爵士舞等），以达到烘托气氛、感染观众、增加表演效果的目的。因为表演性健美操的动作比健身性健美操的动作复杂多变，所以对参与者的身体素质要求较高，除具备较好的协调性，还要有一定的表演意识和集体配合的意识。

（三）竞技性健美操

竞技性健美操的主要目的是竞赛。其比赛项目有男单、女单、混双、三人（男三、女三、混合三人）和混合六人混合（男三、女三）。竞技性健美操在参赛人数、比赛场地、成套动作的时间等方面都必须严格按照规则进行。规则对成套的编排、动作的完成、难度动作的数量等也都有严格的规定。由于竞赛的主要目的就是要取胜，因此在动作的设计上更加多样化，并严格避免重复动作和对称动作。近年来，运动员为争取好成绩，均在比赛的成套动作中加入了大量的难度动作，如各种大跳成俯撑、空中转体成俯撑等。这对运动员的体能、技术水平和表现力均提出了更高的要求。

三、 基本技术与练习方法

（一）健美操的基本动作

健美操基本徒手动作是根据人体结构活动特点而确定的。常见的基本动作如下：

1. 头颈动作

（1）形式：头颈的屈；头颈的转；头颈的平移；头颈的绕及绕环。

（2）方向：向前、向后、向左、向右的屈和平移；向左、向右的转和绕、绕环。

提示：做各种形式头颈动作时，节奏一定要慢，上体保持正直。

2. 肩部动作

（1）形式：单肩的、双肩的提肩和沉肩；收肩和展肩；单肩的、双肩的绕和绕环；振肩。

（2）方向：向前的、向后的绕及绕环。

提示：提肩、沉肩时两肩在同一立面尽量上下运动；收肩、展肩幅度要大，肩部要平；振肩动作要有速度、力度和弹性。

3. 上肢动作

（1）手型。健美操中手型有多种，是从爵士舞、芭蕾舞、西班牙舞、迪斯科、武术等中吸收和发展而来的。手型的选用可以使手臂动作更加生动活泼。常见的手型如下：

五指并拢式：五指伸直并拢。

五指分开式：五指用力伸直张开。

西班牙舞手式：五指用力，小指、无名指、中指自掌指关节处依次屈，拇指稍内扣。

芭蕾手式：后三指并拢，稍内收，拇指内扣。

（2）拳式。

握拳：拇指在外。

屈指掌式：手掌用力上翘，五指用力弯曲。

一指式：握拳，食指伸直或拇指伸直。

响指：拇指与中指摩擦与食指打响，无名指、小指屈指。

（3）臂动作。

形式：有臂的举、屈伸、摆动、振、绕或绕环等方式。

方向：向前、向后、向左、向右、向上、向下等。

提示：做臂的举、屈伸时，肩下沉；做臂的摆动、绕及绕环，肩拉开用力。

4. 胸部动作

形式：含胸；展胸；振胸。

提示：练习时，收腹、立腰。

5. 腰部动作

形式：腰的屈；腰的转；腰的绕和绕环。

方向：向前、向后、向左、向右。

提示：腰前屈、转时，上体立直；腰绕和绕环时，速度放慢。

6. 髋部动作

形式：顶髋；提髋；摆髋；绕和绕环髋；行进间正髋和反下去髋走。

方向：向前、向后、向左、向右。

提示：髋部练习时，上体放松。

7. 躯干波浪动作

方向：向前、向后、向左、向右。

提示：波浪时，动作协调连贯。

8. 地上姿态

形式：坐（直角坐、分腿坐、跪坐、盘腿坐）；卧（仰卧、俯卧、侧卧）；撑（仰撑、俯撑、跪撑）等。

提示：做各种坐姿时，收腹、立腰、挺胸；撑时，腰背紧张。

（二）健美操基本步伐

1. 弹动

种类：膝弹动；膝踝弹动。

形式：并腿的弹动；分腿的弹动。

方向：向前的弹动；向左、右前 45 度方向的弹动；左、右绕的弹动。

提示：两膝与踝关节自然屈伸。

2. 踏步类

踏步类动作运动强度较低，要求在运动过程中至少有一只脚与地面保持接触。常见的步伐如下：

（1）踏步（march）

种类：脚尖不离地的踏步；脚离地的踏步；高抬腿的大幅度踏步。

形式：原位踏步；移动踏步；转体的踏步。

方向：有向前、后、左、右走的踏步。

提示：落地时，由脚尖过渡到脚跟着地，屈膝时，胯微收，两臂自然前后摆动。

（2）走步（walk）

方向：有前走、后走、斜向走、弧形走。

提示：基本上同踏步。

（3）V 字步（V step）

种类：正 V 字步；倒 V 字步。

形式：平移的、转体的和小幅度跳的正 V 字步和倒 V 字步。

方向：左、右腿的正和倒 V 字步。

提示：一脚迈出，另一脚随之迈出成一条平线，两脚距离略比肩宽，两膝自然弯曲，然后依次收回。

（4）恰恰步（水兵步）

形式：有平移的和转体的恰恰步。

方向：向前、向后、向侧的恰恰步。

提示：在 2 拍节奏中，快速踏步 3 次。

3. 并步类（touch）

（1）点地。

种类：脚尖点地；脚跟点地。

形式：原位点地；移动点地；转体的点地。

方向：脚尖向前、侧、后、斜方向的点地；脚跟向前、侧、斜的点地。

提示：地点时，有弹性点地，腿自然伸直。

（2）移重心（经半蹲左右）。

种类：双腿、单腿的移重心。

形式：原位的移重心；移动的移重心；转体的移重心；跳的移重心。

方向：向前、后、左、右的移重心。

提示：身体重心从一端移向另一端时，必须经两腿之间。

（3）并步（step touch）。

种类：两腿同时屈的、一直一屈的并步。

形式：原位的并步；移动的并步（之字步）；转体的并步。

方向：向前、后、左、右的并步。

提示：一脚并于另一脚，重心要随之移动，两膝自然屈伸。

（4）交叉步（grape or too touch）。

形式：平移的交叉步；转方向的交叉步；小幅度跳的交叉步。

方向：向前、向后、向侧的交叉步。

提示：一脚迈出，另一脚在前或在后交叉，重心随之移动。

4. 弓步类（lunge）

种类：静力性的弓步；动力性的弓步。

形式：左右弓步；移重心的弓步（move）；移动的弓步；转体的弓步；跳的弓步。

方向：上步弓步；后撤弓步；向侧伸弓步（lunge side）。

提示：一腿屈膝，脚尖与膝垂直，另一腿伸直，重心落于两腿之间。由于弓步的形式很多，因此在做法上有所不同。

5. 半蹲类（skurt）

种类：小分腿半蹲（skurt down up）；大分腿半蹲（skurt side）。

形式：向侧一次；向侧两次（two skurt）；转体。

方向：向侧（左右）。

提示：半蹲时，立腰。

6. 吸腿类（knee lift or knee up）

形式：原位的吸腿及跳；移动的吸腿及跳；转体的吸腿及跳。

方向：向侧、向前的吸腿及跳。

提示：大腿用力上提，小腿自然下垂。

7. 弹踢类（skip）

形式：原位的弹踢腿及跳；移动的弹踢腿及跳；转体的弹踢腿及跳。

方向：向前的（forward skip）、向侧的（side skip）、向后的（back skip）弹踢腿及跳。

提示：大腿抬起至一定角度后，小腿自然弹直。

8. 开合跳（jumping jack）

种类：双起双落的开合跳（两次开开合合、连续开合）；单起双落的开合跳。

形式：原位的开合跳；移动的开合跳；转体的开合跳。

方向：向前的开合跳。

提示：分腿时，两脚自然外开，膝关节沿脚尖方向弯曲；跳起与落地时，注意屈膝缓冲。

9. 踢腿类（kick）

种类：弹动（spring）踢腿；一般的直踢腿。

形式：原位的（弹）踢腿及跳；移动的（弹）踢腿及跳；转体（half air turn，single air turn）的（弹）踢腿及跳。

方向：向前的、向侧的、向斜前的（弹）踢腿及跳。

提示：腿上踢时，须加速用力；立腰；上体尽量保持不动。

10. 后踢腿跑（jog）

形式：原位的后踢腿跳；移动的后踢腿跳；转体的后踢腿跳。

方向：向后的后踢腿跳。

提示：髋和膝在一条线上或后提，小腿尽量叠于大腿。

11. 点跳

形式：原位的点跳；移动的点跳；转体的点跳。

方向：向侧、向前、向后的点跳。

提示：点地时身体重心在一条腿上。

12. 摆腿跳

形式：原位的摆腿跳；移动的摆腿跳；转体的摆腿跳。

方向：向侧、向前、向后的摆腿跳。

提示：摆腿时上体顺势前倾或后倒或侧倾。

13. 并跳

形式：移动的并跳；转体的并跳。

方向：有向前、向后的并跳。

提示：一腿迈出蹬地，另一腿并上，身体重心随着跟上。

（三）初级大众健美操（以第二套作为示范）

1. 组合一

（1）第一个八拍（图5-1-1）。

（2）第二个八拍动作与（1）相同，左右方向相反。

（3）第三个八拍动作（图5-1-2）。

（4）第四个八拍动作（图5-1-3）。

（5）第五到第八拍动作与（1）～（4）相同，左右方向相反。

图　5-1-1

图　5-1-2

2. 组合二

(1) 第一个八拍动作（图 5-1-4）。

(2) 第二个八拍动作（图 5-1-5）。

图 5-1-3

图 5-1-4

图　5-1-5

(3）第三个八拍动作（图 5-1-6）。

图　5-1-6

（4）第四个八拍动作（图 5-1-7）。

图 5-1-7

第五到第八拍动作同（1）~（4），左右方向相反。

3. 组合三

（1）第一个八拍动作（图 5-1-8）。

图 5-1-8

（2）第二个八拍动作与（1）相同，左右方向相反。

（3）第三个八拍动作（图 5-1-9）。

（4）第四个八拍动作（图 5-1-10）。

图　5-1-9

图　5-1-10

4. 组合四

（1）第一个八拍动作（图 5-1-11）。

图　5-1-11

（2）第二个八拍动作（图 5-1-12）。

   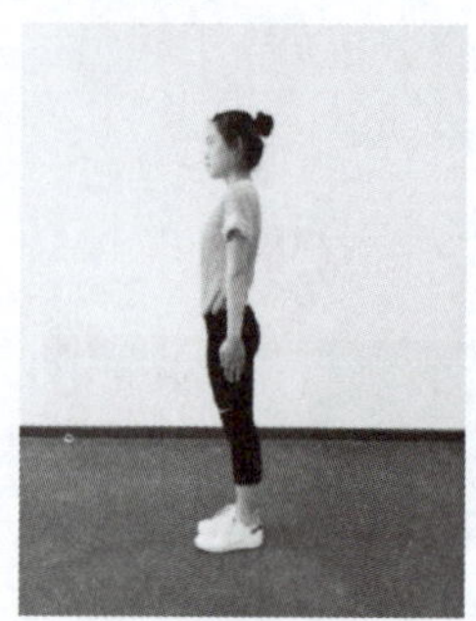

图 5-1-12

（3）第三个八拍动作（图 5-1-13）。

图 5-1-13

（4）第四个八拍动作（图 5-1-14）。

（5）结束动作（图 5-1-15）。

5. 动作说明

一级、二级为健美操大众锻炼标准的初级套路。其练习的目的是进行中低强度的有氧练习，简单的腰腹和身体核心部位稳定性练习。每一个组合均由 4～5 个基本步伐组成。在二级套路中出现的 45 度到 90 度的方向变化，路线以简单的前后左右动作为主。大部分的手臂动作为对称性的，个别动作出现了依次的手臂动作。

图　5-1-14

图　5-1-15

第二节　体育舞蹈

一、　体育舞蹈概述

体育舞蹈也称“国际标准交谊舞”（International Style of Ballroom Dancing），简称国标舞，是以男女为伴的一种步行式双人配合，融艺术、体育、音乐于一体的体育运动项目。该运动项目分两个项群，十个舞种。其中，现代舞项群含有华尔兹、维也纳华尔兹、探戈、狐步和快步舞，拉丁舞项群包括伦巴、恰恰、桑巴、牛仔和斗牛舞。每个舞种均有各自舞曲、舞步及风格。可根据各舞种的乐曲和动作要求组编成各自的成套动作。

体育舞蹈是由社交舞（也称交际舞）演变而来。作为社交活动的交际舞，可追溯到人类的原始时期，带有自娱性、观赏性、表演性。男女对舞最早源于非洲黑人民间土风舞，多是农闲或节日时成群结队在草地或广场上跳。

11 世纪，欧洲一些国家王室的舞蹈教师按照宫廷生活和礼仪习俗的需要对民间舞蹈进行加工改造，形成了具有规范形式的社交舞蹈。17 世纪下半叶，交际舞开始在欧洲社会中流行。1768 年，巴黎出现了第一家舞厅，开启了现代社会交际舞时代。交际舞经历了 100 多年的发展，渐渐保留了一些风格鲜明、舞步规范的技巧体系。到了 19 世纪，法国大革命、工业革命和浪漫主义运动给人们的思想观念带来了很大的影响，华尔兹等舞步十分盛行。之后，拉丁舞也逐渐兴起。

20 世纪初，体育舞蹈进入了一个崭新的历史时期。1904 年，英国皇家舞蹈教师协会成立，该协会从 1920 年至 1924 年多次召开会议，对当时流行的各种交际舞进行系统化和规范化整理，相继确定了“布鲁斯”“慢华尔兹”“慢狐步舞”“快华尔兹”“快步舞”“探戈舞”和“伦巴舞”7 个舞种的基本舞步、舞姿和跳法。

1947 年，在德国柏林举办了第一届世界标准交谊舞锦标赛。1950 年，在英国的黑池主办了首届世界性的国标舞大赛，称为“黑池舞蹈节”（Blackpool Dance Festival），并把规范后的舞蹈命名为“国际标准交谊舞”，同时确定每年 5 月在英国黑池举办国际标准交谊舞大赛，黑池成为国标舞的圣地。1960 年，拉丁舞也正式成为世界锦标赛项目，“国际标准交谊舞”改称为“当代国际标准交谊舞”，亦称“体育舞蹈”。体育舞蹈具有高度艺术性及技巧性，每年在国际上都有不同地区、不同级别、不同规模的多种比赛，还被列为奥运会表演项目。

1964 年以后，国际标准交谊舞比赛中又增加了新的表演比赛内容——集体舞。集体舞由 8 对选手参与，不限舞步，按照一个主体表演，力求使和谐的配合、出神入化的队形变化、欢快的音乐和高超的技艺达到完美的统一。集体舞与现代舞、拉丁舞共同组成了当代国际标准交谊舞（体育舞蹈）。

目前，国际上存在两个有影响力的国际体育舞蹈组织。一是国际体育舞蹈联合会（International Dancesport Federation，IDSF），1935 年，国际业余舞蹈联合会（IADF）在布拉格成立。1957 年 5 月 13 日，国际业余舞蹈者理事会（ICAD）成立，1990 年，更名为国际体育舞蹈联合会（IDSF），总部设在瑞士的洛桑。二是世界舞蹈及体育舞蹈理事会（World Dance and Dancesport Council，WDDSC），1950 年 9 月 22 日在英国苏格兰的爱丁堡成立。1992 年，IDSF 向国际奥委会（IOC）提交申请，要求加入国际奥委会。1995 年，IDSF 成为国际奥委会的临时会员。1997 年，体育舞蹈正式得到国际奥委会承认，IDSF 成为国际奥委会承认的唯一代表体育舞蹈的国际组织。体育舞蹈于 2000 年成为悉尼奥运会表演项目，2008 年北京奥运会上仍是表演项目。

体育舞蹈于 20 世纪 30 年代率先进入上海，而后又在天津、广州等大城市广泛流行，直到五六十年代仍很流行。“文化大革命”中，这项活动被迫中止。1984 年，体育舞蹈再次进入中国。1986 年，中国国际标准舞总会成立；次年举办了第一届全国国际标准舞锦标赛。1989 年 8 月，国家体委成立了体育舞蹈俱乐部，1993 年 12 月举办了“中国上海、北京世界杯体育舞蹈锦标赛”（中国首次被认可的世界性公开赛）。1994 年，中国国际标准舞协会和国际标准舞学院相继成立。1996 年 5 月，中国国际标准舞协会首次派考察团参加世界著名的英国黑池第七十一届舞蹈节。由于国家的重视，中国参加英国黑池体育舞蹈节比赛的选手

越来越多，并达到了非常高的水平。从21岁冠军赛一直到职业新星、职业赛都能看到中国选手的身影，且都能获得极为优秀的成绩。如今，体育舞蹈在中国已经非常流行。

二、体育舞蹈项目分类

体育舞蹈按舞蹈的风格和技术结构分为现代舞（摩登舞）和拉丁舞两大类。按竞赛项目可分成现代舞、拉丁舞和团体舞（队型舞）三大类。

（一）现代舞

现代舞包括华尔兹、探戈、狐步、快步、维也纳华尔兹5种，均起源于欧洲，具有端庄、含蓄、稳重、典雅的风格和绅士风度。其舞步流畅，轻柔洒脱，舞姿优美，起伏有序，音乐节奏清晰，舞蹈富于技巧性，是老少皆宜的舞系。

1. 华尔兹（Waltz）

华尔兹舞也被称为圆舞，是现代舞中历史最悠久、生命力最强的舞蹈形式。“华尔兹”一词最初来自古德文Walzel意思是“滚动”“旋转”或“滑动”。华尔兹风格特点是庄重典雅，华丽多彩，舞蹈动作流畅，旋转性强，热烈而兴奋，中心起伏跌宕，接连不断的潇洒转体。舞曲旋律优美抒情，节奏为3/4的中慢板，每分钟28～30小节。每小节三拍为一组舞步，每拍一步，第一拍为重拍，三步一起伏循环。通过膝、踝、足底、跟掌趾的动作，结合身体的升降、倾斜、摆荡，带动舞步移动，使舞步起伏连绵，舞姿华丽典雅。

2. 探戈（Tango）

探戈舞起源于非洲中西部的民间舞蹈探戈诺舞。16世纪末至17世纪初，随着贩卖黑奴进入美洲，融合了拉美民间舞蹈风格的优雅洒脱的墨西哥探戈和舞姿挺拔、舞步豪放健美的阿根廷探戈形成。随后又传入欧洲，融汇欧洲民间舞蹈，尤其是受西班牙民间舞蹈的影响，在原有豪放洒脱的基础上，渗入了幽雅含蓄的情趣，分别形成了西班牙探戈、意大利探戈和英国皇家式探戈。现在跳的探戈称为欧洲闪式探戈。舞蹈音乐为2/4拍节奏，每分钟30～34小节。每小节两拍，第一拍为重拍。舞步有快步和慢步。快步（quick）占半拍，用Q表示；慢步（slow）占一拍，用S表示。基本节奏是慢、慢、快、快、慢（S、S、Q、Q、S）。舞曲节奏带有停顿并强调切分音；舞步顿挫有力，潇洒豪放；身体无起伏、无升降、无旋转；表情严肃，有左顾右盼的头部闪动动作。

3. 狐步舞（Slow Foxtrot）

狐步舞起源于美国黑人舞蹈。1914年夏，美国演员哈利·福克斯模仿马在慢步行走时的动作，并设计了一种舞蹈形式，迅速在全美风行。人们因此又称狐步舞为福克斯。现在国际上跳的狐步舞是英国的约瑟芬·宾莉改编的。狐步舞的步法轻柔、圆滑、流畅，方向多变，且没有合并步。动作衔接升中有降、降中有升，呈线性流动状。舞步风格典雅大方，舒展流畅，轻盈飘逸，平稳。舞曲抒情流畅，节奏为4/4拍，每分钟28～30小节，每小节为四拍，第一拍为重拍，第三拍为次重拍。基本步伐是四拍走三步，每四拍为一循环。舞前分快步、慢步。第一步为慢步（S），占二拍；第二、三步为快步（Q），各占一拍。基本节奏为慢、快、快（S、Q、Q）。

4. 快步舞（Quick Step）

快步舞从美国民间舞“P. E. E. P BODY”改编而成，早期吸收了快狐步动作，后又引入芭蕾的小动作，使动作更显轻快灵巧，20 世纪流行于欧美和全球。现在大家跳的是英国式的快步舞，舞曲明亮欢快，舞步轻快灵活，跳跃感强，是体育舞蹈中一种轻快欢乐的舞蹈。舞曲的节奏为 4/4 拍，每分钟 50 ~ 52 小节，每小节四拍，第一拍为重拍，第三拍为次重拍。舞步分快步和慢步。快步用 Q 表示，时值为一拍；慢步用 S 表示，时值为二拍。基本节奏是慢、慢、快、快、慢（S、S、Q、Q、S）。舞步组合有跳步、荡腿、滑步等动作。

5. 维也纳华尔兹（Viennese Waltz）

维也纳华尔兹起源于奥地利北部山区农民舞，是历史最悠久的舞蹈之一。维也纳华尔兹舞的风格特点是动作舒展大方，连绵起伏，节奏清晰，旋律活泼，动作优美，舞步轻快、流畅、旋转性强。舞曲为 3/4 拍节奏，每分钟 56 ~ 60 小节，每小节为三拍，第一拍为重拍，第四拍为次重拍。基本步伐是六拍走六步，两小节为一循环，第一小节为一次起伏。基本动作是左右快速旋转步，完成反身、倾斜、摆荡、升降等技巧，舞姿高雅庄重。

（二）拉丁舞

拉丁舞起源于非洲和拉丁美洲，具有热情、奔放、浪漫的风格特点。舞蹈动作豪放粗犷，速度多变，手势和脚步内容丰富，充满激情，音乐节奏鲜明强烈，尤为中青年人所喜爱。

1. 伦巴舞（Rumba）

伦巴舞是拉丁舞中具有独特魅力的舞蹈。现代伦巴舞是由古巴舞蹈吸收 16 世纪非洲黑人舞蹈和西班牙“波莱罗”舞蹈逐渐完善起来的。舞蹈动作曾受雄鸡走路启发。伦巴舞在古巴获得了极大的发展，是黑人的一种交际舞蹈。20 世纪 20 ~ 50 年代，伦巴又受到美国爵士乐和舞蹈的影响。20 世纪 30 年代初，皮埃尔夫妇在英国表演和推广古巴伦巴舞，受到极大欢迎，使其风行欧洲。伦巴舞节奏为 4/4 拍，每分钟 27 ~ 29 小节，每小节四拍。乐曲旋律的特点是强拍落在每小节的第四拍。舞步从第四拍起跳，由一个慢步和两个快步组成。四拍走三步，慢步占两拍（第四拍和下一小节的第一拍），快步各占一拍（第二拍和第三拍）。胯部摆动三次。胯部动作是由控制重心的一脚向另一脚移动，从而形成向两侧做“∞”形摆动。

2. 恰恰恰（Cha Cha Cha）

恰恰恰舞由非洲传入拉丁美洲后，在古巴获得很大发展。它是模仿企鹅姿态创编的舞蹈。在动作编排上一反男子领舞的习惯，男女动作不求统一整齐，且多半是男子随后。恰恰恰舞的音乐曲调欢快有趣，4/4 拍，每分钟 29 ~ 32 小节，四拍跳五步，节奏为慢、慢、快、快、慢（S、S、Q、Q、S），数节拍的方法为 2、3、4&1（第一步踏在第二拍，时间值占一拍；第二步占一拍：第三、四两步各占半拍；第五步占一拍，踏在舞曲的第一拍上）。胯部每小节向两侧摆动六次。恰恰恰由于名称动听，节奏欢快易记，邦伐斯鼓和沙球的咚咚沙沙声与动作相吻合，舞蹈又有诙谐、花哨的风格，所以倍受欢迎，是拉丁舞中最流行的舞蹈。

3. 牛仔舞（Jive）

牛仔舞原是美国西部，20 世纪二三十年代盛行的牛仔舞蹈，舞步带有踢踏动作。其节奏快速兴奋，动作粗犷，带有举持舞伴和甩动的技巧，以表现牧人强健体魄和自由奔放的情绪，具有独特的魅力。后经规范进入社交界和表演舞范畴。第二次世界大战期间，该舞蹈传入英国，获得迅速推广。牛仔舞音乐 4/4 拍，每分钟 44 小节，六拍跳八步，由基本舞步踏步、并合步结合跳跃、旋转等动作组合而成，要求脚掌踏地，腰和胯部作钟摆式摆动。舞曲欢快，有跃动感。舞步丰富多变，舞姿含强烈的扭摆和连续快速的旋转，常使人眼花缭乱，亢奋热烈。

4. 桑巴舞（Samba）

桑巴舞是从巴西农村的摇摆桑巴舞传入城市演变而来的，后在里约热内卢狂欢节上公开表演后以其微妙的节奏和强烈的感情倾倒了巴西人，逐步形成为巴西的民族舞，是巴西音乐和舞蹈的灵魂。20 世纪 20—30 年代，桑巴舞传入欧美。桑巴舞的风格特点是动作粗犷，起伏强烈，舞步奔放，敏捷，富有强烈的感染力。桑巴舞音乐为 2/4 拍或 4/4 拍，每分钟 48 ~ 56小节。舞曲欢快热烈，强拍落在每小节的第二拍或第四拍。每小节完成一个基本舞步。舞步在全脚掌踏地和半脚掌垫步之间交替完成，通过膝盖上下屈伸弹动，使全身前后摇摆，并沿着舞程线绕场行进，属“游走型”舞蹈。

5. 斗牛舞（Paso Doble）

帕索多布累起源于西班牙，是模仿西班牙斗牛士动作，有西班牙风格的进行曲伴舞的一种拉丁舞。在舞蹈中，男士象征斗牛士，女士象征斗牛士的红色斗篷。男子应表现出强壮英武和豪迈昂扬的气概，女子则应显示出英姿飒爽和柔美多变。斗牛舞音乐为 2/4 拍，每分钟 60 ~ 62 小节，一拍跳一步，八拍一循环。其特点是舞步流动大，沿着舞程线绕场行进，属“游走型”舞蹈。舞姿挺拔，无胯部动作及过分膝盖屈伸，用踝关节和脚掌平踏地面完成舞步，动静鲜明，力度感强，发力迅速，收步敏捷顿挫。

（三）团体舞（队型舞）

团体舞是现代舞或拉丁舞的混合舞，由 8 对选手组成，借助音乐的引导，将 5 种舞蹈在变化莫测的队形变动中编织出丰富多样的图案。它将音乐、舞姿、队形、图案和选手们的和谐配合融为一体，力求达到了完美的统一，使体育舞蹈的风格特点得到了更为鲜明的表现。同一系列的舞种除在风格和内容上有共同特点外，每个舞种在步法、节奏、技术处理以至风格上都有自己的独特之处。

三、 基础知识

（一）舞场与舞程线

1. 舞场

国际标准舞的比赛是在平整光滑的室内场地进行，长度为 23 米，宽度为 15 米。舞者在长方形场地沿逆时针方向前进，跳完23米长度的A线，再转入15米的B线，再依次转入A线和B线为一周。

2. 舞程线（Line of Dancing，缩写为L. O. D）

在跳国际标准舞时，跳舞者必须按逆时针方向前进，这个行进线路就叫舞程线。在舞程线中，长的两条为A线，短的两条为B线。国标舞以男伴面对舞程线方向为基准，对舞步的行进方向规定了8条线。只要舞者沿着舞程线行进，无论到哪个点上，都可以按8条线区分方位和角度。

（二）方位与转度

1. 方位

在体育舞蹈中，规定了8条线，指向8个方位。舞者按照舞程线不断变化方位，向前移动。8条线则指出每个舞步的行进方向。

为了表明身体在舞场中所处的方位，需借鉴舞蹈中的基本方位术语。一般情况下，方位的基点多以主席台或乐队所在的位置为1点方位（也可将场地的任何一面定为1点方位），然后按顺时针方向，每转45度为一个基本方位，即将场地分为8个基本方位，称为1～8点。场地中4个角为2、4、6、8点，4个面为1、3、5、7点。

2. 旋转角度

旋转时以每转360度为一周；旋转45度为1/8周；旋转90度为1/4周；旋转135度为3/8周；旋转180度为1/2周；旋转225度为5/8周；旋转270度为3/4周；旋转315度为7/8周。在做旋转动作时，应先标明旋转的方向，即左转或右转；再标明角度，如左转1/8。

（三）体育舞蹈中的基本舞姿

1. 基本手型

女：拇指和中指向里合，其余3个手指翘起（图5-2-1）。

男：拇指向里合，食指上翘，其余3手指并拢；或拇指向里合，其余4手指并拢（图5-2-2）。

图 5-2-1　　图 5-2-2

2. 基本舞姿

（1）现代舞舞姿：

闭式舞姿（Closed Position）（图5-2-3）；

并进舞姿（Promenade Position）（图5-2-4）；

外侧舞姿（Outside Partner）（图5-2-5）。

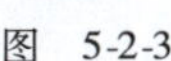

图　5-2-3

图　5-2-4

图　5-2-5

(2) 拉丁舞舞姿：

闭式舞姿（图 5-2-6）；

单手相握的分式舞姿（图 5-2-7）；

双手相握的分式舞姿（图 5-2-8）。

图　5-2-6

图　5-2-7

图　5-2-8

四、舞种、舞步及套路

（一）华尔兹

1. 华尔兹舞的基本步法

(1) 左脚并换步（L. F Closed Change）（图 5-2-9）。

图　5-2-9

（2）右脚并换步（R. F Closed Change）（图 5-2-10）。

图　5-2-10

（3）左转步（The Reverse Turn）（图 5-2-11）。

图　5-2-11

（4）扫步（The Whisk）（图 5-2-12）。

图　5-2-12

（5）侧行追步（Shasse from Promenade Position）（图 5-2-13）。

图　5-2-13

（6）踌躇换步（Hesitation Change）（图 5-2-14）。

（7）右旋转步（Natural Spin Turn）（图 5-2-15）。

（8）迂回步（Weave）（图 5-2-16）。

图　5-2-14

图　5-2-15

图　5-2-16

（9）前进锁步（Back Lock Step）（图 5-2-17）。

图 5-2-17

（10）追步自侧行位置（Chasse from P. P.）（图 5-2-18）。

图 5-2-18

（11）外侧换步（Outside Change）（图 5-2-19）。

图 5-2-19

（12）后退拂步（Back Whisk）（图 5-2-20）。

图 5-2-20

（13）前进并合步（Forward Chasse）（图 5-2-21）。

图　5-2-21

2. 华尔兹套路

（1）华尔兹初级套路：

舞　步	舞 步 名 称	节　奏
1	左脚并换步	123
2	右转步	123 456
3	右脚并换步	123
4	左转步	123 456
5	叉形步（在角落）	123
6	追步自并进位	12 & 3
7	右旋转步（在角落）	123 456
8	左转步（456）	123

（2）华尔兹中级套路：

舞　步	舞 步 名 称	节　奏
1	引导步（左脚向前）	3
2	右旋转步	123 456
3	左转步 456	123
4	左转步	123 456
5	扫步	123
6	追步自并进位	12 & 3
7	右旋转步（在角落）	123 456
8	左转步（456）	123
9	左转步 123	123
10	迂回步	123 456
11	右旋转步（在角落）	123 456

续上表

舞　步	舞步名称	节　奏
12	旋转锁步	1 & 23
13	踌躇换步	123 456
14	向右直行追步	12 & 3
15	后退锁步	1 & 23
16	后退扫步	123
17	迂回步至并进位	123 456

（二）伦巴

1. 伦巴舞步

（1）左右基本步（Reverse and Natural Basic Movement）（图 5-2-22）。

图　5-2-22

（2）前后基本步（Forward and Back ward Walks Basic Movement）（图 5-2-23）。

图　5-2-23

（3）扇形步（Fan）（图 5-2-24）。

（4）曲棍步（Hockey Stick）（图 5-2-25）。

（5）纽约步（New York）（图 5-2-26）。

（6）定点转（Spot Turn）（图 5-2-27）。

（7）手对手（Hand to Hand）（图 5-2-28）。

（8）臂下转（Under Arm Turn）（图 5-2-29）。

（9）开式扭臀（Open Hip Twist）（图 5-2-30）。

（10）卷曲步（Curl）（图 5-2-31）。

图　5-2-24

图　5-2-25

图　5-2-26

图 5-2-27

图 5-2-28

图 5-2-29

图　5-2-30

图　5-2-31

（11）闭式扭臀（Closed Hip Twist）（图 5-2-32）。

（12）右陀螺转（Natural Top）（图 5-2-33）。

（13）套索步（Lasso Step）（图 5-2-34）。

（14）右分展步（Natural Opening Out Movement）（图 5-2-35）。

2. 伦巴套路

（1）伦巴舞初级套路：

图 5-2-32

图 5-2-33

图 5-2-34

图　5-2-35

舞　步	舞 步 名 称	节奏（小节）
1	基本动作	4
2	纽约步	3
3	臂下右转	1
4	手对手	3
5	原地左转	1
6	基本动作 1 ~3 步	1
7	6 步后退常步	2
8	基本动作 4 ~6 步	1

（2）伦巴舞中级套路：

舞　步	舞 步 名 称	节奏（小节）
1	开式扭臀	2
2	曲棍步	2
3	阿列曼娜	2
4	纽约步	3
5	臂下右转	1
6	手对手	3
7	原地左转	1
8	手对手 1 ~3 步（影子位）	1
9	影子位走步（6 步）	2
10	开式扭臀 4 ~6 步	1

（三）恰恰恰（Cha Cha Cha）

1. 恰恰恰舞步

（1）左追步（Chasse to Left）：

节　　拍	脚 步 动 作	手 臂 动 作
4	左脚向左侧横步（小步）	两臂侧举
&	右脚并步，双膝略屈，脚跟略提起，重心完全在脚掌	
1	右脚伸膝发力，把左脚“推”向侧横步，结束时两膝伸直，左脚全脚掌立，右脚侧点	

（2）右追步（Chasse to Right）：

节　　拍	脚 步 动 作	手 臂 动 作
4	右脚向右侧横步（小步）	两臂侧举
&	左脚并步，双膝略屈，脚跟略提起，重心完全在脚掌	
1	左脚伸膝发力，把右脚“推”向侧横步，结束时两膝伸直，右脚全脚掌立，左脚侧点	

（3）前进锁步（Forward Lock）：

节　　拍	脚 步 动 作	手 臂 动 作
4	右脚向前一步	两臂侧举
&	左脚脚尖在靠近前脚跟稍外侧的位置，脚尖外转，前腿直膝，后腿略弯	
1	左脚伸膝发力，把右脚“推”向前，脚位是向前偏右	

（4）后退锁步（Back Lock）：

节　　拍	脚 步 动 作	手 臂 动 作
4	左脚后移一步，脚前掌点地，脚尖向外	两臂侧举
&	右脚交叉在前，脚跟在靠近左脚脚尖稍外侧的地方，脚尖外转	
1	右脚伸膝发力把左脚“推”向后，脚位时向后偏左	

（5）左右基本步（Reverse and Natural Basic Movement）（图 5-2-36）。

（6）前后基本步（Forward and Backward Walks Basic Movement）（图 5-2-37）。

（7）郎得追步（Ronde Chasse）（图 5-2-38），又称“划圆追前”。

（8）扇形步（Fan）（图 5-2-39）。

（9）曲棍步（Hockey Stick）（图 5-2-40）。

（10）肩对肩（Shoulder to Shoulder）（图 5-2-41）。

（11）开式扭臀（Open Hip Twist）（图 5-2-42）。

（12）曲卷步（Curl）（图 5-2-43）。

图　5-2-36

图　5-2-37

图　5-2-38

图 5-2-39

图 5-2-40

图　5-2-41

图　5-2-42

图 5-2-43

（13）闭式扭臀（Closed Hip Twist）（图 5-2-44）。

图 5-2-44

（14）右陀螺转（Natural Top）（图 5-2-45）。

图　5-2-45

2. 恰恰恰套路

（1）恰恰恰初级套路：

舞　步	舞 步 名 称	节奏（小节）
1	基本动作	2
2	纽约步	3
3	臂下右转	1
4	手对手	3
5	原地左转	1
6	开式基本动作（前进后退各加两次锁步）	4

（2）恰恰恰中级套路：

舞　步	舞 步 名 称	节奏（小节）
1	开式扭臀（成扇形）	2
2	曲棍步	2
3	两次前进锁步	3
4	右陀螺转	2
5	闭式扭臀（成扇形位）	5
6	阿列曼娜	2
7	纽约前	2
8	肩对肩	2
9	定点转	2

第三节　瑜　　伽

一、 瑜伽概述

瑜伽运动是东方最古老的健身术之一，起源于印度，距今已有5000多年的历史。瑜伽一词源于梵文音译，有结合、联系之意。这也是瑜伽的宗旨和目的，即为达到冥想而集中意识。

目前瑜伽已在全世界广泛传播。印度有很多专门研究瑜伽的学校。瑜伽有一套从肉体到精神极其完备的修持方法，不只属于哲学和宗教的范畴。它千年不衰，有着强大的生命力。瑜伽的修持者在深沉的静坐中进入最深层次时，就会觉醒人生自性与生命的至善境界，从而获得个体意识与宇宙意识的结合，唤醒内在沉睡的能量，得到最高开悟和最大愉悦。

二、 瑜伽基础知识

（一）瑜伽手型

练习瑜伽前后，都需要调整呼吸，同时配合不同的手印和坐式进行冥想，以达到心境的宁静平和。习练者的身心也会在不知不觉中变得舒畅。下面介绍的是瑜伽中常用的四种手印。

瑜伽中用手和手指表现的有象征意义的手势叫手印，也就是体育中的手型。手印可体现身心的状态，并引导我们体内能量的流动，有助于净化身心。

1. 智慧手型（图5-3-1）

拇指和食指轻触，手背轻轻地靠在膝盖上。

2. 禅那手型（图5-3-2）

双手叠成碗状，轻放在踝骨上，大拇指尖相抵。女性右脚和右手在上，男性左脚和左手在上。

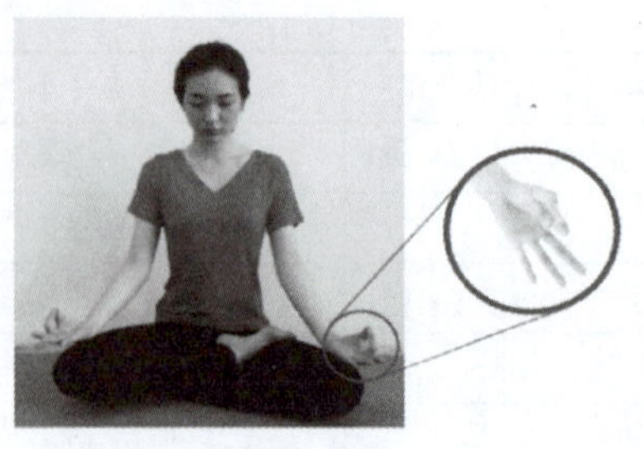

图 5-3-1

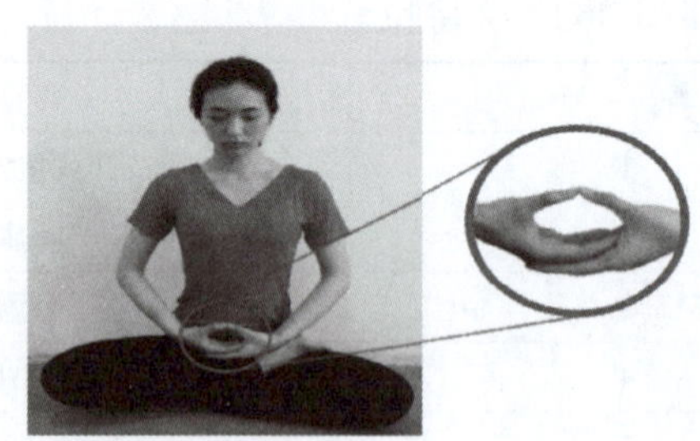

图 5-3-2

3. 开放手型（图5-3-3）

五指并拢，掌心朝前，双手轻轻靠在膝盖上。

4. 双手合十手型（图 5-3-4）

双手合十，放在胸前做成冥想的姿势，手掌之间要留一些空间。

（二）基本坐姿（图 5-3-5）

在以下的坐姿中选择适合自己的姿势。初级练习者最好坐在垫子或靠垫上，以便在没有辅助工具的情况下也能长时间保持腰背挺直。

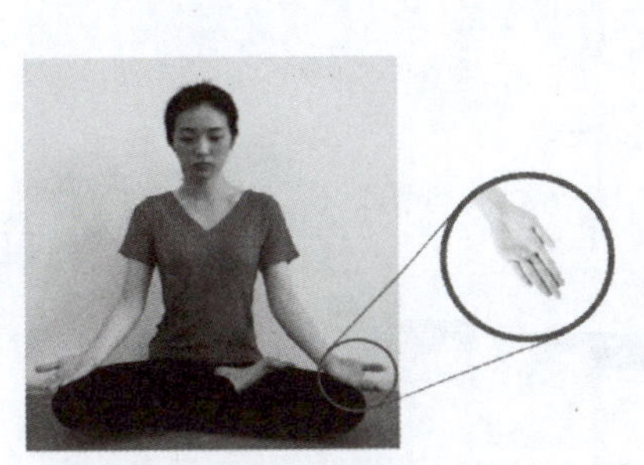

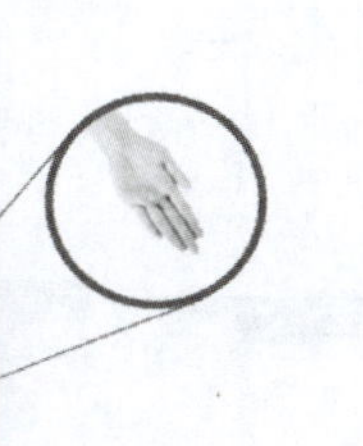

图　5-3-3

图　5-3-4

图　5-3-5

1. 简单坐（Sukhasana）

双腿叠加舒适地放在地面上。感觉这样不舒服，也可以坐在垫子上完成。男性左脚在前，女性右脚在前。

2. 至善坐（Siddhasana）

男性把左脚放在右脚上，女性把右脚放在左腿上。膝盖舒适地贴在地面上。

3. 半莲花坐（Ardha Padmasana）

男性把左脚放在右腿根部，女性把右脚放在左腿根部上。膝盖舒适地贴在地面上。

4. 全莲花坐（Padmasana）

男性把左腿叠加在右腿上，女性把右腿叠加在左腿上。膝盖舒适地贴在地面上。

（三）呼吸法

正确的呼吸法不仅能增强我们的肺功能，还有净化血液、刺激神经细胞、强化生理机理的作用。研究证明，通过呼吸能缓解头痛、哮喘、高血压、恐惧感、呼吸系统疾病甚至是心脏病症状。呼吸方式一般有腹式呼吸、圣光调息、完全呼吸（喉呼吸）。具体练习法为：

（1）感受潜在意识，挺直脊柱坐下或站立。

（2）闭紧嘴，用鼻子慢慢吸气，注意力集中在口内上方“呼—呼”空气的流动声。

（3）吸气时腹部贴向脊柱，按肺部的下部、中部、上部的顺序充满空气。这个过程中横膈膜尽量向下，胸廓向四周扩张，肋骨向上提，使肺部充满空气。

（4）肺部充满空气时屏气一会儿，慢慢将所有的空气都呼出。这时腹部要保持收缩的状态，口内上方要有“呼—呼”的声音。

（5）完全呼气之后屏气一会儿，从头开始反复。

三、 瑜伽的基本体位

准备运动：

1. 拜日式（Surya Namaskar / The Sun Sslutations）（图 5-3-6）

图 5-3-6

拜日式是流水般连贯的 12 个最基本的瑜伽动作。拜日式作为瑜伽的准备动作，初级练习者重复 3 ~ 5 次，中、高级练习者重复 5 ~ 10 次。

（1）双手并拢，站立在地面上，双手在胸前合十，体重均匀地分布在全身。

（2）手尖伸直，身体尽量向后仰，骨盆要往前推，夹紧括约肌。头部完全后仰，放松颈部和肩部，力量不要集中在颈部和肩部。

（3）上体前曲，让上体和下肢尽量靠近，双手与肩同宽放在地面上。

（4）右腿向后伸展，膝盖和脚背贴于地面。双手与肩同宽放在左脚两侧。右侧骨盆向下压，视线看向上方。

（5）左脚向后伸展，头顶到脚部成一条直线，手和脚趾支撑身体。视线看向双手间的地面。

（6）胸部着地，手肘贴在腰部，用胳膊和肩膀支撑身体。

（7）上体抬起，伸直胳膊感受脊椎的缓解，头部尽量后仰。肩膀下压，夹紧括约肌。

（8）手掌和脚掌支撑身体成三角形。肩膀和脊椎要成一条直线，脚掌贴在地面上，视线看向双脚。

（9）右腿向前，左腿膝盖与脚背贴于地面，左侧骨盆向下压。双手与肩同宽放在右脚两侧，视线看下上方。

（10）左腿向前，双腿并拢，上体前曲。双手与肩同宽放在地面上。

（11）手尖伸直，身体尽量向后仰。此动作同（2）的动作。

（12）吸气，回到（1）的动作，最后做舒适的腹式呼吸。

2. 半鱼式（图 5-3-7）

（1）左腿弯曲贴于地面，右脚放到左腿的外侧地面。左膝盖朝正前方，两手撑地，挺直腰部。

（2）吸气，上体向右弯曲，左手上举。这时注意臀部不要离开地面。

（3）呼气，左臂放到右腿的外侧，手臂和腿部要紧贴。右手放到身体的后侧。

（4）挺直腰部，身体尽量弯曲，颈部转向和身体相同的方向。完成动作后保持舒适的腹式呼吸。反方向亦相同。

3. 猫式（图 5-3-8）

图 5-3-7　　　　图 5-3-8

（1）膝盖和手臂打开与肩宽，身体和大腿、大腿和小腿成直角。

（2）吸气，塌腰沉肩，腰部往下压，尾骨向上提，抬头。

（3）呼气，背部和腹部尽量弯成圆形，头部向下压，腹部收缩最重要。

（4）双臂向前伸，下颚和胸部贴于地面。弯成动作后保持舒适的腹式呼吸。

4. 弓式（图5-3-9）

（1）右腿弯曲，左手抓住右脚踝，右手往前伸展。嘴唇和鼻子贴在地面上吸气。

（2）呼气，左手拉伸右腿向上抬起，上体和下肢同时抬起。完成动作后保持舒适的腹式呼吸。反方向亦如此。

图 5-3-9

5. 扭转幻椅式（图5-3-10）

（1）弯曲膝盖，双手在胸前合十。脊椎伸直，体重集中在脚后跟。

（2）右手肘部放在左腿外侧，吸气，双手在水平面上。

（3）呼气，左手压住右手，上半身尽量扭转。完成动作后保持舒适的腹式呼吸。反方向亦如此。

6. 侧伸展三角式（图5-3-11）

（1）双腿分开至肩膀的两倍宽，双臂水平伸展。

（2）右腿弯曲成直角，吸气。

（3）呼气，右手放在右脚的前面，左手向上伸展，看左手手尖。

（4）左臂尽量靠近脸部。完成动作后保持喉呼吸（完全呼吸）。反方向亦如此。

（5）右手绕到右腿外侧，左手从后面转过去。右手和左手在腰部背后相握。

7. 树式（图5-3-12）

（1）双腿并拢，重心在脚跟。

（2）抓住右脚踝贴于左大腿内侧。

（3）吸气，双手在胸前合十，放松肩膀。

（4）呼气，双臂尽量向上拉伸。完成动作后保持喉呼吸（完全呼吸）。反方向亦如此。

图　5-3-10

图　5-3-11

图　5-3-12

8. 鸽王式（图 5-3-13）

（1）右腿弯曲放在会阴处，左腿伸直向左侧打开。吸气膝盖伸直，臀部收紧。

（2）呼气，左膝盖弯曲，用左手包住，左手抓住右手腕，眼睛看向左脚。

（3）右胳膊从后绕过去，左手抓住右手。完成动作后保持喉呼吸（完全呼吸）。反方向亦如此。

9. 鹰式（图 5-3-14）

（1）以山式站立。

（2）双腿并拢，双臂上举，上手合十，吸气。

（3）呼气，右臂在左臂下，上臂重叠，双手合十。两侧的肩膀保持平衡，高度要相同。

（4）右脚叠放到左腿上。

（5）右脚绕一下左小腿，保持平衡。完成动作后保持喉呼吸（完全呼吸）。反方向亦如此。

图 5-3-13　　图 5-3-14

10. 拱背升腿式（图 5-3-15）

（1）平躺于地面。

（2）呼气，手肘下压地面，上体抬起。头部后仰，头顶着地。脚背向下压至脚尖着地。胸部尽量抬起。

（3）双手合十，向上伸展。

（4）双臂在胸前伸展，双腿抬起，尽量与上臂平行。完成动作后保持喉呼吸（完全呼吸）。

11. 头碰膝侧曲式（图 5-3-16）

（1）左腿伸直，右腿弯曲，脚后跟放到会阴。左手抓住左脚，右手从身后绕到左大腿内侧，尽量打开上体和肩膀。

（2）吸气，右臂伸直，山体伸直，脚踝拉向身体。

（3）呼气，右手抓住左脚。完成动作后保持舒适的腹式呼吸。反方向亦如此。

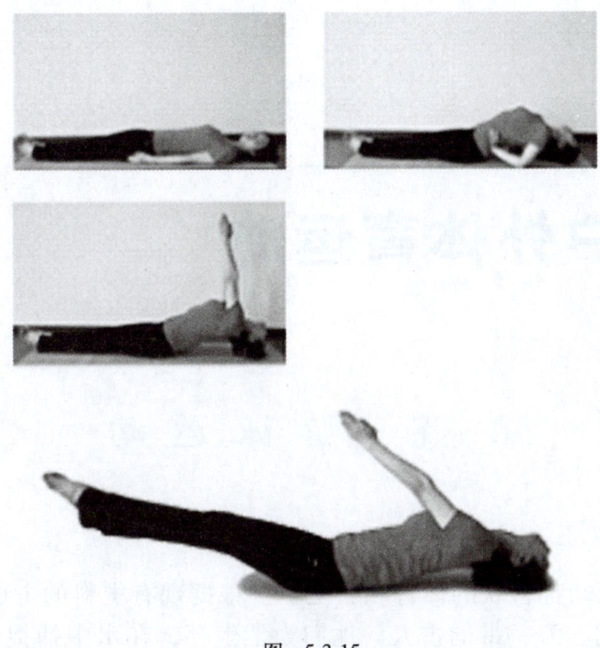

图　5-3-15

图　5-3-16

第六章

游泳与户外体育运动

第一节　游 泳 运 动

一、 游泳运动概述

游泳运动是男女老幼都喜欢的体育项目之一。根据现有史料的考证，最早一批游泳的人是居住在江、河、湖、海一带的古人。他们为了生存，在水中捕捉水鸟和鱼类作食物，通过观察和模仿鱼类、青蛙等动物在水中游动的动作，逐渐学会了游泳。时至今日，无论是捕猎、逃避猛兽或是遇上海难，游泳仍是重要的求生技能。远在公元前2500年，古埃及已有类似游泳的活动。古罗马人兴建的巨大浴池，更是上流社会人士作为余暇游泳及社交活动之场所。早期的游泳运动，只被视为贵族子女教育及士兵训练的一个重要组成部分，直至18世纪末期，工人阶级参与游泳的时间及机会增多后，游泳才开始成为一种普及的运动。

1828年，英国在利物浦乔治码头修造了第一个室内游泳池。到19世纪30年代，这种泳池在英国各大市城相继出现。1837年，在英国伦敦成立了第一个游泳组织，同时举办了英国最早的游泳比赛。1869年1月，英国业余游泳协会（Amateur Swimming Association HQME，ASA，前身为大城市游泳俱乐部联合会），在伦敦成立并把游泳作为一个专门的运动项目正式固定下来。以后游泳运动传入英国各殖民地，继而传遍全世界。随着游泳运动的发展，游泳被分为实用游泳和竞技游泳两大类。实用游泳又分为侧泳、潜泳、反蛙泳、踩水、救护、武装泅渡；竞技游泳分为蛙泳、爬泳（自由泳）、仰泳、蝶泳。

竞技游泳源于英国及澳大利亚，后来传入其他国家。19世纪中期至20世纪初，世界各国的游泳比赛开始普遍起来，游泳协会亦相继成立。在1850年至1860年间，英国与澳大利亚之间已有游泳比赛。国际奥林匹克运动会于1894年6月16日在巴黎成立时，也将游泳列为1894年的奥运会比赛项目之一。至于国际业余游泳联会（FINA），则成立于1908年。

二、 蛙泳的技术

蛙泳（breaststroke）是一种模仿青蛙游泳动作的游泳姿势，也是一种最古老的泳姿。蛙

泳时，游泳者可以方便地观察前方是否有障碍物，避免撞上障碍物。蛙泳是竞技游泳姿势之一。人体俯卧水面，两臂在胸前对称直臂侧下屈划水，两腿对称屈伸蹬夹水，似青蛙游水。蛙泳较省力，易持久，实用价值大，常用于渔猎、泅渡、救护、水上搬运等，同时，也是游泳初学者的学习项目。比赛项目有男女 100 米、200 米等。

（一）蛙泳身体姿势（图 6-1-1）

蛙泳在游进之中，身体不是固定在一个位置上，而是随着手、腿的动作在不断地变化。当一个动作周期结束后，身体应展胸、稍收腹、微塌腰，两腿并拢，两臂尽量伸直，颈部稍紧张，头置于两臂之间，眼睛注视前下方。整个身体应以身体的横轴为轴做上下起伏的动作。

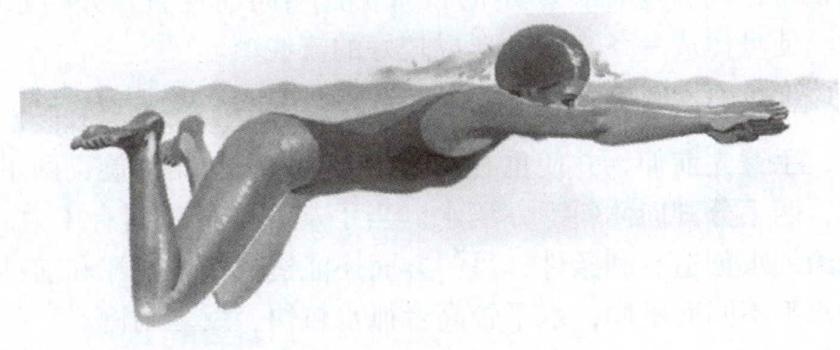

图　6-1-1

（二）蛙泳腿部技术

腿部技术是推动身体前进的主要动力之一。

1. 收腿

收腿是为翻脚、蹬水创造有利的位置。开始收腿时，两腿随着吸气的动作，自然放下，同时两膝逐渐分开，小腿向前回收。回收时两脚放松，脚跟向臀部靠拢，边收边分。收腿时力量要小，两脚和小腿回收时要收在大腿的投影截面内，以减少回收时的阻力。收腿结束后，大腿与躯干成 120 ~ 140 度角，两膝内侧大约与髋关节同宽。大腿与小腿之间的角度为 40 ~ 45 度，并使小腿尽量成垂直姿势，为翻脚、蹬水做好准备。

2. 翻脚

收脚即将结束时，脚仍向臀部靠近，这时膝关节向内扣，同时两脚向外侧翻开，使脚和小腿内侧对好蹬水方向，并为大腿发挥更大的力量做好积极准备。收脚与翻脚、蹬水是一个连续的完整动作过程。正确的翻脚动作是在收腿未结束前就已开始，在蹬水开始完成。如果翻脚后，腿稍有停滞，则会破坏动作的连贯性并增大阻力。

3. 蹬夹水

蹬水应由大腿发力，先伸髋关节，使小腿保持尽量垂直对水，后伸膝关节和踝关节。蹬夹水的动作实际是一个连续的完整动作，只是蹬水在先，夹水在后。实际上在翻脚的动作中，两膝向内、两脚向外已经为蹬夹水固定住唯一的方向。蹬夹水效果的好坏不但取决于腿部关节移动的路线和方向，以及蹬夹水时对水面积的大小，最主要的是取决于两腿蹬夹水的速度和力量的变化。蹬夹水的速度是从慢到快，力量是从小到大。

4. 滑行

蹬夹水结束后，脚处于水平面的最低点。这时身体随着蹬水的动力向前滑行，腰部下压，双腿接近水面，准备做下一个循环动作。

（三）蛙泳手臂技术

蛙泳手臂划水动作可以产生很大的推动力。掌握合理的手臂划水技术，使之与腿和呼吸动作协调配合，能有效地提高游进速度。

1. 姿势

当蹬水动作结束时，两臂应保持一定的紧张，自然向前伸直，并与水面平行，掌心向下，手指自然并拢，使身体成一条直线，形成较好的流线型。

2. 抓水

从开始姿势起，手臂先前伸，并使重心向前，同时肩关节略内旋，两手掌心略转向外斜下方，并稍屈手腕，两手分开向侧斜下方压水。当手掌和前臂感到有压力时，就开始划水。抓水动作一方面能给划水创造有利条件，另一方面还能造成身体上浮和前进的作用。抓水的速度，根据个人的水平不同而不同，水平较高者抓水较快，反之则慢。

3. 划水

当两手做好抓水动作、两臂分开成40～45度时，手腕开始逐渐弯曲，两臂两手逐渐积极地做向侧、下、后方的屈臂划水动作。划水时，手的动作应该分为两个部分：先是手向内一向下一向后运动，水流从大拇指流向小拇指一边；后是手向内一向下一向后运动，水流从小拇指流向大拇指一边。在划水中，前臂和上臂弯曲的角度不断变化，以能发挥出最好的力量为准则。在整个划水过程中，肘关节的位置都比手高。手的运动路线，不应到肩的下后方，而应在肩的前下方。其速度是从慢到快，至收手时应达到最快速度。

4. 收手

收手是划水阶段的继续。收手时，收的运动方向为向内、向上、向前。由于前臂外旋，掌心逐渐转向内。收手动作应有利于做快速向前的伸手动作，关节要有意识地向内夹。当手至头前下方时，两手掌心由后转向内向上的姿势，且大臂不应超过两肩的横向延长线。在整个收手动作过程中，手的动作应积极，快速，圆滑。收手结束时，肘关节、肩关节应低于手，大、小臂的角度小于90度。

5. 向前伸臂

向前伸臂是由伸直肘关节、肩关节来完成的。掌心由开始的向上逐渐到向内，双掌合在一起向前伸出，在最后结束前逐渐转向下方。

蛙泳整个臂部的动作无论是俯视或仰视都是椭圆形的，并且是一个连贯、力量从小到大、速度从慢到快的完整过程。

（四）蛙泳配合技术

手臂抓水的同时，开始逐渐抬头，腿保持自然放松、伸直的姿势。手臂划水时，头抬至

眼睛出水面，腿还是不动。只有收手时才开始收腿，并稍向前挺髋，头抬至口出水面，进行快速、有力地吸气。伸手臂的同时低头，用鼻或口鼻进行呼气，并且在手臂伸至将近1/2处时进行蹬夹水的动作。之后，让身体伸展滑行一段距离，等速度降低时进行第二个周期的动作。在蛙泳的游进过程中，一般都是一个周期一次呼气，保证机体的有氧供应，减缓疲劳。

提示：在抬头吸气前，必须要将体内的废气全部呼出。

三、自由泳的技术（图6-1-2）

自由泳（freestyle）是竞技游泳比赛项目之一。严格来说不是一种游泳姿势，它的竞赛规则几乎没有任何的限制，大多数游泳运动员在自由泳比赛时选择使用爬泳，这种姿势结构合理，阻力小，速度均匀、快速，是最省力的一种游泳姿势。所以人们也把爬泳称为自由泳。

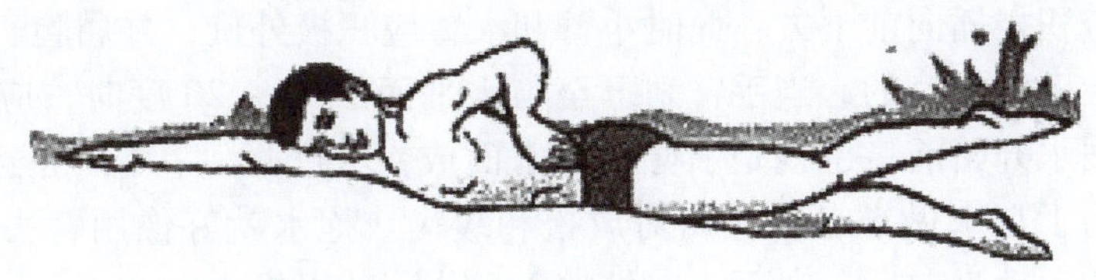

图　6-1-2

（一）身体姿势

游自由泳时，身体要尽量保持俯卧的水平姿势。但是为了取得更好的动作效果，头部应自然稍抬，两眼注视前下方，头的1/3露出水面，水平面接近发际，双脚处于最低点，身体纵轴与水平面成3～5度的仰角。自由泳游进中，身体可以围绕身体纵轴做有节奏的转动，转动的角度一般为35～45度。如果速度加快，角度就会相对减少。这种转动是由划臂、转头和吸气形成的自然转动，并不是有意识地做转动。转动所带来的好处有：便于呼吸；便于手臂的出水和空中移臂，并缩短移臂的转动半径；有助于手臂在水中抱水和划水，使手臂划水的最有力部分更接近于身体中心的垂直投影面；由于臀部随身体轻度的转动，腿打水时产生部分侧向打水动作，可以抵消移臂时造成身体侧向偏离的影响，维持身体平衡。

（二）腿部技术

在自由泳技术中，大腿动作除了产生推动力外，主要起着维持身体平衡的作用。它能使下肢抬高，以及协调配合双臂有力地划水。自由泳腿的打水动作，几乎与水平面成垂直方向进行。从垂直面看，两脚分开的距离为30～40厘米，膝关节弯曲的角度约为160。游进中，腿向上打水时，脚应接近水平；向下打水时，脚不应超过身体在水中的最低部位。正确的打水动作是脚稍向内旋，踝关节自然放松，向上和向下的打水动作应该从髋关节开始，大腿用力，通过整个腿部，最后到脚，形成一个“鞭状”打水动作。向下打水的效果最大，因此应用较大的力和较快的速度进行；而向上则要求放松、自然，尽量少用力，并且速度相对要慢。从腿向上动作开始，当大腿带动小腿，从下直腿向上移至踝关节、膝关节、髋关节与水平面平行时，大腿稍向上而终止移动，并开始向下打水。当大腿开始向下打水时，由于惯性的作用，此时小腿和脚仍继续向上移动，而使膝关节弯曲形成一个大约160度。这使小腿和脚达到了最高点。大腿继续向下移动，从而带动小腿和脚完成向下打水动作。当大腿向下打水到最低点并向上抬起时，小腿和脚与大腿仍保持一个角度，并继续向下移动打水，直至完全伸直为止，才随大腿向上移动，开始第二个循环动作。

（三）手臂技术

1. 入水

臂入水时，肘关节略屈，并高于手臂，手指自然伸直并拢，向前斜下方且插入水，注意手掌向外，动作自然放松。手入水的位置应在肩的延长线上，或在身体的中线和肩的延长线之间，入水的顺序为：手—小臂—大臂。手切入水后，手和小臂继续向前下方伸展，手由向前—向下—稍有向内的运动变为向前—向下—稍向外的运动。

2. 抱水

臂入水后，应积极插向前下方，此时小臂和大臂应积极外旋，并屈腕、屈肘。在形成抱水的动作中，开始手臂是直的，当手臂划下至与水平面成 15～20 度时，应逐渐屈肘，使肘关节高于手。在划水开始前，也就是手臂约与水面成 40 度时，肘关节屈至 150 度左右。抱水的动作主要是为了划水做准备，应相对放松和缓慢。抱水就好像用臂去抱一个大圆球一样。抱水时，手的运动为向后—向下—向外的 3 个分运动组成。

3. 划推水

手臂在前方与水平面成 40 度角，之后与水平面成 15～20 度的运动过程都是滑水动作。它分为两个阶段：从抱水结束到划至与水面垂直之前称为“拉水”，过垂直面后称为“推水”。拉水时，应保持高肘姿势，手向内—向上—向后运动。当拉水结束时，手在体下接近中线，肘关节弯曲的角度为 90～120 度。小臂由外旋转为内旋，掌心由向内后方变为向外后方。向后推水是通过屈臂到伸臂完成的。在推水过程中，手是向外—向上—向后的运动。肘关节要向上、向体侧靠近，并且手掌要始终与水平面保持垂直。整个划推水过程，手掌的运动路线并不是始终在一条直线上和同一平面上，实际上是一个较复杂的三度曲线。从身体的额状面来看是一个 S 形，从身体的矢状面来看是一个 W 形。在整个划水过程中，肩部应配合手臂进行向前—向下—向后的合理转动，有利于加长划水路线和加大划水力量。

4. 出水

在划水结束后，臂由于惯性的作用而很快地靠近水面，由大臂带动肘关节做向外上方的“提拉”动作，将小臂和手提出水面。小臂出水动作要比大臂稍慢一些，掌心向后上方。手臂出水动作应迅速而不停顿，同时应该柔和，小臂和手掌应尽量放松。

5. 空中移臂

臂在空中前移的动作是手臂出水的继续，不能停顿。一臂的动作应该放松自如，尽量不要破坏身体的流线型，要和另一臂的划水动作协调一致，并且要注意节奏。在整个移臂过程中，肘部应始终保持比手部高的位置。

（四）配合技术

（1）两臂配合技术。自由泳两臂的正确配合是保障前进速度均匀性的重要条件，并

且还有利于发挥肩带力量积极参与划水。根据划水时两臂所处的位置，可以把手臂的配合技术分为4种：前交叉、中交叉、中前交叉和后交叉。一般优秀运动员都采用中前交叉的技术。

（2）两臂和呼吸的配合技术。自由泳技术中的呼吸技术较为复杂，但是它的好坏将直接影响着划水力量和速度、耐力的发挥。自由泳的呼吸和手臂的配合为：一次呼吸 N 次划水（$N>2$）。吸气时，头随着肩、身体的纵向转动转向一侧，使头在低于水面的波谷中吸气。此时，同侧臂正处在出水转入移臂的阶段。移臂时，头转向正常位置。同侧臂入水时，开始慢慢呼气，并逐渐用力加快呼气的速度。

（3）完整的配合技术，即呼吸、手臂和腿的配合技术。因为手臂是产生推进力的主要来源，因此在配合中呼吸和腿的动作都应该服从于手臂动作的需要。呼吸、手臂和腿的配合比例主要是3种：1:2:2（即一次呼吸，两次手臂动作，两次打腿动作）、1:2:4、1:2:6。极少数优秀运动员采用1:2:8的技术。

四、蝶泳的技术（图6-1-3）

蝶泳是游泳项目之一，蝶泳技术是在蛙泳技术动作基础上演变而来的。当蛙泳技术发展到第二阶段时，也就是1937—1952年这一时期，在游泳比赛中，有些运动员采用两臂划水到大腿后提出水面，再从空中迁移的技术，从外形看，好像蝴蝶展翅飞舞，所以人们称它为“蝶泳”。蝶泳在4种竞技游泳姿势中是最后发展起来的泳姿。由于它的腿部动作酷似海豚，所以又称为“海豚泳”。

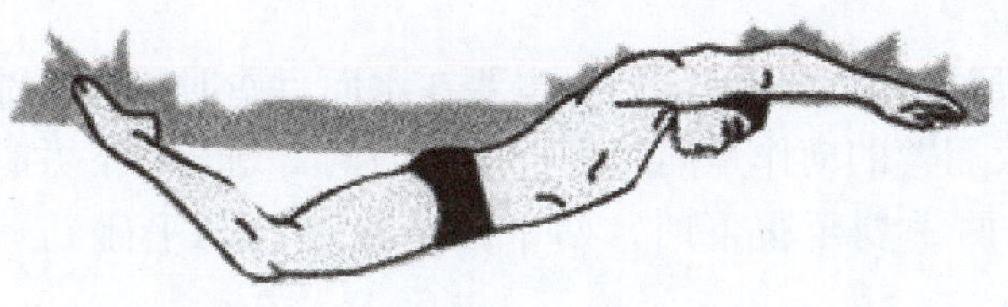

图　6-1-3

（一）蝶泳身体姿势

蝶泳的身体姿势与其他泳姿不同，没有固定的身体位置。在游进中躯干各部分和头不断改变彼此间的相对位置。头和躯干有时露出水面，有时潜入水中，形成波浪形式上下起伏的变化位置。蝶泳在游进中，是以横轴（腰际）为中心，躯干和腿做有节奏的摆动，发力点在腰腹部。然后以大腿带动小腿，两腿一起做上下的鞭状打水动作。这些动作与头和臀部的动作紧密联系在一起，形成蝶泳所特有的波浪动作，令前进时身体的阻力较小。

（二）蝶泳腿部技术

蝶泳打水时，两腿自然并拢，脚跟稍分开成“内八字”。当两腿在前一划水周期向下打水结束后，两脚处于最低点，膝关节伸直，臀部上抬至水面，髋关节屈成约150度。然后两腿伸直向上移动，髋关节逐渐展开，臀部下沉。当两腿继续向上时，大腿开始下压，膝关节随大腿下压，动作自然弯曲，大腿继续加速向下。随着屈膝程度的增加，脚抬至接近水面时，臀部下降到最低点。膝关节弯曲成110～130度时，脚向上抬至最高点，并准确向下后方打水。当脚向下打水时，脚面绷直，但又不能让踝关节太紧张，然后和小腿随大腿加速向后下方推水。双脚继续加速向后下方打水，动作尚未结束时，大腿又开始向上移动，当膝关节完全伸直时，向下打水的动作即结束。蝶泳腿的打水动作是由腰部发力，经过髋、膝、踝关节并与躯干、脊柱动作相协调一致配合完成的。脚的运动方向是向下和向后，向下的幅度大于向后的幅度。腿向上抬起时，膝关节必须伸直，如稍有弯曲，小腿的背面将产生很大的阻力。此外，向上抬腿时，不要过于用力，以便减少阻力。打水的重点应放在向下打水动作上，腿向下打水的速度应比向上抬腿快两倍多。

（三）蝶泳手臂技术

蝶泳臂的划水动作是产生推进力的主要因素，并且相对其他泳姿来说作用是较大的。蝶泳臂的划水是两臂在头前入水，同时沿身体两侧做曲线划水。

1. 入水

蝶泳臂入水点基本在肩的延长线上，两臂同时入水。入水时肘稍屈并略高于手臂，手掌领先，并约与水面成45度，然后带动小臂和大臂依次入水。入水阶段，由于前臂外侧旋转动作，掌心由向外侧及时主动转向外侧后。

2. 抱水

臂入水后，手和前臂继续外旋，进入抱水阶段。抱水时，手的运动方向为向外—向后—向下。随着前臂的外旋，掌心由向外侧后转为向后方向，接着进入划水阶段。

3. 划水

在臂进入划水阶段时，前臂和手掌划水主要在水面。屈肘，使肘部保持较高的位置。前臂外旋动作和逐渐加大屈臂的动作是同时进行的。当两臂划至肩下方时。小臂和大臂的角度成90度到100度。当两手划至腹下时，两手距离最近（几乎碰到一起），然后转入推水动作。

4. 推水

当两手距离最近时，双手做弧形向外推水的动作。手的运动方向为向外—向上—向后。推水的前半部，手有较大的向后运动的分量，推水路线较直；推水的后半部，手有较大的向外、向上的运动分量。推水时，由于小臂的内旋，掌心由划水的向后转为向外侧后方。划水和推水，手掌的运动路线要根据个人不同的身体条件而定。

5. 出水

当两臂推水至髋关节两侧时，利用推水的惯性，提肘出水。提肘出水动作是在推水结束前即已开始。在两臂推水尚未结束时，两肘已开始做向上提起的动作，掌心向外后侧。

6. 空中移臂

当推水结束提肘出水后，两臂即由空中前移。开始移臂时，肘关节微屈，手掌向上，肘先于手出水，两臂放松内旋，沿身体两侧低平的抛物线前摆。注意开始移臂时稍用力，利用臂的离心力向前摆出；移臂时速度要快，否则会造成身体下沉。

五、仰泳的技术（图 6-1-4）

仰泳（backstroke），又称背泳，是一种人体仰卧在水中的游泳姿势。仰泳包括反蛙泳和反爬泳，因为脸面在水面上，呼吸很方便，但是游泳者看不到在往哪里游，容易错方向。仰泳是唯一运动员在水中开始的姿势，其他都是跳入水中。

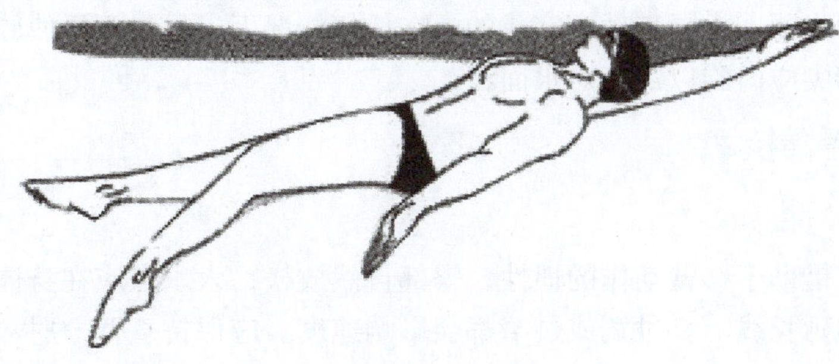

图 6-1-4

（一）仰泳身体姿势

游仰泳时，身体要自然伸展，仰卧在水面，头和肩部稍高，腰部和腿部保持水平，身体纵轴在水平面上构成的迎角约为 10 度，腰部和两腿均在水面下。

（1）头部姿势。在仰泳技术中头起着“舵”的作用，并可以控制身体左右转动。头应保持相对稳定，不要上下左右晃动，但颈部肌肉不要过分紧张，后脑处在水中，水位在耳际附近，两眼看腿部上方。

（2）腰部姿势。仰泳游进中，腰部肌肉要保持适度的紧张，以不至于身体过分平直和屈臂为坐卧姿势为前提。肋上提，不要含胸。快速游进时，身体的迎角能使体位升高。水平较高的运动员不仅肩和胸部露出水面，而且腹部也经常露出水面。

（3）身体的转动动作。游仰泳时，身体的纵轴应随着两臂的划水动作而自然滚动，滚动的角度根据个人的情况不同而略有差别，肩关节灵活性较好的人滚动小，反之则大，一般为 45 度左右。身体滚动的目的主要是有利于划水臂处于较好的角度，能够加强划水的力量，保持屈臂划水的一定深度，有利于臂出水和向前移臂。注意滚动的角度不应过大，否则不但会引起疲劳，而且影响前进速度。

（二）仰泳的腿部技术

（1）下压动作。腿向下压的动作是借助于臀部肌群的收缩完成的。在整个腿下压动作中，前 2/3 由于水的阻力，使膝关节充分展开，腿部肌肉放松。当打腿下压到一定程度，由于腹肌和腰肌的控制，停止向下，而过渡到向上移动。在惯性作用下，小腿仍然继续向下，造成膝关节弯曲。由此可知在腿下压的后 1/3 是屈腿的。随着惯性的逐渐减弱和大腿的带动，小腿也开始向上移动，但脚仍然继续向下。直到惯性消失，大腿、小腿和脚依次结束向下的动作，构成向下“鞭打”的动作。下压的动作因为不产生推进力，所以相对要求速度不要太快，且腿部各关节要自然放松。

（2）上踢动作。当腿部动作下压结束时，由于水对小腿的阻力和大腿肌肉的牵制，大腿与小腿构成 135 ~ 140 度，小腿与水平面成 40 ~ 45 度。此时大小腿弯曲到最大程度，小腿和脚与水面角度较大。上踢动作开始，就需要用脚打水的力量和速度来进行，并逐渐加大到最大力量和最快速度。当大腿向上移动超过水平面就结束向上的动作。此时膝关节接近水面。随后小腿和脚也依次结束向上，使膝关节充分伸展，构成向下"鞭打"的动作。上踢动作是以大腿带动小腿，小腿带动脚完成的。在任何情况下，尽量不要使膝关节和脚尖露出水面。上踢时，脚尖应内旋以加大对水面积。

（三）仰泳手臂技术

1. 入水

臂入水时，应借助于移臂动作的惯性，臀部自然放松，入水点应在身体纵轴与肩的延长线之间，或在肩的延长线上。过宽或过窄都会影响速度。应保持直臂，肘部不要弯曲，小指向下，拇指向上，掌心向侧后方，手掌与小臂成 150 ~ 160 度。

2. 抱水

抱水是为划推水创造有利的条件。臂入水后要利用移臂时所产生的动量积极下滑到一定深度，手掌向下、向侧移动，通过伸肩、屈肘、上臂内旋和屈腕的动作，配合身体的滚动，使手掌和前臂对准水并有压力的感觉。当完成抱水动作时，肘部微屈成 150 度到 160 度，手掌距水面 30 ~ 40 厘米，肩保持较高的位置。

3. 划推水

仰泳的划水动作是推动身体前进的主要动力。整个动作是由屈臂抱水开始，以肩为中心划至大腿外侧下方为止。划水动作包括拉水和推水两个阶段。拉水是在臂前伸抱水的基础上进行的。开始时前臂内旋，手掌上移，肘部下降，使屈肘程度加大，手掌和小臂保持与前进方向垂直。当手掌划至肩侧时，屈臂程度最大，为 70 ~ 110 度，手掌接近水面。拉水的前半部分，手的运动为向上—向外—向后的 3 个分运动；后半部分是向上—向内—向后的 3 个分运动。水流从大拇指流向小指。这个阶段也是身体向划水臂同侧转动最大的阶段。推水是在手臂划过肩侧时开始的。这时肘关节和大臂应逐渐向身体靠近，同时用力向脚的方向推水。当推水即将结束时，小臂内旋做加速转腕下压的动作，掌心由向后转向下。推水时，手的运动为向内—向下—向后的运动，水流从小指流向大拇指一边。推水结束时臂伸直，手掌在大腿侧下方。

4. 出水

推水结束后，借助于手掌压水的反弹力迅速提臂出水。出水时手形有多种：其一，手背先出水；其二，大拇指先出水；其三，小拇指先出水。3 种手形各有利弊，相对来说最后一种较好。无论采用哪种手形出水，都要注意手臂自然、放松、迅速，且要先压水后提肩。肩部露出水面后，由肩带动大臂、小臂和手依次出水。

5. 空中移臂

提臂出水后，手应迅速从大腿外侧垂直于水面移至肩前。当手臂移至肩上方时，手掌要

内旋，使掌心向外翻转（采用小拇指先出水技术的无此动作）。空中移臂时，必须伸直放松，移臂的后阶段要注意肩关节充分伸展，为入水和划水做好准备。

（四）仰泳配合技术

1. 两臂配合技术

仰泳两臂的配合是“连接式”的，即：当一臂划水结束时，另一臂已入水并开始划水；一臂处于划水的中部，另一臂正处于移臂的一半。在整个臂的动作过程中，两臂几乎都处在完全相反的位置。

2. 臂和呼吸的配合

仰泳的呼吸相对来说比较简单，一般是两次划水一次呼吸。即：一臂移臂时开始吸气，其他时候都在慢慢地呼气。在高速游进时也有一次划水一次呼吸的技术，但是呼吸不能过于频繁，否则会引起呼吸不充分，造成动作紊乱。

3. 臂腿配合技术

臂腿配合是否合理，会影响整个动作的平衡和协调自然。臂在划水过程中，腿的上踢、下压动作要避免身体的过分转动，以保持身体的平衡、协调为原则。现代仰泳技术中一般都采用六次打腿两次划水的配合技术，也有少数人采用四次打腿的技术。

第二节　定向运动

一、定向运动概述

定向运动是指利用地图和指南针，依据组织者预先设计在地图上的目标和次序，选择路线，努力在最短时间内完成寻找目标任务的体育运动。

定向运动自产生至今已有百余年历史，但其发展主要在国外，尤其是北欧一带。1961年，国际定向运动联合会（IOF，以下简称国际定联）成立，成为世界定向运动的行政实体。1966 年，国际定联主办了第一届世界定向的锦标赛。中国大陆自 1983 年引入这一运动项目，也只在军队里小范围开展。定向运动真正在国内如火如荼得到发展却是在 20 世纪 90 年代后期。当时，教育部把定向运动和野外生存相结合，作为推进学校素质教育和深化体育教育改革的重要内容在教育系统进行全面推广。我国引入定向运动虽然较晚，但由于近几年重视其发展，使越来越多的人已经或正在接受这项运动作为一项典型的智慧型体育项目，并将其视为智力与体力并重的运动，以追求人的理性与感性的和谐发展。人们逐渐认识到它不仅能强健体魄，而且能培养人超强的独立思考，独立抉择，独立解决所遇到困难的能力，以及在体力和智力受到压力下作出迅速反应，果断决定的能力。

二、定向运动基础知识

（一）定向运动的种类

定向运动发展至今已出现了五花八门的运动形式。定向越野、轮椅定向、自行车定向、滑雪定向都有自己的世锦赛。而公园定向、校园定向、夜间定向、百米定向、接力定向、(团队)积分定向、专线定向等各种定向形式的出现大大促进了定向运动的普及化。

(二)定向地图(图 6-2-1)

1. 地图规范

定向地图是开展定向运动最重要的工具，也是练习者进行定向和寻找检查点的基本依据。定向地图属于专业性地图，有别于其他类型地图，每个符号都赋予真实的含义，并严格按照国际定向运动联合会公布的《国际定向运动地图制图规范》进行修测、绘制、印刷的。

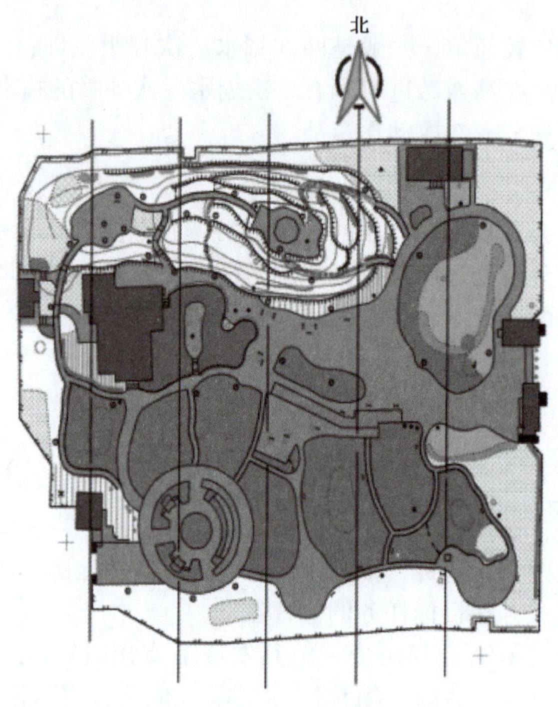

图 6-2-1

2. 标尺

我国定向运动竞赛规则中规定，定向越野比赛地图采用 1∶10000 或 1∶15000 比例尺。在国内近几年制作的公园定向图、校园定向图比例尺一般为 1∶3000、1∶4000 不等。地图比例尺在实践中的最大用途是量取图上线段距离，换算成相应实地的距离，为路线选择提供重要参考依据。

3. 定向地图颜色与符号(图 6-2-2)

为了区分不同地形，有利于使用者比较、辨别地面的障碍程度，同时保持地图在运动中的清晰易读，提高地图的表现能力，定向地图较军事地形图赋予更多颜色与符号，以表示不同的地形内容。

(1) 白色表示容易通过的森林区。

（2）绿色代表浓密、不易通过的森林，绿色越深，越难通过。

（3）棕色表示不同的海拔、等高线，如高山、峡谷、山脊、凹地、小丘、深渊和主干道及坚硬的路面。

（4）黄色代表开阔地，如田野、牧场或空旷地；黄绿色是私宅区域、花坛、草坪，禁入。

（5）蓝色象征水体与湿地（淤泥地、沼泽地）。

（6）黑色代表人造物体，如建筑物、围栏，还代表小路、小径、输电线以及岩石、悬崖峭壁和大石头。

（7）红色/紫红色表示定向点标之间的连接路线以及通行、障碍、危险、保障等区域。

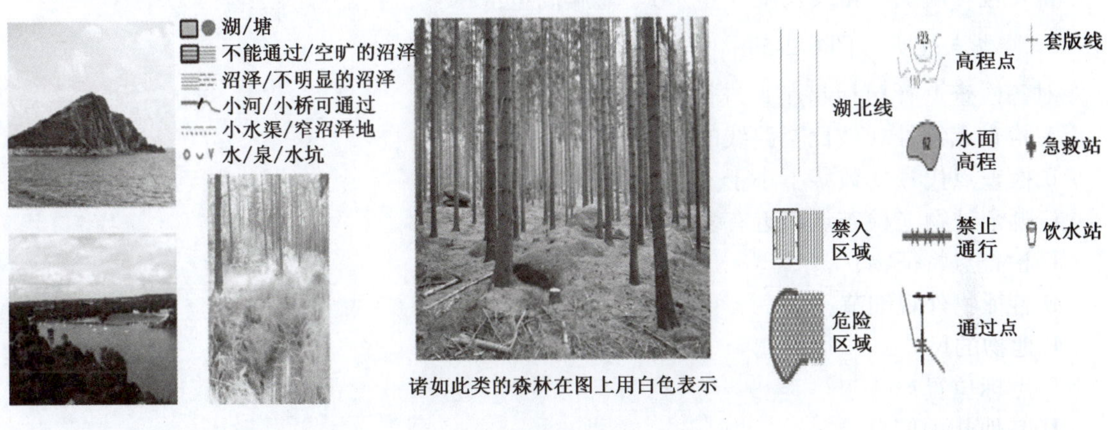

图　6-2-2

（三）定向地图路线标号（图 6-2-3）

（1）定向路线标号是标绘在定向地图上的指示起点、终点和各检查点位置的符号，通常用红色或紫红色标绘或套印在地图上。

（2）起点用正三角形，终点用两个同心圆，各检查点用单圆圈表示。如果起点、终点在同一地方，则用两个同心圆内加正三角形表示。

（3）起点——三角形的一个角必须正对第一个检查点的方向，一般三角形的边长为 7 毫米。

（4）检查点——圆的直径一般为 5 ~ 6 毫米，并自起点方向至终点分别标有检查点号。各检查点间按编号顺序用直线相连。如遇到重要地物、地貌，相连的直线可断开或画的更细些。在最后一个检查点至终点，组织者为了控制运动员回归方向，往往安排必经路线，则用虚线表示。

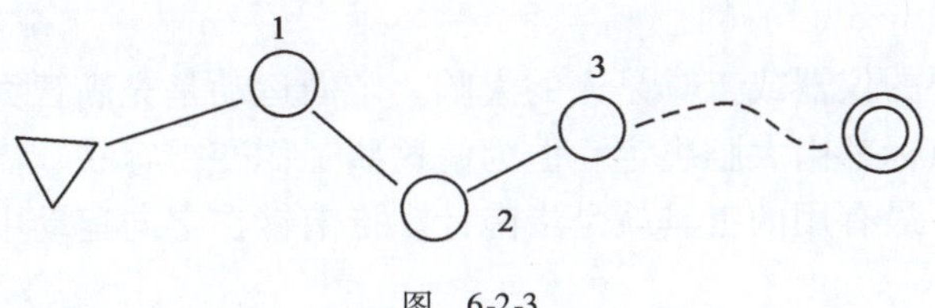

图　6-2-3

（5）终点——同心圆的直径分别为5毫米、7毫米。

（6）三角形或圆的中心表示某地物的准确位置，但不必绘出。

（四）国际检查点说明符号

定向比赛组织者往往会设计多条路线供不同组别运动员进行比赛，因此赛场区域里面会有很多的检查点，有些是正确的，有些是错误的。为使运动员能正确到访检查点，或者在到达检查点附近后不用花费太多的无谓时间去寻找点标，国际定联专门制定并颁布了一套符号和说明系统，称国际检查点说明符号。

1. 表头（图6-2-4）

主要包括组别、路线长度（千米）、总爬高量（米）。

2. 检查点说明（图6-2-5）

对各检查点（包括起点）进行说明的各栏内容包括：

A 检查点编号（按比赛路线的顺序）；

B 检查点代号（数字不小于31）；

C 哪个地物（检查点附近有多个相同特征地物时）；

D 检查点特征物；

E 特征物外观细节；

F 地物的尺寸；

G 点标位置；

H 其他相关信息。

浙江省第四届学生定向赛		
大学男子组		
5	7.6km	210m
1 31		

图 6-2-4

符号化检查点说明表的设计

1.一条完整路线的说明表

组别			路线长度			爬高量	
H 21-E			12.300			270	
1	32						
2	36						
3	44				3×5		
4	49				2×2		
5	54				9×6		
A 检查点编号	B 检查点代号	C 哪个地物	D 检查点特征物	E 特征物外观细节	F 地物的尺寸	G 点标位置	H 其他相关信息
10	70						
			350				

图 6-2-5

（五）指南针

定向运动中最重要的仪器或工具是人的大脑。定向运动是充满智力活动的体育运动，读图、选择路线和瞄准点标都由大脑决定。但为使这些工作变得容易，需要指南针的帮助。辨别方向和给地图定向，最有用的工具就是指南针。指南针在定向运动中的作用主要有：

（1）标定地图。

（2）出发时用指南针确立行进方向。

（3）途中遗失方向时用指南针走出困境。

（4）寻找点标过程中确立点标的大概位置。

对于初学者来讲，养成一种良好习惯是十分重要的。在行进过程中，要始终保持地图与实地方向一致，也就是地图始终被定向。使用指南针可十分方便地给地图定向。所有定向地图的正北方一般可以通过 3 种途径获得：

（1）正置地图，地图的正上方为地图的北方。

（2）在中国所有 PWT（世界公园定向精英锦标赛联赛）制作的定向图上，北都用一条从左至右的粗红线标出。

（3）地图的磁北方向箭头所示方向为北。

三、基本技术

（一）利用指南针标定地图

水平放置地图和指南针，转动地图，有两种情况可说明地图已被定向。

（1）指南针的红色指针指向粗红线（在 PWT 的地图中）。

（2）指南针的红色指针与磁北方向线平行，并且方向与磁北箭头一致。

（二）利用指南针选择前进方向（图 6-2-6）

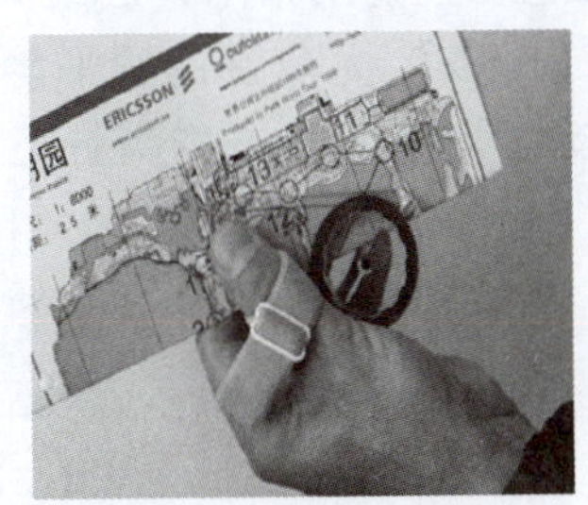

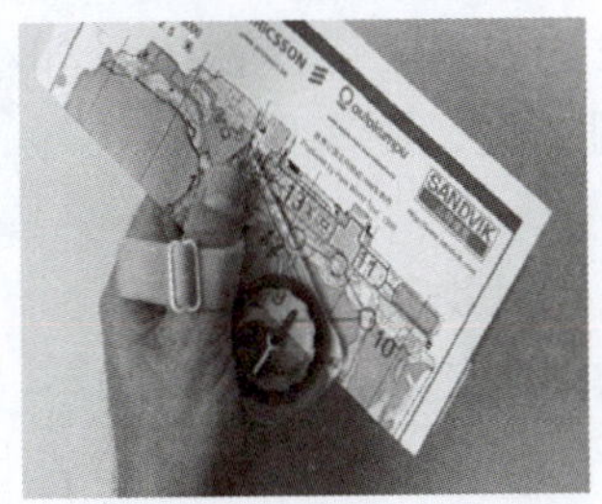

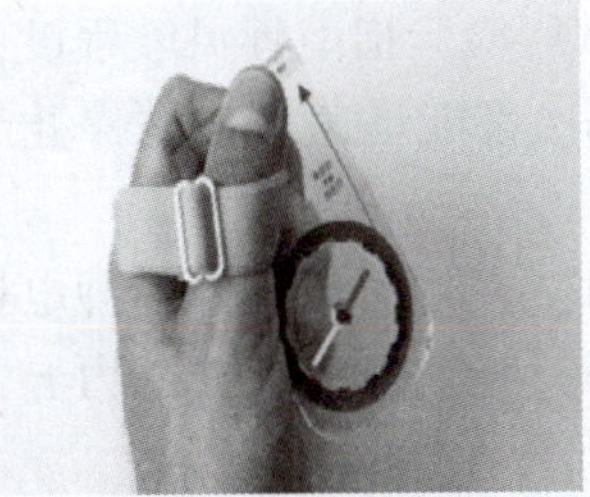

图 6-2-6

1. 拇指指南针

PWT8M 拇指指南针的使用方法如下：

（1）将指南针套在左手大拇指，水平放在地图上，将指南针右侧的蓝色箭头从所在位置指向所要到达的位置。

（2）把指南针和地图作为一个整体，水平放置在面前，转动身体，使地图被定向。

（3）指南针的蓝色箭头所指方向即为所要前进的方向。

2. 基板式指南针

基板式指南针与拇指式指南针的使用原理大同小异，但使用方法上又有所区别。基板式指南针特别适合在特征物少、植被密度低、地形起伏不大的树林中使用。基板式指南针使用方法如下（图 6-2-7）：

（1）将基板式指南针水平放置在地图上，并把直尺边从站立点指向目标点（目标点在前，站立点在后）。

（2）转动分度盘，使磁北标定线与图上磁北方向线重合或平行。

（3）移开地图，并将指南针平持于胸前适当位置，转动身体，使磁针与定向箭头重合，前进箭头所指方向即为目标点方向。

图 6-2-7

（三）指南针的几点常识

（1）评价指南针的好坏，主要看指针稳定性的高低。稳定性高，指南针质量好；反之，质量差。

（2）指南针的主体是由充满液体的容器组成，若发现有气泡产生，则指南针已经失效。

（3）检验指南针灵敏程度的方法：用一钢铁物体（如小刀）多次扰动磁针的平静，若磁针每次都能迅速摆动并停止于同一处，则表明磁针灵敏；反之，则说明该指南针已不能使用。

（4）使用时应避开各种电器、钢铁类物体。

（5）指南针不能在磁力异常的地区使用。

（四）按图行进

按图行进的基本方法是对照地形沿道路行进，辅助方法是按方位角越野行进。训练时，按地图行进是在完成以上各阶段的基本训练之后进行的，是识图、用图的综合性运用。

无论是道路行进，还是按方位角越野行进，都必须抓好出发前的准备和途中对照检查两个环节。

1. 按图行进的准备与要领

（1）图上准备。图上准备必须认真、细致、具体，做到一标、二量、三熟记。

一标：将行进的路线 、沿途各方位物（岔路口、转弯点、居民地的进出口等）都标绘在地图上，或绘制成略图。

二量：量算行进路线上各阶段的里程，计算出行进所需的时间，并注记在图上。

三熟记：熟记行进的路线。按照行进的顺序，把每一段道路的里程，以及转弯处，岔路口、居民地的进出口附近的方位物及地形特征，熟记在脑子里。

（2）行进中的要领。行进时做到方向明、路线明和位置明。

方向明：在出发点要标定地图，对照地形明确行进的方向，防止一开始就走错路。

路线明：对行进的路线和里程，要做到心中明确。

位置明：行进中，在每一个岔路口、转弯点时，都要随时对照实际地形，明确站立点在地图上的位置，做到人在实地走，心在图上移。

2. 按图行进的常用方法（图6-2-8）

在实践中应采用一些方法提高自身按图行进的能力，从而提高定向水平。

（1）拇指辅行法。先明确自己的站立点和将要行进的路线，并用左手拇指或指南针边角压于站立点一侧，再开始行进。行进中要根据自己所到达的位置，不断移动拇指或指南针边角，每经过明显地形点都进行校对。这样可以保证在任何时候都能立即指出自己在图中的位置。

（2）分段运动法。这是初学者平时练习或参加比赛时最理想的运动方法。这种方法对于初学者来说，能正确把握运动方向，随时明确站立点的图上位置，减少看图时间，提高运动速度。

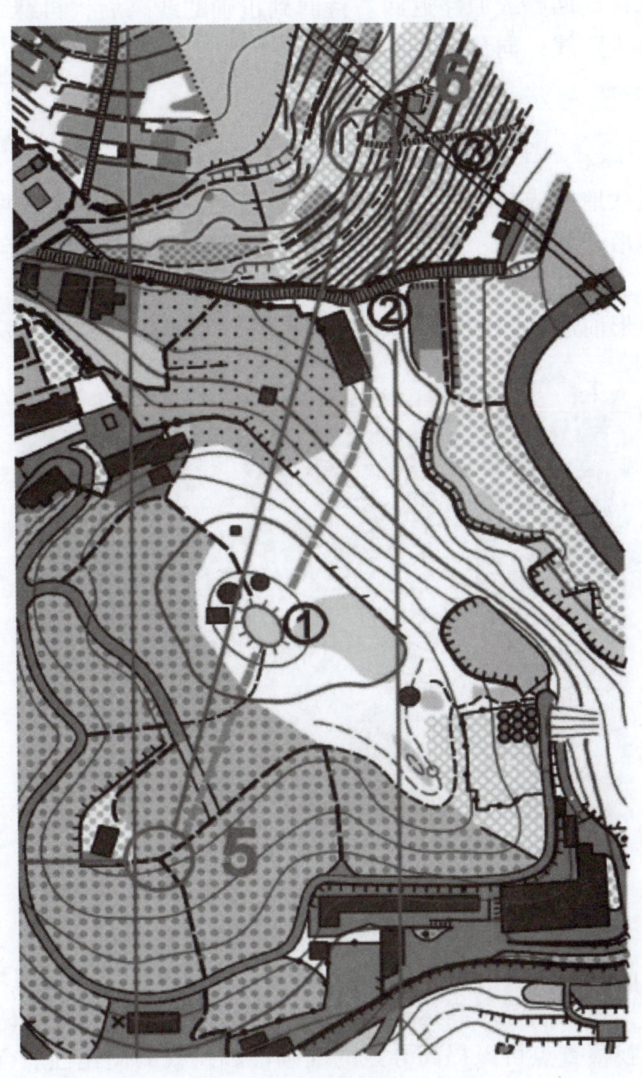

图 6-2-8

（3）连续运动法。分段运动法为进行地形对照且选择辅助目标与运动路线，必须在检查点和各个辅助目标做短暂停留，不易提高运动速度。因此，有一定基础的参赛者可以采用连续运动法。所谓连续运动法就是指未到达第一辅助目标之前，便分析下一辅助目标的地形及行进路线的运动方法。到达第一辅助目标后，如观察到的地形与到达之前从地图上分析的地形一致，即可不在辅助目标停留而做连续运动，如此类推直到检查点。

（4）一次记忆运动法。技术全面、经验丰富的选手，为了取得更理想的比赛成绩，还可采用一次记忆运动法。这种方法是：在出发点，把在地图上选择的从出发点到第一号检查点的最佳行进路线，一次性记在脑子里，行进中按记忆的路线运动。未到达第一号检查点之前，在地图上选择从第一号检查点到第二号检查点的最佳行进路线，又一次性记在脑子里。这样在检查点“打卡”后，可立即离开检查点连续运动。

（5）纠错方法：行进中，如果走错路线，应立即对照地形，确立站立点在图上的位置。回忆走过的路线，选择迂回路或原路返回。待回到正确的线路后，再继续前进。如果条件允许，也可选择新的行进路线，向预定目标前进。

（五）路线选择的方法

1. 借线法（扶手法）（图 6-2-9）

当检查点位于线状地形或其附近时，可以采用此法。行进时，要先明确站立点，然后利用易于辨认的线状地形，如小径、围栅、小溪涧、山嘴、高压线等，作为行进的“引导”，使自己行进更有信心。

由于沿着线状地形前进如同扶着楼梯的栏杆行进，因此又称这种方法为扶手法。

图 6-2-9

2. 借点法（攻击点法）（图 6-2-10）

当检查点附近有高大或明显的地形点时，可用此法。高大或明显的地形点可以是高塔、建筑物、路的交叉点、拐弯点等。到达攻击点后利用指南针确定检查点的前进方向，再寻找检查点。从攻击点寻找检查点可以提高寻点的准确性和路线的简化性。行进前，要先将该地形点辨认清楚，然后用最快的速度前往检查点。

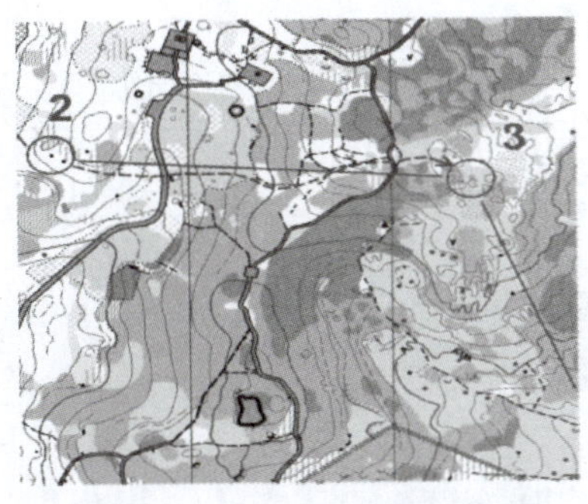

利用土丘作为攻击点

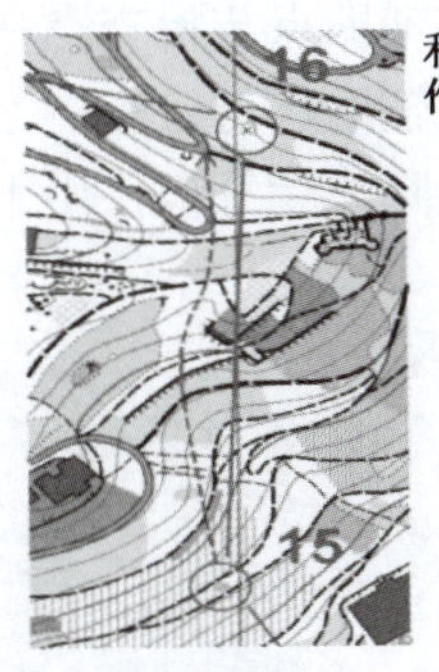

利用道路的转角作为攻击点

图　6-2-10

3. 偏向瞄准法（图 6-2-11）

当检查点位于线状地形上或其附近时，直接瞄准行进，往往会因为多种因素（如绕过灌木丛、沼泽地等）造成偏移，致使到达该线状地形后不知检查点的位置（应该是向左还是向右寻点）。

相反，若一开始就有意识地将目标方向往左或往右偏移一定的角度，则在到达线状地形后就可以非常明确检查点的位置所在了。

图　6-2-11

4. 水平位移法（图 6-2-12）

水平位移法实际上就是沿着等高线行进，简单来说就是不上山也不下山。这是一种常用的方法，也是寻找地形较复杂检查点时较实用的方法。对地貌的判断和在等高线行进的良好感觉是运用该方法的前提。

运用该方法应注意以下几点：

（1）站立点或辅助点与检查点在同一高度。

（2）站立点或辅助点与检查点之间植被可通行且无其他不利奔跑的障碍物。

（3）因体力下降，无意识往山下偏移时，应努力采取下（上）几米就上（下）几米的纠错措施。

图 6-2-12

5. 导线法（图 6-2-13）

当站立点距离检查点较远，途中地形又很复杂时，可以采用此法。把一条路线分成几个线段逐一完成（同分段运动法）。行进中，要充分利用各个明显地形点，从而保证行进方向和路线的正确性。

图 6-2-13

6. 距离定点法（步测法）（图 6-2-14）

在起伏不大、无道路、植被较多、观察不便的区域内寻找检查点，可采用此法。先通过比例尺从图上量算出站立点或辅助点至检查点的实地距离，并换算成自己的步数。然后利用

指南针确定行进方向，沿直线走（跑）完自己的步数。

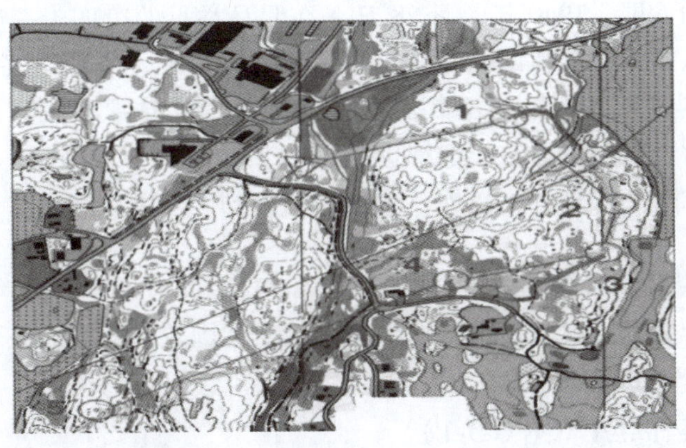

图 6-2-14

选择一条路线可以形象地把它分成 3 个区域：绿区、黄区、红区，如同交通规则一样。在不同区域应采用不同的定向方法。

绿区——概略定向。在这个区域，由于刚刚标定了行进的方向，精确地确定了站立点（借助于检查点），可以用最快的速度奔跑。如有可能，应多采用借线、记忆等方法沿道路奔跑。

黄区——标准定向。这一区域内的各种明显地形点将逐渐引导运动员接近检查点，应多利用借点、导线、水平位移等方法行进，并尽可能地保持标准跑速。

红区——精确定向。即将要到达检查点时，应减慢跑速，防止过早地兜圈子寻找点标，或者错过点标。此时应勤看地图，勤对照，时时明确站立点在图上的位置。多采用拇指辅行、偏向瞄准、借助进攻点等方法行进，以及运用指南针确定行进方向，通过步测确定行进距离，并参考检查点说明寻找点标。

第三节　轮　　滑

一、 轮滑运动概述

轮滑运动是一项有益于人们身体健康的体育项目，对场地、器材要求不高，只要有轮滑鞋和一块平整的水泥地面或柏油路面就可以开展。

轮滑运动具有较强的趣味性，其中速度轮滑充分体现了速度和力量的结合，轮滑球富有竞争性、对抗性，而花样轮滑则是在音乐伴奏下，把跳跃、旋转和步法与优美的舞蹈动作有机地结合在一起进行表演，给人以美的享受。

关于轮滑运动的起源，国际上有几种不同的说法。其中以在 8 世纪由不知名的荷兰人发明滚轮溜冰一说为最早。其次是说在 1815 年，一位名叫加尔森的法国人，为了能在夏天进行滑冰练习，创造了用轱辘鞋“滑冰”。到了 18 世纪 60 年代，出现了两轮（前后）溜冰的记载，但这种鞋很难控制滑行。1863 年，纽约人詹姆士 · 普利姆普顿发明了滚轮溜冰运动，是由滑冰演变而成。为了在冰上能稳定地滑行，他在每只鞋底上镶了 4 只小冰刀，到了夏季就用四只小轱辘代替。这就是最早的双排溜冰鞋，与现在最广泛使用的旱冰鞋一样。

随着轮滑运动的发展，1940 年 4 月 28 日，在罗马举行的第四十三届国际奥林匹克委员会会议上，正式承认了轮滑项目的国际联合会，从此轮滑运动在世界各地得到广泛的开展，尤其是在欧美各地更为普及。自 1936 年首次在瑞士举行世界轮滑锦标赛以来，国际轮滑联合会确定：每年举行一次世界速度轮滑锦标赛（包括场地赛和公路赛）、一次世界花样轮滑锦标赛、一次世界轮滑球锦标赛。目前，美国、意大利、德国、阿根廷等国的轮滑运动水平处在世界领先地位。

1952 年，国际滚轮溜冰联合会正式改名为国际轮滑联合会。1980 年 9 月，国际轮滑联合会第三十六次例会通过决议，正式接纳中华人民共和国轮滑协会为该联合会的会员。目前国际轮滑联合会有 48 个成员协会。

（一）速度轮滑运动（图 6-3-1）

速度轮滑是穿着特制轮滑鞋在规定的距离内，以快慢决定胜负的滑跑运动项目。

速度轮滑的比赛分为两种：一种是在一个椭圆形、弯道呈盘子形状的场地上进行速度比赛的场地轮滑比赛；另一种是在公路上进行速度比赛的公路轮滑比赛。

场地轮滑比赛有：300 米、500 米、1000 米、1500 米、2000 米、3000 米、5000 米、10000 米、20000 米、30000 米、42000 米、50000 米和接力赛。

公路速度轮滑比赛有：300 米、500 米、1000 米、1500 米、2000 米、3000 米、5000 米、10000 米、15000 米、20000 米、30000 米、50000 米和接力赛。

（二）花样轮滑运动（图 6-3-2、图 6-3-3）

花样轮滑过去习惯叫它“花样旱冰”，是以“旱冰”区别“水冰”之意，也有人称它为“花样溜冰”。

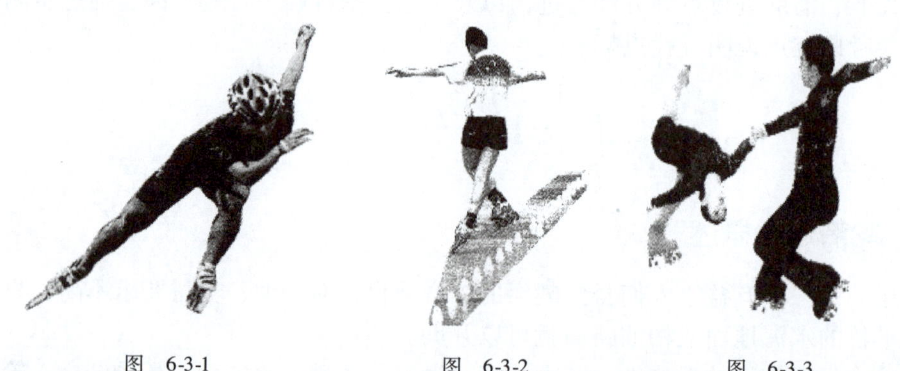

图 6-3-1　　图 6-3-2　　图 6-3-3

花样轮滑是体育与艺术相结合的运动项目，技巧性极强。它与速度轮滑、轮滑球等项目在性质上有本质的差异，与体操、跳水和花样滑冰性质相近。特别是与花样滑冰相比较，除使用的滑行器材不同之外，两项运动在其他方面几乎完全一样。

花样轮滑包括单人滑、双人滑和舞蹈。世界花样轮滑锦标赛的竞赛项目包括：规定图形（男子、女子）；自由滑（男子、女子）；双人滑（一男一女）；舞蹈（一男一女）。

花样轮滑场地的地面应平整、光滑（不能太滑），由木质、水磨石或其他适宜的材料制成，其中尤以木质地面为最好。标准的花样轮滑竞赛场地，应是长 50 米、宽 25 米（这是最

低要求）的长方形。大型竞赛应有两个同样大小的场地，其中一个场地专供运动员练习使用。

二、轮滑技术

（一）轮滑基础技术

1. V 字（外八字）站立与平行站立

（1）V 字（外八字）站立。双脚脚尖向两边分开，脚跟紧紧靠在一起。腿站直，轮子立正。脚跟如果滑开了，就向后用力让脚跟重新靠在一起。

提示：眼睛平视前方，双手自然下垂，后跟靠拢，脚尖张开，腿直轮正；身子略略向前倾。

（2）平行站立。两脚跟分开，脚尖指向正前方，两脚互相平行。教练可用手拨动初学者的脚，帮助完成该动作。

2. 原地踏步

要求眼睛平视前方，双手自然摆动，后跟靠拢，脚尖张开，保持外八字形状不变，轮子尽量不动，腿直轮正，踏出一定的力量，脚落地有响声。

3. 踏步前行

动作在原地踏步的基础上身体略向前倾。

4. 摔跤保护

摔跤分为向前摔和向后摔及向侧摔。

向前摔的时候，身体放松，顺势两手向前推出，同时手指要张开，头要抬高，才不会擦破手指和下巴。利用护具接触地面，人向前，像个“大”字。

向后摔的时候，双腿顺势弯曲，两手像小鸟的翅膀一样向后弯曲着地，手和屁股同时着地（可不要让屁股先着地）。

提醒：两手向后伸，手指千万不要向前，而要向外侧十指张开。两只手掌着地，不能只用一只手撑地。

5. 起立

单腿跪地，摆正，抬起屁股，挺直上身。两手用力压在半蹲的膝盖上，一边向下撑膝盖，跪着的腿向上蹬，一边抬起整个身体。双手不要离开膝盖，半蹲的腿上的轮子不要滑动站起来。

（二）初级技术

1. 平行滑行动作

滑行时双手平举，身体向前倾斜，双脚平行滑行，双脚之间的距离大概与肩同宽，保持不变。

2. 加速踏步动作

身体向前倾斜，双手做好摆臂的准备，快速向前踏步。步子要小些，要快些，轮子仍然不转动。当踏出 3 ~5 米远时，双脚停止踏步，摆成平行滑行动作，借助惯性，双手扶住膝盖，向前滑行。

提示：身子一定要前倾，速度要较快一点。

3. 蹲溜动作

原地下蹲，屁股坐在小腿上，然后借助教练或者有坡度的地面向下自然滑行。

4. 脚后跟刹车动作

刹车前双脚平行，身体略向下蹲。双手扶膝，右脚伸出翘起，刹车片全面接触地面，逐渐加大力量，最后刹住。刹车的过程中，要注意两脚的距离大概 15 厘米，右脚的后轮与左脚的前轮相对，重心落在两只脚的中间。

5. 平行转弯动作

一进入弯道，身体前倾，稍降低高度，整个身体大胆地向弯道内倾斜。脚下的动作是双脚平行滑行。在转弯的同时，两只脚的脚尖稍稍用力向内转。

6. 双脚向前滑行动作

原地两脚分成外八字形站立，先做左脚内刃向侧后方蹬地的双脚滑行。两臂向侧前方伸出，以便维持身体平衡。开始时，左脚内刃蹬地的力量要小些，蹬地时步幅小一些，逐渐加大。当左脚蹬地双脚滑行技术熟练后，应换右脚蹬地双脚滑行。

7. 内八字停止法的动作

首先以前葫芦步滑行，然后使左右脚脚尖内转，以内侧柔和地压紧地面，运用大腿带动小腿的力量控制两脚尖不相碰，保持 5 ~10 厘米左右间隔。

8. 曲线滑行动作要领

两脚平行站立，左脚以内刃向侧后蹲地，身体重心在右脚上，向右滑双脚曲线。然后右脚用内刃向侧后方蹬地，重心偏向左脚，向左滑双脚曲线。连续进行。

9. 绕桩划圆

保持外八字形状，左脚向侧后用力蹬，右脚绕桩划出。左脚尽量缘着右脚的路线跟进。

10. 内八倒滑

身体站平，重心放于两脚中间。身体站稳之后，膝盖微微弯曲。在弯曲的时候，向后发力，双脚呈内八状态，滑行时像前葫芦步滑行那样一开一收。

11. 正滑倒滑交替转换

平行滑行或八字滑行，身子略前倾，重心略靠前。然后，身体在脚的带动下转动 180 度，然后脚下一转，就能完成转身。脚呈内八状态，一前一后的交叉滑行。

第七章

田径与其他运动项目

第一节 田径运动

一、田径运动概述

国际田联，International Association of Athletics Federations，（以下简称 IAAF）。

国际田径协会联合会宪章对田径运动的定义是径赛运动和田赛运动、公路跑、竞走、越野跑和山地跑（Track and field，road running，race walking，cross country running and mountain running）。现代田径运动的分类，可在上述六大类之下，再按田径比赛项目进行细化。细化分类需按国际田联承认的世界纪录的项目进行。各国也可根据国情设立本国的比赛项目和纪录。现代奥运会田径比赛项目是 47 项。

（一）世界田径运动

19 世纪末至 20 世纪初，现代田径运动开始形成、发展。1912 年 7 月 17 日在斯德哥尔摩举行国际业余田径联合会（International Amateur Athletie Federation，IAAF，以下简称国际田联）的成立大会，有 17 个国家的代表参加。会议制定了有关组织章程和规则，作为业余田径运动的世界性法典，以统一组织和管理国际田径运动的工作。国际田联也将这个成立大会作为第一次代表大会。1913 年，上述第一部田径章程在柏林代表大会上获得通过。

1913 年后，第一次世界大战对世界田径运动造成了很大的影响，尤其第六届奥运会未能如期举行。战争结束后，许多国家在积极发展田径运动，参加奥运会田径比赛的国家和运动员逐渐增多，第八至第十届奥运会田径成绩逐届提高。1936 年的第十一届奥运会田径成绩已达到较高水平。1922 年，在巴黎首次举行了女子田径赛。1924 年，专门统辖女子的田径运动联合会（FSFI）成立。同年在巴黎国际田联代表大会上，国际田联支持 FSFI 的要求，在 1928 年荷兰阿姆斯特丹举行的第九届奥运会上，首次将女子 5 个项目列为田径比赛内容。从那时起，女子田径比赛项目不断增加，运动成绩不断提高。

第二次世界大战开始后，世界田径运动的发展遭到极大冲击，第十二届及第十三届奥运会未能举行。1948 年第十四届奥运会田径成绩不如 1936 年第十一届奥运会。1952 年后，世界田径运动得到了大规模的恢复。苏联于 1952 年首次参加第十五届奥运会，欧洲参加国也增多，田径比赛竞争激烈，成绩大幅度提高。世界田坛出现了数位颇有影响的优秀运动员。捷克斯洛伐克的长跑运动员埃·扎托倍克创造5000米、10000米世界纪录，并在第十五届奥运会上获得5000米、10000米跑和马拉松跑3项冠军，被舆论界誉为“人类火车头”。美国男子铅球运动员帕里·奥布莱因也连获第十五届和第十六届奥运冠军，他所创新的背向滑步推铅球技术产生了深远的影响，他也被称为“大力士中的巨人”。1968年在第十九届奥运会上，美国运动员福斯贝里采用背越式跳高技术取得冠军，使背越式跳高技术在世界各国迅速地普及。美国男子跳远运动员比蒙，在第十九届奥运会上创造了8.90米的世界纪录，将原纪录提高了50多厘米，曾被赞许为“21世纪的纪录”。1991年在东京举行的第三届世界田径锦标赛上，我国铅球运动员王志红和标枪运动员徐德妹分别获得金牌，受到世界瞩目。

1996年在美国亚特兰大举行的第二十六届奥运会上，田径比赛出现新格局，以美国、苏联和民主德国为主的“三强鼎立”局面消失，奖牌得主大分流，总分大分散，运动水平有所回升。2001年开始，世界田径运动迎来稳定提高的良好开端。2004年在希腊雅典举行的第二十八届奥运会上，田径成绩提高明显，许多国家的田径实力增强。

（二）中国田径运动

1910—1948年，是中国田径运动的引进、初步开展的阶段。中华民国第一届和第二届（1910年、1914年）全运会田径赛的组织、规程和规则的制定外籍教士负责，裁判员、工作人员等也大都由外籍教士组成。径赛距离和田赛成绩丈量采用英制单位，投掷器械质量以磅为单位。参加的运动员仅有数十名。1924年中华民国第三届全运会，由中国人自己主办，设19个项目，径赛距离和田赛成绩丈量采用米制单位。1930年和1933年中华民国第四、五届全运会开始设置女子比赛项目（1930年6项、1933年11项）。男子短跑运动员刘长春在第五届全运会上创造了男子100米10.7秒的好成绩。在这个时期发生了件不可忘记的大事件，1931年中国短跑运动员刘长春反对日本帝国主义侵略中国，公开发表声明拒绝日本人要他代表伪“满洲国”参加奥运会的企图。经中华全国体育协进会努力，张学良将军捐资，他代表中国参加了第十届奥运会的100米、200米跑比赛，虽成绩不佳被淘汰，但热爱祖国、维护中华民族尊严的高尚情操，受到中外人士的敬佩。

1949年中华人民共和国成立以后，随着国民经济的恢复和建设事业的发展，各地逐步增建田径场、田径馆，增设田径教学训练器材等。从1952年起，每年都举行较大规模的田径运动会，培养田径教学、训练、科学研究和管理人才，并开始了培养优秀田径运动员的工作。20世纪50年代，中国引进出版了苏联、美国、日本等大量田径专著、杂志，也发表了我们自己的大量的田径专著、论文等。60年代初，我国编写出版了第一部全国体育院系通用田径教材。田径运动的教学、训练和科学研究工作呈现出一派繁荣景象。

1966年后受“文化大革命”的影响，中国田径运动水平明显下降。“文化大革命”结束后，广大田径工作者、教师、教练员、运动员和科学研究人员，积极工作，刻苦训练，田径运动水平迅速提高。特别令人振奋的是上海优秀跳高运动员朱建华在1983年第五届全运会预、决赛中分别以2.37米、2.38米的成绩两次打破跳高世界纪录。1984年6月，他又在联邦德国埃伯斯塔国际跳高比赛中创造了2.39米的世界纪录。1996年第二十六届奥运会田径赛中，我国优秀女子长跑运动员王军霞获得5000米金牌和10000米银牌。

到了21世纪，中国田径运动有了明显的突破，以刘翔等年轻运动员为代表的一批优秀

选手带动了我国短距离跑项目的不断发展，屡次在世界田径大赛上创造佳绩，打破了欧洲人统治的格局。2008 年北京奥运会后，我国的田径运动全面呈现了良好的发展态势。

二、跑的技术

（一）跑的技术原理

跑是人体水平位移的一种基本运动形式，其中包含了单脚支撑与腾空相互交替，上下肢、蹬与摆协调配合的基本技术原理。无论距离长短，运动员都将通过多次周期性的重复用力，在最短的时间内通过一定的距离。跑的一个周期就是一个复步，是一个完整而连续的动作单元。在一个复步中左右腿各支撑一次地面，身体出现两次腾空。因此，在一个跑的周期中每条腿有 2 个时期和 4 个阶段。

1. 支撑时期

支撑时期从脚着地时起至脚离地止，可分为着地缓冲和后蹬 2 个阶段。

2. 摆动时期

摆动时期从脚离地起至脚着地止，可分为折叠前摆与下压准备着地 2 个阶段。

3. 影响跑的主要因素

步长和步频是影响跑速的主要因素。步长是指两脚着地点之间的距离，步频是指单位时间内的步数。无论是保持步长加快步频，还是保持步频加大步长或两者同时提高，都能提高跑速。

（二）短跑技术（图 7-1-1）

短跑技术主要包括起跑、起跑后的加速跑、途中跑和终点跑技术。自然放松跑技术和弯道跑技术也是短跑技术的组成部分。短跑成绩是由起跑的反应速度、起跑后的加速跑能力、保持最高跑速的时间和距离，以及各部分的技术完成质量决定的。

图 7-1-1

（三）中跑和长跑技术（图 7-1-2）

中长跑的完整技术包括起跑、加速跑、途中跑和终点跑 4 个环节。在技术上要尽可能减少体力的消耗，以维持一定的跑速。要跑得轻松自如、重心平衡、节奏明快。中长跑最重要的技术之一就是能够掌控呼吸节奏。呼吸的节奏取决于个人的特点和跑的速度。

（四）跨栏跑技术（图 7-1-3）

跨栏全程跑的技术可以分为起跑至第一栏技术、途中跑技术、终点冲刺跑技术。其中跨栏步技术是主要技术，完整技术可分为起跨、腾空过栏、下栏着地 3 个阶段。

图 7-1-2

图 7-1-3

三、跳的技术

田径运动中的跳跃项目分为跳高、撑竿跳高、跳远和三级跳远 4 个项目。跳跃项目技术动作的基本特征是：运动员通过助跑，获得向前的速度，然后利用某一条腿做起跳动作，使人体跳离地面，在空中行进一段距离后，落在地上（或海绵垫上）。本章简要介绍背跃式跳高、蹲锯式跳高和三级跳远三个项目。

（一）跳高技术（图 7-1-4）

跳高时，人体的跳跃高度是由 3 个垂直高度的总和所决定。跳高分为 4 个技术阶段：助跑、起跳、腾空和落地。

图 7-1-4

（二）跳远技术（图 7-1-5）

跳远技术可分为助跑、起跳、腾空、落地 4 个阶段。跳远成绩取决于运动员起跳时的踏板准确性、空中的飞行距离和落地时的技术 3 个方面。人体在空中飞行的距离是跳远成绩的主要部分（约为跳远成绩的 90%）。根据抛物原理（S = VO 2 Sin2a/g），物体的飞行距离取决于腾起初速度和腾起角度，而助跑速度、起跳技术和起跳力量又会直接影响腾起初速度和腾起角度。

图 7-1-5

（三）三级跳远技术（图 7-1-6）

三级跳远是一个对身体素质要求较高，技术比较复杂，身体素质与技术高度统一的项目。

三级跳远技术可以分为以下几个阶段：助跑、单足跳（第一跳）、跨步跳（第二跳）、跳跃（第三跳）。三跳中的每一跳均可以再分为起跳、腾空和落地阶段。

图 7-1-6

四、 投掷技术

田径运动的投掷类项目有推铅球、掷标枪、掷铁饼和掷链球，都是国际大型比赛、奥运会所进行的田径比赛项目。这类项目最明显的运动学特征就是人体通过持握器械，预先加速，最后用力使手中的器械产生加速度后，按适宜的角度抛射出去，达到最大的远度。

（一）推铅球技术（图 7-1-7）

推铅球是通过人体运动产生相应的速度力量，并合理地利用技术动作，发挥肌肉收缩的最大力量和骨骼支撑的条件，将铅球推得更远的一项体育运动。参加推铅球的锻炼，能够提高人体全身协调用力的能力，提高力量素质。

推铅球技术有两种，即背向滑步推铅球技术和旋转推铅球技术。完整的背向滑步推铅球技术可分为握球持球、滑步、转换、最后用力和维持身体平衡 5 个部分。

（二）掷标枪技术（图 7-1-8）

掷标枪是人体通过助跑和交叉投掷步，使标枪产生一定的预先速度，然后利用身体肌肉的爆发力和鞭打用力技术将标枪掷出的一项体育运动。按投掷顺序可将掷标枪技术分为握持枪、助跑（预助跑、投掷步）、最后用力和标枪出手后维持身体平衡 4 个部分。

图 7-1-7

图 7-1-8

第二节 跆 拳 道

一、跆拳道概述

“跆”（TAE）：指脚及腿部相关的各种技术的攻击与防守。

“拳”（KWON）：指拳、肘等与手臂相关的各种技术攻击或防守。

“道”（DO）：指修炼跆和拳过程中的精神要求及搏击的艺术方法。途径技艺、精神，更表现为道理、道德、道义和礼仪。

练习者身穿专用的白色跆拳道道服，腰系代表不同段位的腰带进行比赛或训练。跆拳道练习均要求“以礼开始，以礼终”。由于跆拳道是练习者精神和身体的综合修炼，使练习者在艰苦的磨炼中培养理想的人格和体魄，并能够真正掌握防身自卫的本领，因而在练习者精

神锻炼一环中就必须包括“礼仪”的教育和熏陶。“礼仪”是跆拳道运动必不可少而且十分重要的组成部分。

跆拳道是朝鲜人民在生产生活过程中，经数千年血汗智慧积淀，形成和发展起来的一项运用手脚技术和身体能力进行自身修炼、搏击格斗的传统体育项目，深受朝鲜人民的喜爱，被朝鲜人民尊称为“国技”。

二、 跆拳道基本技术（以左实战姿势为例）

大学生要想学好跆拳道，就必须首先学好练好跆拳道运动的基本技术。这里所说跆拳道基本技术是指竞技跆拳道基本技术，包括进攻技术和防守技术两部分。

（一）站位架势

1. 准备姿势（并排步）（图 7-2-1）

在品势技术教员或比赛中的裁判发出口令“Joon—bi（准备）”后，从立正状态迈左脚向左一步，两脚开立与肩同宽，脚尖向前成平行，掌心朝上向上托起。目光平视前方，身体直立，掌到胸口时握拳。拳内旋手心朝身体往下到道带时停，两拳之间一拳之隔，拳与身体之间也是一拳之隔。这就是准备姿势。

图　7-2-1

2. 实战的基本姿势（图 7-2-2）

立正姿势开始，右脚往后退至约三步，两脚间距微宽于肩，两脚后跟同时离地由脚前掌承担重心，左脚脚后跟外旋 45 度左右，右脚脚后跟内旋 75 度左右，同时两手握拳置后。两膝撑起微屈，重心在两腿直线的中间点。踝关节、膝关节要有适度的弹性，腿部肌肉适当放松，动作协调，随时做好起动准备。面部正对前方（对手），目视目标（对手的头部或肩部），双手在右腿后退同时握拳由后往前，拳背朝外，虎口朝上，屈肘 90 度左右置于胸前，起保护作用（分左势和右势）。

提示： 含胸收腹，手眼协调。上身过于放松或者过于僵硬紧张状态，都会造成动作缓慢不协调。

图 7-2-2

（二）步法

1. 前滑步/后滑步

（1）前滑步（图 7-2-3）。前脚先动，后脚蹬地往前移动，前脚滑进多少后脚跟多少，身体保持平移，动作要连贯，迅速到位，还原成实战姿势，做好下一次的准备。

图 7-2-3

（2）后滑步（图 7-2-4）。后脚先动，前脚蹬地往后移动，后脚滑动多少前脚跟多少，身体保持平移，动作要连贯，迅速到位，还原成实战姿势，做好下一次的准备。

提示：练习时控制好身体重心与步幅距离，上下肢协调一致。

图　7-2-4

2. 前垫步/后垫步

（1）前垫步（图 7-2-5）。左脚跟随蹬地往前迈动一步，身体保持平移，动作要连贯，迅速两脚同时到位，还原成左势实战姿势，做好下一次的准备。

图　7-2-5

（2）后垫步（图 7-2-6）。左脚向右脚并拢，右脚跟随蹬地往后移动一步，左脚一动右脚也就同时动，身体保持平移，动作要连贯，迅速到位，还原成实战姿势，做好下一次的准备。

图　7-2-6

3. 前上步/后撤步

（1）前上步（图 7-2-7）。以前脚掌为轴，后脚蹬地向前迈出一步成（右架）实战姿势，直线迅速上步。

图 7-2-7

（2）后撤步（图 7-2-8）。以后脚掌为轴，前脚向后退一步成（右架）实战姿势，直线迅速后退一步。

图 7-2-8

提示：重心起伏不能过大，上下不能一致移动。上步或撤步容易走弧线，速度过慢，左右肩膀不协调。

4. 交叉前上步/交叉后退步

（1）交叉前上步（图 7-2-9）。以左势实战姿势为例，两脚抓地，后脚快速上一步，再上一步还原成实战姿势，掌握重心平衡，目的是距离较远的情况下快速拉近距离。

（2）交叉后退步（图 7-2-10）。两脚抓地，前脚快速后退一步，再退一步还原成实战姿势，掌握重心后移，快速拉开距离。

提示：控制重心，移动时要上下一致。

图　7-2-9

图　7-2-10

（三）手技

1. 直拳（正拳）（图 7-2-11）

从左势实战姿势开始，右腿蹬地，髋关节向左略旋转，腰带动上体微左转，上体催动右肩、右臂，将右手拳从立拳（拳心向左）内旋成平拳（拳心向下）从胸前准备姿势顺势向前击出。出拳时随上体左转顺肩发力，右臂伸直时拳面向前面目标发力击打。击打目标后，右臂迅速放松收回至原来位置，还原成左势实战姿势。

图　7-2-11

提示：击打时只用手臂的力量，没有用蹬地、转腰、顺肩的合力，且不能直线冲拳。

2. 手刀（图 7-2-12）

手掌伸开，四指并拢微弯曲，大拇指靠紧。攻击着力部位是小手指的掌侧外延，攻击对象为对方的颈部、锁骨、腰肋等。因像刀一样的去砍击对方，所以此一手技被称为手刀。

提示：四指容易松开不紧，动作幅度过大，发力不协调。

3. 立掌（图 7-2-13）

手掌伸开，四指并拢微弯曲，大拇指靠紧，腕部伸直，手掌立起刺击对手的胸口、颈部，动作比拳的距离长。身体正中，辅助的手掌背在进攻手臂的肘关节下端，手掌心朝下，攻击点力在指尖处。

提示：受力不均匀，使用部位不正确，容易受伤。

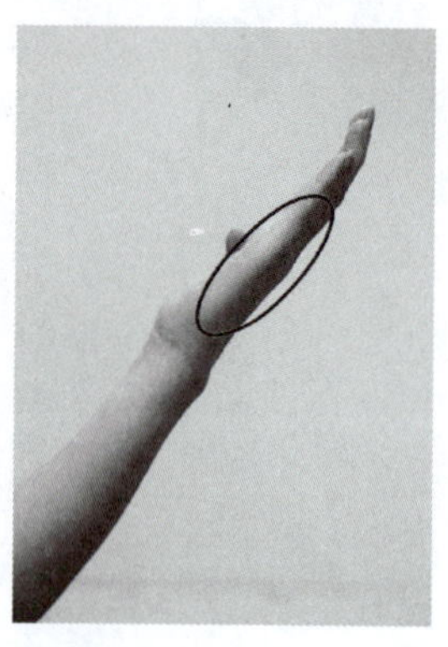

图 7-2-12

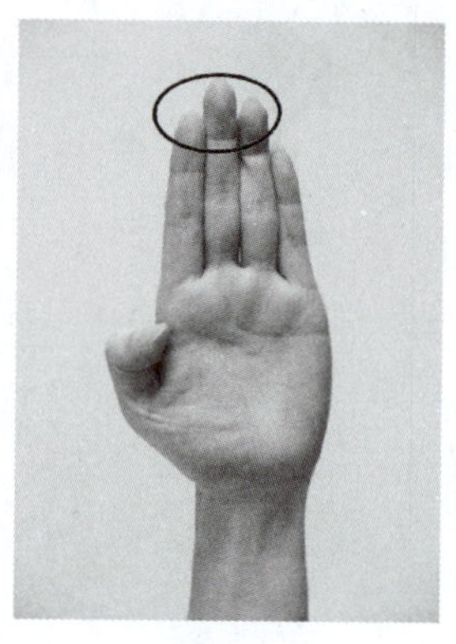

图 7-2-13

（四）腿技

1. 前踢腿（图 7-2-14）

右脚蹬地，膝关节向前，夹腿提膝，身体重心前移至左脚。以左脚掌为轴微内旋，提膝高度到腰部以上。同时，双拳置于胸前，右腿迅速以膝关节为轴，伸膝，送髋，把夹紧的小腿快速向前踢击，力达前脚掌或脚背。踢击目标后右腿迅速回收，快速向前落地，成右架实战姿势。

图 7-2-14

提示：直腿上撩，大小腿没有折叠，膝关节不夹紧；上体后仰过大；踢击时顺髋、转髋动作不协调，发力不合理；与推踢动作混淆。

2. 横踢腿（图 7-2-15）

右脚蹬地，膝关节向前，夹腿提膝，身体重心前移至左脚。左腿以前脚掌为轴脚跟内旋，身体、腰、胯同时左转，右腿抬至水平以上时随身体左转膝关节内扣，双拳置于胸前。随即，右腿以膝关节为轴小腿迅速向前方目标踢击，脚面绷直，以正脚背踢击对方的腹部或头部。击打目标后，小腿迅速放松回收，身体重心前移，右脚快速落地成右架实战姿势。亦可击打目标时借助弹力将右脚回收向后落地成左架实战姿势。

图　7-2-15

提示：膝关节不夹紧，大小腿折叠不够；起腿路线不明确，容易造成起腿幅度过大或过小；发力顺序不合理，没有鞭打动作，以及用正脚背踢击。

3. 下劈腿（图 7-2-16）

从左势实战姿势为例开始，右脚蹬地膝关节向前直线提膝，身体重心前移至左脚，双拳置于胸前，同时右脚快速踢起至头部上方。身体重心前移，并迅速向目标劈击。用脚后跟或脚掌击打目标后，顺势回收快速落地，成右架实战姿势。

提示：目标不明确，提膝速度慢、高度不够；重心不能平移，出现收胯使向上送胯举腿不够。踝关节紧张，下劈时上体控制不好，发力容易后仰；下劈腿落地控制不好，影响再次攻击。

图　7-2-16

4. 后踢腿（图 7-2-17）

以左脚掌为轴，脚跟外旋 135 度左右，身体右后转体背对对手，两手握拳置于胸前，眼睛余光瞄准目标。身体重心移至左脚，右腿夹腿提膝贴紧支撑脚。右脚向后方目标直线踹出，踢腿的脚内侧擦着支撑腿的膝关节直线踢击，力点达到脚掌，头部、肩、髋关节、脚成一条直线，脚尖稍微向下。击打目标后原路线回收快速落地，迅速还原实战姿势，做好下一次攻击准备。

图 7-2-17

提示：转身时小腿未夹紧，出腿后直腿往后撩，踢击时视线不跟着走，目标不准确以及力点不到位。转身时身体摆动过大，脚后跟、髋关节、肩部不在一条力线上踢击；臀部向后，脚尖容易朝上，向左或向右倾斜重心不稳。

5. 侧踢腿（图 7-2-18）

以左脚掌为轴内旋 180 度左右，右脚脚尖勾紧提膝，身体也向左转体侧身；同时右腿快速屈膝举平脚刀对准目标，身体微侧倾，控制重心。直线快速踢击，力点在脚刀，踢腿时目光跟随踢击目标，脚后跟、髋关节、肩在一条直线上，两拳置于胸前。踢击目标后迅速按原路线回收落地，成实战姿势，准备下次攻击。

图 7-2-18

提示：踝关节过于放松，容易脚尖踢击，提膝高度不够，目标过低；脚踹击目标时髋关

节没有转髋发力，致使肩、髋、踝没有在一条直线上，不是直线踢击。腿踹击时没有腰胯发力，容易变成侧弹踢动作；不连贯，回收动作随意。腰部控制不够，上体容易前俯或侧倾过大，力量分解，踹出无力。

6. *前旋踢*（图 7-2-19）

身体重心前移至左脚支撑，以左脚掌为轴，脚跟向内旋转约 180 度；同时身体左转，右腿夹腿提膝稍内扣脚掌对准目标。右脚向左前方弹伸出腿到目标高度，右腿伸直后用腰带动腿由脚掌向目标屈膝鞭打。随即，右腿做鞭打动作完成后顺势快速屈膝回收，双拳置于胸前。快速落地成实战姿势，准备下一次的攻击。

图 7-2-19

提示：身体向左右倾重心不稳，右腿提膝后没有做内扣直接伸直，容易影响小腿的鞭打动作，腰的发力不够。鞭打时没有内扣屈膝，右腿太直；发力时腰腹控制不好容易展髋，摆腿力度不够；鞭打后不放松，易失重，落地姿势改变。

7. *后旋踢*（图 7-2-20）

以左脚前脚掌为轴，脚跟向外旋转，身体随即向右后方向转身。重心移至左脚，转身同时右腿夹腿提膝稍内扣，脚掌对准目标。右脚向左前方弹伸出腿到目标高度时，右腿伸直用腰带动腿由脚掌向目标屈膝鞭打，上体随右腿向目标摆腿同时向右后旋转。右腿做鞭打动作完成后顺势快速屈膝回收小腿，双拳置于胸前。落回原地成左实战姿势，准备下一次的攻击。

提示：身体向左右倾太多不稳，转身、后摆腿时容易停顿，二次发力。上下肢协调不够。右腿膝关节过早伸直，没有做内扣动作。

8. *双飞*（图 7-2-21）

两人从闭势左架实战姿势开始，进攻的以后腿的双飞为主。攻方先用右横踢攻击对方左肋部。借助右脚的踢击反弹助力随即左脚蹬地起跳，身体腾空腰胯右转发力，腾空高度在膝关节以上，但不宜过高。左脚起跳后在空中用左横踢迅速踢击对方右肋部（头部），左右脚交换，右脚落地支撑。左脚横踢目标后迅速前落，还原成左势实战姿势。

提示：第一腿没有发挥作用，目的不明确。第一腿和第二腿之间间隔时间较长，没有借助第一腿发力使双飞动作成两次跳踢，易坐臀弯腰重心不稳。

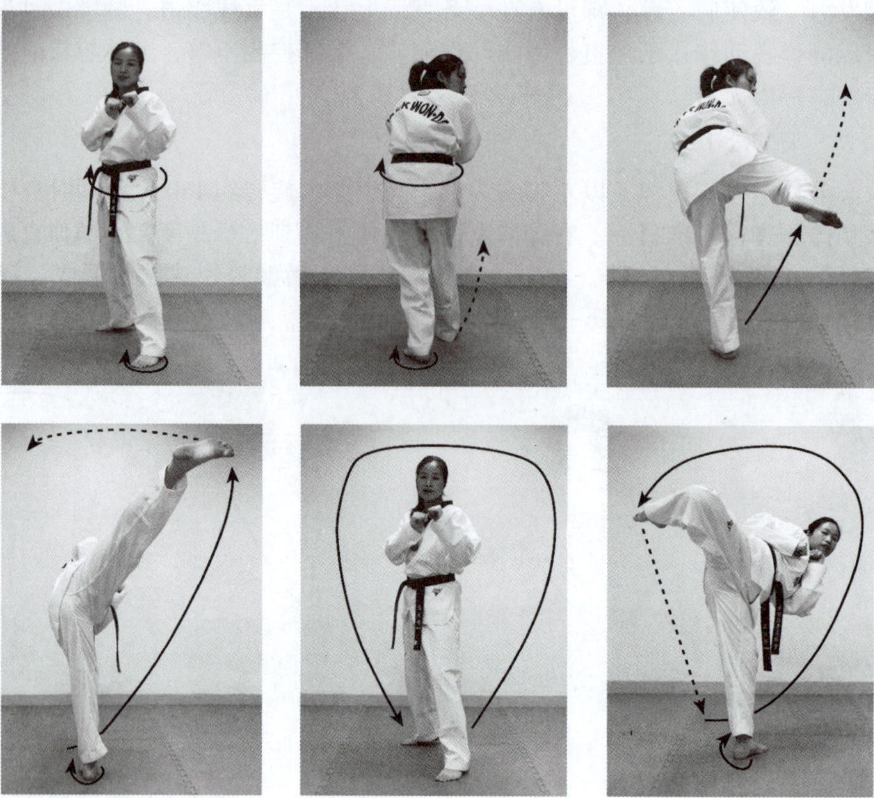

图 7-2-20

图 7-2-21

9. 360 度旋风踢（图 7-2-22）

以左架闭式的实战姿势为例，以前脚为轴，身体快速右后转身 180 度，右脚转身同时抬腿。随即，用最快的速度左脚蹬地腰胯发力横踢踢击，右脚同时往前靠一步迅速落地。左腿踢击后迅速落地成实战姿势，为下一次的攻击做准备。

图　7-2-22

提示：转身抬腿过高，或幅度过大，速度慢。支撑脚不能一次转到位，有二次转脚动作。腰腹能力差，控制不住踢腿的角度。

三、组合技术

（一）进攻组合

1. 前横踢接后横踢（图 7-2-23）

两人站闭式，前横踢可以直接攻击得分，也可以当一个假动作迷惑对手。在对手为前横踢做反应后退一步，就再跟进一腿（后横踢）。或者进攻者第一腿没有攻击成功的情况下，对方有一定反应后退一步的情况下再跟进一腿。

2. 后横踢接下劈腿（图 7-2-24）

两人站开式，后横踢可以直接攻击得分，也可以当一个假动作迷惑对手。在对手为后横踢做反应后退一步或侧移时，就再跟进一腿（下劈腿）。或者进攻者第一腿没有攻击成功的情况下，对方有一定反应后退一步的情况下再跟进一腿。

3. 前下劈接后踢腿（图 7-2-25）

两人站闭式，前下劈在对方没有防备的情况下可以直接攻击得分，也可以当一个假动作迷惑对手。在对手为前横踢做反应后撤一步防高位时，就再跟进一腿（后踹腿）。或者进攻者第一腿没有攻击成功的情况下，对方有一定反应后撤一步的情况下再快速跟进一腿（后踹腿）。

图 7-2-23

图 7-2-24

4. 前推踢接后横踢（后下劈腿）（图 7-2-26）

两人站开式，前推踢是用来破坏对手的起推动作，也可以当一个假动作迷惑对手。在对手为前推踢做反应要后撤一步反击时，就再连续跟进一腿后横踢高位（下劈腿）。或者进攻者做前推踢，对方没有反应或反击时，就乘胜追击再连续跟进两腿。

图　7-2-25

图　7-2-26

（二）反击组合

1. 后滑步前横踢反击接后滑步后横踢反击（图 7-2-27）

两人站闭式，前横踢可以直接迎击得分，也可以当一个堵击动作使对手放慢节奏。在对手做反应再次进攻上来时，就可以再后滑一步反击一腿（后横踢）。或者反击者前横踢踢空的情况下，对方又有再次进攻的反应时，再次后滑一步反击一腿（后横踢）。

图 7-2-27

2. 前下劈腿迎击接后滑后横踢反击（图 7-2-28）

两人站开式，前下劈腿可以直接迎击得分，也可以当一个假动作迷惑对手。在对手高位慢反应后再要进攻时，反击者也第一时间后滑一步反击一腿（后横踢）。或者反击者第一腿没有迎击成功的情况下，对方稍做反应再次进攻的情况下，跟着后滑一步反一腿。

图 7-2-28

3. 后滑步后横踢反击接拉回后踹腿反击（图 7-2-29）

两人站闭式，反击者在有准备的情况下后滑一步后横踢可以直接反击得分，也可以当一个助力动作阻挡对手再次进攻。在对手再次进攻时，反击者直接拉回后腿反击（后踢腿）。或者

反击者后滑步后横踢被进攻者有意识格挡住的情况下，就直接拉回反击腿反击（后踢腿）。

图　7-2-29

4. 后滑步后踢腿反击接后横踢反击高位（图 7-2-30）

两人站开式，对手直接起后腿进攻时可以后滑步后踢腿直接反击，也可以当一个转身的假动作迷惑对手。在对手再次进攻时，就再做后横踢反击高位。或者反击者后踢腿没有反击成功时，就快速落地做再次后滑步后横踢反击。

图　7-2-30

（三）攻防组合

1. 前横踢接后滑步后横踢反击（图 7-2-31）

两人站闭式，前横踢可以直接攻击得分，也可以当一个假动作迷惑对手。在对手为前横踢进攻时，就后滑一步反击（后横踢）。或者进攻者第一腿没有攻击成功，对方避开后进攻时，就快速后滑一步反击后横踢。

图　7-2-31

2. 后踢腿反击接后横踢进攻（图 7-2-32）

图　7-2-32

两人站开式，对手直接后横踢进攻时，后踢腿可以直接抓点反击得分。也可以在效果不好的情况下，就再跟进一腿（后横踢）。或者反击者后踢腿没有反击成功，对方反应后退躲闪时就再跟进一腿（后横踢）。

3. 前下劈进攻接后踢腿反击（图 7-2-33）

两人站闭式，前下劈在对方没有防备的情况下可以直接攻击得分，也可以当一个假动作迷惑对手。在对手为防高位反击进攻时，就后滑一步反击（后踢腿）。或者下劈进攻未成功，对手马上反应进攻时，快速后撤一步做反击（后踢腿）。

图　7-2-33

4. 前横踢迎击接 360 度旋风踢进攻（图 7-2-34）

图　7-2-34

两人站开式，前横踢迎击可以直接得分，也可以当一个假动作迷惑对手。在对手为前横踢慢反应时，就再继续跟进一腿（360 度旋风踢）。或者对手对前横踢已有预防时，就再连续跟进一腿（360 度旋风踢）。

四、品势介绍

跆拳道品势类似中国武术中的“套路”，有太极一至八章、高丽、金刚、太白、平原、地跆、天拳、汉水、一如等，逐步升级，难度逐渐增高。

（1）太极一章：代表了太极八卦中“乾”的意思。“乾”是宇宙万物的根源，太极一章是跆拳道品势的根本。

（2）太极二章：代表了太极八卦中“兑”的意思。“兑”的含义为内刚外柔，表现时应注意外在柔的表现和内在强烈的攻击力度。

（3）太极三章：代表了太极八卦中“离”的意思。“离”的含义为如火一般的明亮，表现时应注意动作的活跃性。

（4）太极四章：代表了太极八卦中“震”的意思。“震”的含义就是要时刻有着警备及虔诚的态度。因为套路中的动作难度比较大，所以表现时应注意动作的准确性。

（5）太极五章：代表了太极八卦中“巽”的意思。“巽”的含义为风，表现时要注意如风一般越演越烈的精神，由动作刚开始时的单调沉静至渐渐强烈。

（6）太极六章：代表了太极八卦中“坎”的意思。“坎”的含义是像水一般的柔软，表现时应以柔为重点，突出万物生长以水为育的真理。

（7）太极七章：代表了太极八卦中“艮”的意思。“艮”的含义是山，表现时应包含山一般厚重的力度，并注意动作的节奏。太极七章的技术动作比较多样化，与前几章比难度较大。

（8）太极八章：代表了太极八卦中“坤”的意思。“坤”的含义是大地。大地为万物之源，太极八章也是跆拳道练习者在习级中最后的过程。由于学习者对各技术动作均已熟练，所以表现时反而减去了重复的动作，动作具有多样化的特点。

（9）高丽。跆拳道的宗主国，高丽人创立，把高丽民族精神融入其中。

（10）金刚。金刚在智、德方面非常坚固，拥有不致受外部强烈攻击而遭受伤害的力量。在庆州石窟庵入口处雕刻着金刚力士像和天下，表露出霸王举鼎的金刚山威容，且将其雄状无比的气势溶入了金刚型之中。

（11）太白。太白亦称火山，演绎为光明之处，表示神圣及广被朝鲜民族之意。

（12）平原。人类是由原始生活慢慢演进开化的。为了找寻食物，人类由山上发展到平原。大平原给予人类食物且改变了生活环境，更唤起了人类的和平共存及支配的欲望。平原型的重点，是表现力量的缓慢性及柔软性，将平原广大无边的思想表露无遗。

（13）十进。由原始信仰中演变出来的十长生，即云、山、水、石、木、月、草、龟、鹤、鹿。所谓十进，即如同十、百、千、万，慢慢延伸的数字。“十进”动作要求至无限度变化的境界。

（14）地跆。所有生物，介于天地之间，出生、成长、死亡的规律。修炼的进行线是采用由地表指向天地的字形。地跆型的动作，大多是用手来作防御。地跆型之重点，在于将力

量缓慢地加于动作上，再参入地跆的雄大保佑精神而成。

(15) 天拳。上天是万物的根源，修身的基点，天下的事物最终的完成者。天拳的重点在于劲力的缓慢性及节度的敏捷性溶入天拳之广大无边的思想中。

(16) 汉水。水是维持万物生命的根源，即无颜色又无味道，用手去拨动，如果力量小，会产生小小的涟漪，但将这些力量融合在一起，就会变成一股庞大的力量。汉水型的修炼进行路线，采用“水”之型，重点虽采取水之柔软性，但柔中带刚是其特点。

(17) 一如。一如是使身体和精神合而为一的意思。一如型的重点是融合等尺性和平衡性将身体和精神合而为一的完理，达到最高境界，正如一如的思想。

第三节　毽　　球

一、 毽球运动概述

踢毽子，又叫“打鸡”，起源于汉代，盛行于南北朝和隋唐，至今已有2000多年的历史了，是中国民间体育活动之一。它是一项简便易行的健身活动，深受青少年儿童的喜爱，尤其是少年女子。20世纪30年代后，踢毽运动曾一度衰落。新中国成立后，这一传统运动项目得到大力扶植。1950年，北京市吸收街头踢毽艺人参加杂技团，专设踢毽子节目，并出国进行表演，受到了国外观众的热烈欢迎。1956年，中国第一次正式的踢毽比赛在广州举行。1963年，踢毽子同跳绳等一起，被列入国家提倡开展的体育活动，并被编入了小学体育教材加以推广。1984年，国家体委正式将踢毽子列为全国比赛项目，并颁布了《毽球竞赛规则》，改称踢毽为“毽球”。1987年中国毽球协会成立，此后每年都举办全国毽球锦标赛、全国职工毽球赛、全国中学生毽球赛三大赛事。在1995年的全国民族运动会和1996年的全国农民运动会上，毽球也被列为比赛项目。目前，毽球运动已成为在全国普遍开展的热门项目（图7-3-1）。

二、 基本知识与技术

（一）毽子的基本踢法（图7-3-2）

毽子的基本踢法主要有盘、拐、绷、蹬4种。用脚内侧踢为“盘”，用脚外侧踢为“拐”，用脚面踢为“绷”，用脚掌踢为“蹬”。此外，用脚趾踢为“挑”，用脚后跟踢为“磕”等。依照踢法的不同，传统踢毽比赛可分为记数赛、计时赛、花样赛几种。踢毽子是一项良好的全身性运动，不需要任何专门的场地和设备，运动量可大可小，老幼皆宜，尤其有助于培养人的灵敏性和协调性，有助于身体的全面发展，增强健康。

（二）竞赛方式

非正式的踢毽子比赛有单人赛与集体赛。单人赛以每人踢毽的次数多少判定胜负；集体赛按个人技术高低分组，以总踢毽的次数多少判定输赢。技艺高超者可连踢数千次而毽不落地。另有一种圈毽的踢法，即：一群人共踢一毽，当毽踢到哪位毽友面前，该毽友即可任意选择踢法将毽子传踢给任何人，直至毽子落地。毽掉在谁面前谁为负。

图 7-3-1

图 7-3-2

（三）几种违规动作

1. 手毽

任何将肩胛骨以下直至手指尖抬起脱离自然下垂状态并接触毽子的动作都被视为手毽违规，无论是“有意”或“无意”。在双臂和双手自然下垂状态下，以静止方式停止毽子的飞行，然后任凭毽子自然下落并接续下一个动作，不视为手毽，而视为允许的停毽。

2. 留毽

导致毽子在身体、鞋或服装任何部位滞留不动的各种动作都称为留毽。“滞留不动”是指毽子和与其接触的身体、鞋或服装的相对关系，不是指毽子在空间中的绝对静止状态。为保持比赛的节奏，在中国竞技毽和老式的毽球比赛中都禁止留毽。运动员有义务穿适宜的服装和鞋，以避免任何造成留毽的情况发生。

在花毽比赛中则对于留毽有着完全不同的规则，其中有些动作甚至要求运动员将毽子有意识地停留在身体的某个特定部位。例如，规定动作中的“朝天蹬”，就要求运动员将腿伸直并向上方垂直抬起，以脚心接住并留住毽子在脚心停留不动。

3. 落毽

无论在民间娱乐或是正式比赛中，落毽都被视为是一种动作失败的结果。但在中国竞技毽或毽球比赛中，如果运动员将毽子踢过中间网并使毽子直接落在对方场区内则不视为落毽，而是进攻得分的动作。只有毽子落在本方场区内的地上，无论是因为对方动作的结果还是本方动作的结果，都被视为落毽而失分。

（四）基本技术

1. 搭腿

搭腿的动作要领是，一腿围毽子绕转一周或两周后直接落地，然后用另一足内侧将毽子踢起，绕转腿再次绕转，另一足再次将毽子踢起。用一足内侧的踺起，就叫作“搭”，“搭”起过渡作用。

2. 滚腿

滚腿属于绕转踢法的花样，但又与“串腕”“葫芦”“辘辘”有所不同。滚腿是用踝关

节之上、膝关节之下、胫骨（俗称迎面骨）处撞击毽子。用胫骨部分在空中围毽子绕转一周后，再用胫骨处接或撞。由于用胫骨围毽子绕转，受到的限制较大，绕转的圆周小，给人们的感觉是毽子好像从腿上滚下来的一样，因此名为滚腿。滚腿有里外之别，推演到足尖的绕转，最为轻俏难得。

3. 过腿

过腿不是一种新的花样踢法，而是在完成一个花样的过程中，腿部从毽子上一摆而过，使该花样更加复杂并增加了一定的难度，起到醒目的作用。过腿，可自里向外摆过，也可自外向里摆过。它几乎和各门都有联系，并能编排成“截子”，动作也很优美。

4. 透腕过腿

右腿按“串腕门”中的“里接”动作，将毽子接在足内侧。左腿膝关节微屈，右腿髋关节、膝关节放松，踝关节紧张，如僵死状，以踝关节领先，带着毽子从左内踝，经左后踝，绕转左外踝。右小腿发力左上摆，将毽子从身体左侧垂直抛起到体前，高约同髋关节平齐。同时右腿立即从体后绕回体前，右大腿顺势上摆，膝关节向外张，小腿发力，自外向里做圆周摆动，使踝关节在空中围毽子绕转一周，用足内侧将毽子接住。

（1）右小腿发力，将毽子从身体左侧垂直抛起。同时，右腿立即从体后绕回体前，右大腿顺势上摆，膝关节向外张，小腿发力，自里向外做圆周摆动，使踝关节在空中围毽子绕转一周，用足内侧将毽子接住。

（2）右小腿发力，将毽子从身体左侧垂直抛起。同时，右腿立即从体后绕回体前，右大腿顺势上摆，膝关节向里扣，小腿发力，自里向外做圆周摆动，使踝关节在空中围中绕转一周，用足尖外三趾部分将毽子接住。

（3）右小腿发力，将毽子从身体左侧垂直抛起。同时，右腿立即从体后绕回体前，右大腿顺势上摆，膝关节向里扣，小腿发力，自外向里做圆周摆动，使踝关节在空中围毽子绕转一周，用足尖外三趾部分将毽子接住。

（4）右小腿发力，将毽子从身体左侧垂直抛起后，右腿立即还原直立腿，右足刚一着地，左大腿迅速上摆，膝关节外张，小腿顺势发力，自外向里做圆周摆动，使踝关节在空中围毽子绕转一周，将毽子接在足内侧。

（5）小腿发力，将毽子从身体左侧垂直抛起后，右腿立即还原成直立腿。右足刚一着地，左大腿迅速上摆，膝关节外张，小腿顺势发力，自里向外做圆周摆动，使踝关节在空中围毽子绕转一周，将毽子接在足内侧。

（6）右小腿发力，将毽子从身体左侧垂直抛起后，右腿立即还原成直立腿。右足刚一着地，左大腿迅速上摆，膝关节向里扣，小腿顺势发力，自外向里做圆周摆动，使踝关节在空中围毽子绕转一周，将毽子接在足尖外三趾部分。

（7）右小腿发力，将毽子从身体左侧垂直抛起后，右腿立即还原成直立腿。右足刚一着地，左大腿迅速上摆，膝关节向里扣，小腿顺势发力，自里向外做圆周摆动，使踝关节在空中围毽子绕转一周，将毽子接在足尖外三趾部分。

5. 马空

马空，又名剁子、半截腿，是跳踢的一种，由于在跳踢时发出的声音，很像马跑的声音，故而得名。它与“跳空”不同。跳空是先起跳，后“搭腿”，绕转时踝关节约同腰部平齐。马空是先“搭腿”后起跳，绕转时踝关节约同膝关节平齐。马空也分里、外两种。外马空绕转时，如把膝关节伸直进行绕转，叫“外刀空”，也有“里马外刀”之称。外刀空，使用的是侧劲，因而较难掌握。

参考文献

[1] 王智慧．现代跆拳道运动教学与训练[M]．北京：人民体育出版社，2007.
[2] 何俊．搏击跆拳道[M]．北京：北京体育大学出版社，2002.
[3] 中国跆拳道协会．中国大众跆拳道教程[M]．北京：人民体育出版社，2009.
[4] 甘藤．里克(美)．现代跆拳道[M]．北京：现代出版社，2007.
[5] 刘生彦．大学体育理论与实践教程[M]．成都：西南财经大学出版社，2016.
[6] 陈小珍，等．普通高校体育选项课教程——排球[M]．北京：北京体育大学出版社，2001.
[7] 中国排球协会．排球竞赛规则 2013—2016[M]．北京：人民体育出版社，2013.
[8] 中国排球协会．气排球竞赛规则[M]．北京：北京体育大学出版社，2013.
[9] 刘生彦．健美操教程 [M]．北京：北京体育大学出版社，2014.
[10] 钱宏颖，葛丽华．体育舞蹈与排舞[M]．杭州：浙江大学出版社，2011.
[11] 张瑞林．体育舞蹈[M]．北京：高等教育出版社，2005.
[12] 骆红斌，等．大学生跆拳道教程[M]．北京：北京体育大学出版社，2010.
[13] 李震，等．中医药院校体育与健康教程[M]．北京：北京体育大学出版社，2009.
[14] 学生体质健康标准研究课题组．学生体质健康标准(试行方案)解读[M]．北京：人民教育出版社，2002.
[15] 姚鸿恩．体育保健学[M]．北京：高等教育出版社，2013.
[16] 戴俊，等．大学体育与健康教程[M]．西安：西安交通大学出版社，2015.
[17] 李永明，等．传统体育[M]．北京：中国中医药出版社，2016.
[18] 骆红斌，等．普通高等学校公共体育选项课教材——武术[M]．北京：高等教育出版社，2005.